"一带一路"研究系列丛书

本书由"对外经济贸易大学中央高校基本科研业务费专项资金(TS4-20)"资助出版

"一带一路"沿线国家
边境(口岸)管理制度比较研究

王春蕊　徐伟　张芳芳◎著

中国商务出版社
CHINA COMMERCE AND TRADE PRESS

图书在版编目（CIP）数据

"一带一路"沿线国家边境（口岸）管理制度比较
研究 / 王春蕊，徐伟，张芳芳著 . -- 北京：中国商务
出版社，2021.12 （2023.3重印）
ISBN 978-7-5103-4143-4

Ⅰ . ①一… Ⅱ . ①王… ②徐… ③张… Ⅲ . ①口岸管
理－对比研究－世界 Ⅳ . ① F74

中国版本图书馆 CIP 数据核字 (2021) 第 241507 号

"一带一路"沿线国家边境（口岸）管理制度比较研究
"YIDAIYILU" YANXIAN GUOJIA BIANJING (KOUAN) GUANLI ZHIDU BIJIAO YANJIU

王春蕊　徐伟　张芳芳◎著

出版发行：中国商务出版社
地　　址：北京市东城区安定门外大街东后巷 28 号　　邮　　编：100710
网　　址：http://www.cctpress.com
电　　话：010-64212247（总编室）　64269744（事业部）
　　　　　64208388（发行部）　64266119（零售）
邮　　箱：bjys@cctpress.com
印　　刷：河北赛文印刷有限公司
开　　本：700 毫米 × 1000 毫米　1/16
印　　张：16
字　　数：281 千字
版　　次：2021 年 12 月第 1 版
印　　次：2023 年 3 月第 2 次印刷
书　　号：ISBN 978-7-5103-4143-4
定　　价：68.00 元

前　言

自习近平主席于 2013 年提出共建"丝绸之路经济带"和"21 世纪海上丝绸之路"（"一带一路"）的倡议以来，中国遵循和平合作、开放包容、互学互鉴、互利共赢的丝路精神，与沿线各国在交通基础设施、贸易与投资、能源合作、区域一体化、人民币国际化等领域开展合作，表现为"五通"：政策沟通、设施联通、贸易畅通、资金融通、民心相通。"五通"的实现离不开口岸的管理和畅通。

口岸是具有基础设施的查验、监管的场所和机构，是对人员、货物和交通工具合法出入国（关、边）境进行检查检验和提供服务的交通枢纽，是不同运输方式的交通网络运输线路的交汇点，是国家或地区对外交通运输系统的重要组成部分。尽管世界各国边境管理体制差异较大，但其共同的特点是都涉及对人员、货物、交通工具等出入境的管理。目前，世界主要国家对边境的管理一般从贸易、安全、人员三个角度来进行，对应的则是海关、边防以及移民局三方机构。随着新时代推动构建人类命运共同体和共建"一带一路"倡议的逐步开展，口岸管理的功能定位正逐渐从以安全屏障为主转向多维的政策工具。国际口岸管理有很多好的实践，有必要认真借鉴国际口岸管理方面的最佳实践经验，以推动"一带一路"倡议的实施。

本书在探讨口岸管理内涵的基础上，选择"一带一路"沿线亚洲和欧洲有针对性和代表性的国家，在法律法规依据、管理措施等方面，阐述了"一带一路"沿线国家的口岸管理、进出口贸易管制制度、海关通关制度（一般海关制度、国际转运制度、自由贸易园区制度、跨境电商海关通关制度）、进出口检验检疫制度（动植物检疫制度、食品进出口管理制度、商品检验制度、卫生检验制度），与中国相关制度进行比较分析，并对"一带一路"沿线国家相关管理制度的协调和合作前景进行了展望。

本书由对外经济贸易大学政府管理学院海关系在贸易制度、边境管理、海关程序方面具有丰富研究和教学经验的专家编著。作者在充分搜集"一带一路"沿线国家边境（口岸）管理相关法律、法规、政策的基础上，进行归纳、总结，提出了"一带一路"国家在相关领域的国际协调与合作的建议。本书共分为四章，作者分工如下：王春蕊负责统稿并撰写第二章（"一带一路"沿线国家贸易管制制度）和第三章（"一带一路"沿线国家海关通关制度）第二节、第三节，徐伟撰写第一章（"一带一路"沿线国家的口岸管理）和第四章（"一带一路"沿线国家进出口检验检疫制度），张芳芳撰写第三章第一节、第四节。对外经济贸易大学政府管理学院海关管理专业 2018 级、2019 级、2020 级和 2021 级的部分研究生为本书搜集和整理了"一带一路"沿线国家相关法律、法规、政策资料。

本书对边境（口岸）管理制度涵盖内容全面，制度分析具体，以"一带一路"沿线典型国家或经济贸易联盟的制度分析为重点，比较与中国现行制度的异同，关注"一带一路"国家在口岸管理方面的国际协调与合作。本书不仅可以作为研究"一带一路"国家的口岸管理机制、外贸管理制度、海关管理制度、进出境检验检疫制度的有益参考，也可以作为贸易、物流、海关相关专业的本科生和研究生的参考读物；不仅可以为发展"一带一路"沿线国家贸易和投资业务的企业提供翔实的资料，也可以为政府推进"一带一路"沿线国家之间的贸易畅通和监管合作提供可参考的思路。

作者

2021 年 12 月

目　录

第一章

"一带一路"沿线国家的口岸管理

第一节 口岸管理的内涵

从具体内涵来看，口岸是具有基础设施的查验、监管机构，是对人员、货物和交通工具合法出入国（关、边）境进行检查检验和提供服务的交通枢纽、不同运输方式的交通网络运输线路的交汇点、国家或地区对外交通运输系统的重要组成部分，具有优越的地理位置和便利的交通运输条件。口岸作为各地治理的核心节点，在维护地区安全稳定、推动整体繁荣发展方面具有重要作用。随着新时代推动构建人类命运共同体和共建"一带一路"倡议的逐步开展，口岸管理的功能定位正逐渐从以"安全屏障"为主转向多维的"政策工具"。国际口岸管理有很多好的实践，有必要认真借鉴国际口岸管理方面的最佳实践，以推动"一带一路"倡议的实施。

口岸管理，顾名思义，就是在口岸设立管理机构，对口岸建设与开放进行规划，监管口岸的进出境情况，协调管理部门之间的关系，通过运用现代化方法、手段，科学有效地对口岸进行管理。尽管世界各国边境管理体制差异较大，但其共同的特点是都涉及对人员、货物、交通工具等出入境的管理。

根据管理现状，可以将国家边境安全问题大体分为四个方面：领土主权安全、人员安全、贸易安全与环境安全。首先，领土主权安全是国家安全在边境这一特殊地区的体现。边境安全是国家领土主权安全的屏障。在全球化的背景下，边境安全的共生属性增强，各国如何开展安全领域的互信合作、共谋便利与发展是当前边境安全管理的主要问题。其次，当今各国对外开放的进程逐渐加快，边境的人流、物流每年呈指数式增长。各国作为全球供应链的参与者，享受其带来经济利益的同时，不可忽视平衡跨境流动带来的安全问题。最后，环境安全，不仅指边境地区的环境安全，还包括伴随着人员、货物的跨境流动而带来的诸如外部动植物入侵、放射性元素污染、跨界水质污染等环境问题，在强调可持续发展的今天，其重要性日益凸显。

由此可见，边境管理中的安全需求，内含人员流动、环境安全、贸易管理、对外合作等多个方面，涉及边防、海关、检验检疫等多个部门职能领域的交叉。目前，世界主要国家对边境的管理一般从贸易、安全、人员三个角度来进行，对应的则是海关、边防以及移民局三方机构。下文将选择"一带一路"沿线有针对性和代表性的国家，从法律法规依据、管理措施等方面逐一进行介绍。

第二节　中国的口岸管理现状

一、机构设置

中国口岸管理实行中央与地方条块结合的管理体制。党的十九届三中全会通过的《深化党和国家机构改革方案》在中国边境管理机构的职能设定上进行了新的部署，不再保留国家质量检验总局，将国家质检总局原卫生、动植物检疫、进出口商品、食物检验等监管职能并入海关总署，同时组建国家移民管理局，履行公安部的出入境管理和边防检查职责。

改革前，中国由海关、检验检疫局、出入境管理局与边防管理局四个机构共同进行边境管理，互相之间没有从属关系，是一种典型的条块分割的组织形式。改革后，按照《深化党和国家机构改革方案》，中国边境管理体系转变为新的机构统筹管理模式：将公安部的出入境管理、边防检查职责整合，建立健全签证管理协调机制，组建国家移民管理局，加挂中华人民共和国出入境管理局牌子，由公安部管理，负责进出境人员管理，负责协调拟订移民政策、出入境活动的管理、非法移民的治理与遣返以及边境管控，负责全国公安边防部队的统一组织、指挥、管理。海关总署承接国家质检总局与进出境商品、货物相关管理职能，负责进出口商品安全、质量、卫生的检验和动植物的检疫以及出入境检验检疫综合业务规章制度的制定和原产地证明、质量许可证件管理，统筹进出境货物、物品管理的相关事项。

根据口岸性质的区别，中国查验部门的机构设置又有很大的不同。在海港口岸，设置海关、检验检疫、边检、海事四个部门；在空港口岸和陆路边境口岸，设置海关、检验检疫和边检部门；在内陆开放城市，设置海关和检验检疫部门。从查验部门的分布来看，边检和海事的执法活动主要集中在口岸一线。海关和检验检疫不仅在口岸一线执法，还监管所在地进出口企业和与进出口有关的外经贸活动。

二、法律法规依据

中国涉及口岸管理的行政规章数量众多，法律法规较少。经过多年的边境管理法治建设，综合性边防法律法规体系包括如下内容：

（一）海关法律法规

《中华人民共和国海关法》《中华人民共和国进出口关税条例》《中华人民共和国海关统计条例》《中华人民共和国海关稽查条例》《中华人民共和国海关行政处罚实施条例》等一批法律法规明确了海关的任务和职责、关税制度、进出口监管、对违章和走私行为的处罚、海关权力等。

（二）检验检疫法律法规

主要包括：《中华人民共和国进出口商品检验法》《中华人民共和国进出境动植物检疫法》《中华人民共和国国境卫生检疫法》《中华人民共和国食品安全法》四部法律以及各部法律的实施条例。检验检疫是技术性执法部门，除了对货物、人员、交通工具等进行检验检疫外，还负责签发原产地证、质量体系认证认可等工作。

（三）边防检查法律法规

主要包括：《中华人民共和国出境入境管理法》和《中华人民共和国出境入境边防检查条例》。这些法律法规规范出境入境管理，维护中华人民共和国的主权、安全和社会秩序，便利出境、入境的人员和交通运输工具的通行，促进对外交往和对外开放。

三、管理措施

（一）海关

《中华人民共和国海关法》规定，中国海关依照本法和其他有关法律、行政法规，监管进出境的运输工具、货物、行李物品、邮递物品和其他物品（以下简称进出境运输工具、货物、物品），征收关税和其他税、费，查缉走私，并编制海关统计和办理其他海关业务。国务院设立海关总署，统一管理全国海关。国家在对外开放的口岸和海关监管业务集中的地点设立海关。海关的隶属关系，不受行政区划的限制，海关依法独立行使职权，向海关总署负责。

海关为更好地进行口岸管理，开展"单一窗口"建设。在国务院口岸工作部际联席会议统筹推进下，由国家口岸管理办公室牵头，公安部、交通运输部等25家口岸相关单位组成"单一窗口"建设工作组，统筹推进国际贸易"单一窗口"标准版建设并在全国推广应用。中国电子口岸数据中心作为技术承办单位负责中央层面的建设和运维工作。经过两年多时间的建设，"单一窗口"已经实现与25个部门的"总对总"系统对接和信息共享，建设完成16大功能模块，提供企业服务事项达598项，覆盖水运、空运、公路、铁路等各类口岸，以及特殊监管区域、自贸试验区、跨境电商综试区等各类区域，服务于生产、贸易、仓储、物流、电商、金融等各类企业，基本满足企业"一站式"业务办理需求。截至2021年7月底[①]，"单一窗口"累计注册用户达443万余家，日申报业务量达1200万票，成为企业面对口岸管理相关部门的主要接入服务平台。

"单一窗口"将大通关流程由"串联"改为"并联"，实现一点接入、一次提交、一次查检、一键跟踪、一站办理的"五个一"功能特色，有效

---

① 中国政府网。

地促进了"减优提降（减环节、优流程、提效率、降成本）"，持续地改善口岸环境，促进贸易便利，取得了明显成效。

一是减环节，通过推进"单一窗口"建设，变有纸为无纸、线下为线上、串行为并行，让贸易更加简单自如。全国推行运输工具（船舶）"一单多报"，一次性取消企业原申报所需44类、70余种、共计150页左右的纸质申报材料，船舶进出境全流程通关手续办理由原先的16个小时压缩至2个小时。

二是优流程，打通了企业通关贸易中的堵点、切中痛点、破除难点，让数据多跑路，企业少跑腿。重庆通达报关服务公司反映，"单一窗口"将转关单核销状态信息推送收货人及代理人，仅这一环节优化即节约半天时间。[1] 中国舟山外轮代理有限公司反映，通过"单一窗口"运输工具（船舶）"一单多报"，企业由原来需要跑现场9次以上改为最多跑1次。[2]

三是提效率，将口岸各部门作业系统由"物理集中"到产生"化学反应"。企业无须频繁切换各部门作业系统，通过"单一窗口"全部搞定。湖南西联捷运国际货运代理有限公司反映，企业可一站式办结所有通关手续，节省大量人力和时间成本。[3]

四是降成本，切实增强企业获得感。"单一窗口"减少企业大量重复性录入申报工作，并且实行免费申报制度，大大减轻企业负担，实现普惠、共赢和公平。广州盈海国际货运代理有限公司反映，以前报关业务需要300多人负责，要往返多地，现在企业报关业务的办公室已经腾退过半，报关员数量减少了三分之二以上。[4]

（二）国家移民管理局

国家移民管理局（中华人民共和国出入境管理局）于2018年4月2日组建成立，是公安部管理的国家局，为副部级。主要职责是：负责全国移民管理工作；负责协调拟订移民和出入境管理政策与规划并协调组织实

---

[1] 央广网.搭建贸易便利化平台 重庆推行国际贸易"单一窗口"，2017-10-27.

[2] 中国新闻网.浙江自贸区"单一窗口"改革纪实：江海通达，货畅其流，2020-04-02.

[3] 华声在线.湖南："单一窗口"已经上线，足不出户"秒通关"，2017-10-18.

[4] 海关总署口岸管理办公室.国际贸易"单一窗口"建设，http://gkb.customs.gov.cn/gkb/2691150/2691155/2691959/index.html.

施，起草相关法律法规草案；负责建立健全签证管理协调机制，组织实施外国人来华口岸签证、入境许可签发管理和签证延期换发；负责外国人来华留学管理、工作有关管理、停留居留和永久居留管理、国籍管理、难民管理；负责出入境边防检查、边民往来管理、边境地区边防管理；负责中国公民因私出入境管理、港澳台居民回内地（大陆）定居审批管理；牵头协调非法入境、非法居留、非法就业外国人治理和非法移民遣返，查处妨害国（边）境管理等违法犯罪行为；承担移民领域国际合作等。

国家移民管理局领导管理全国出入境边防检查机构、边境管理机构各项工作，指导管理各省、自治区、直辖市公安机关出入境管理机构业务工作。

国家移民管理局内设机构共有 8 司 1 委：综合司、政策法规司、外国人管理司、公民出入境管理司、边防检查管理司、信息科技司、干部人事司、后勤保障司以及机关党委。

国家移民管理局所属事业单位分别为出入境管理信息技术研究所、移民事务服务中心、警务保障中心。

出入境边防检查机构。在对外开放口岸设立出入境边防检查机构，实施出入境人员和交通运输工具的查验管理、口岸限定区域管理，防范查处非法入出境活动等。

边境管理机构。在沿边地区设立边境管理机构，实施进出边境管理区人员和交通运输工具检查管理、辖区治安管理、边民往来管理，防范查处非法入出境活动，侦办妨害国（边）境管理犯罪案件等。

公安机关出入境管理机构。在省、市、县公安机关设立出入境管理机构，根据国家移民管理局的授权和委托，承担公民因私出国（境）管理、受理签发公民因私事出入境证件，实施外国人来华停留居留和永久居留的日常管理，签发口岸签证及其他相应的证件，查处出入境违法犯罪活动等。

第三节 "一带一路"主要国家口岸管理的现状

从 20 世纪 80 年代开始，许多国家都先后实施了国内口岸管理体制和执法机制改革并开展国际口岸合作，以推进口岸管理现代化进程。在口岸管理体制和执法机制方面，以"整体性政府"理念为指导，大力推动口岸管理的协同化、合作化和一体化，不断改善口岸通行环境，提高贸易安全与便利水平。各国政府充分认识到，传统的口岸管理改革通常集中在海关领域，但绝大多数口岸都是多个部门单独执行的管理体制和多部门共同参与的通关机制。世界海关组织的相关研究表明，海关通关时间在整个口岸通行时间中仅占 10% 以下[①]。实践反复证明，改善口岸通行环境，需要除海关以外的其他口岸部门的共同努力才能取得实效。因此，许多国家（地区）[②] 都根据具体情况分别在口岸管理体制机制上推行合作化、协同化甚至一体化的改革。

一、欧盟

（一）机构设置

欧盟提出了建立一体化的边境管理体系。经过长期的立法和管理实践，边界管理从法律规范到协调机构初步实现了一体化，基本确定了"欧盟居中统筹，成员国通力协作，外部管理为主、内部管理为辅，边境检查与边境监管相结合"的管理体系。

申根区边界分内外部边界。内部边界是成员国之间共同的陆地边界，包括用于内部航班的机场和内部摆渡的港口。外部边界是除内部边界以外

---

① 黄胜强. 借鉴国际口岸管理最佳实践推进"一带一路"沿线口岸国际合作 [J]. 国际贸易 ,2019(04):14–17.

② "一带一路"沿线国家包括欧盟等地区（编者注）。

的成员国所有的海陆边界，包括河界、湖界、海界、机场和港口。严格来讲，欧盟边界管理仅指共同外部边界管理，单方恢复内部边界管制是违背申根规则的，然而，彻底去除内部边界而对外部管理孤注一掷的做法是危险的也是不现实的。因此，欧盟规定了内部边界管制临时重启制度，即当成员国国家安全面临着来自国境的严重威胁时，各国有权依据法定程序在内部边界采取管理措施。这集中体现了"以外保内，内外联动"的一体化特征。

欧洲边境和海岸警卫局（European Border and Coast Guard Agency, Frontex）成立于 2016 年 10 月，其前身是欧盟边境管理局。警卫局的主要任务包括监控入欧难民潮并进行风险分析、监控欧盟外部边界、向成员国提供行动和技术支持、支援搜救行动、支持成员国的海岸护卫，是一个在外部边界上负责业务合作管理的欧盟机构。为了应对难民潮，欧盟对 Frontex 的职能进行了延伸，将它转变成了一个完全成熟的欧洲边境和海岸警卫机构，增加了移民管理职能，开始负责欧盟边境的安全管控。

欧盟海关与移民内政部的职能则更侧重政策制定层面。欧盟海关除在口岸履行传统职能外，还致力于实现现代化的税务、海关规则和程序。欧盟移民内政部则致力于促进建立共同的欧盟移民、庇护以及签证政策。

（二）法律依据

随着欧盟《现代海关法典》的生效，欧盟于 2008 年 4 月 1 日决定起草一份关税同盟的发展战略，目的在于完成以《现代海关法典》和无纸通关为开端的改革进程，使海关工作方法更加现代化，加强人员能力建设，有效、高效地对资源进行重新配置。

欧盟边境管理的法律规范呈现出以《欧盟边界法》为代表，内容上包含边境检查和边境监管，形式上兼具基本立法与次级立法的规范集合形态。基本立法是成员国在欧盟框架内通过合意达成的条约，主要有确立共同外部边界、取消内部管制的《申根协定》及《申根公约》，规范避难制度的《都柏林公约》，规范内部警务与司法合作的《普鲁姆条约》等。次级立法是欧盟立法机构依据法定授权制定的指引性文件：一是边境检查立法，涉及过境证件检查、免签政策、遣返程序、避难处理等；二是边境监管立法，涉及边界管理机构、边境监管信息系统、海上边境监管等内容。比较重要的次级立法有《关于共同签证法的条例》《建立欧洲边界监视系统的条例》《建立外部海洋边界监视规则的条例》以及 2020 年出台的《关于欧盟共同边界法的条例》和《欧洲边界与海岸警卫局条例》等。

（三）机构职责

欧盟各成员国海关当局主要负责监管共同体国际贸易，促进公平、开放的贸易环境，促进内部市场的共同贸易政策和可对贸易造成影响的共同政策的实施，促进供应链的整体安全。欧盟各成员国海关当局应落实相关政策措施，以实现下列目标：保护共同体和各成员国的财政利益；保护共同体免受不公平、非法贸易的危害，同时支持合法的商业活动；保证共同体及其居民的安全，保护环境，必要时与其他机构密切合作；在海关监管和贸易便利化之间保持平衡。

欧盟边防局与成员国的边界管理机构协同工作。为了达到协作这一目标，欧盟边防局的工作主要涵盖以下领域：联合行动、培训职能、风险评估、技术研究、提高快速应对能力、在联合遣返非法移民工作方面对成员国给予支持、提供信息系统和信息共享环境。在完成任务的同时，欧盟边防局还与其他一些致力于促进地区自由、安全和司法公正的欧盟组织保持密切联系，如欧洲警察署、欧洲环境管理委员会、欧洲司法组织、联邦铁路局、欧洲警察学院以及海关部门等，以实现全方位的合作。欧盟边防局还在全方位欧盟外部边界关系基本政策的指导下，与非申根成员国的边境管理当局密切合作，尤其重视与那些被认为是非法移民中转国的国家开展协作。

欧盟边防局组织结构的最高层是管理委员会，按照任务和职责的不同，其主要设立了三个部门：行动处、能力组建处和管理处。行动处下设联合行动办公室、边防信息中心和风险分析办公室，能力组建处下设培训办公室、联合资源办公室与技术研究和发展办公室，管理处下设资金和采购办公室、人力资源和服务办公室以及法律事件办公室。申根协议国有义务在申根区域的最外围边界部署充足的人力和各种资源以确保该区域的高压管制，边防人员必须接受过正规的培训。欧盟国家和申根联合国家通过行动合作和相互帮助实现对边境的有效管控，而它们的合作平台就是欧盟边防局。

二、俄罗斯

（一）机构设置

俄罗斯的国境口岸管理制度是由联邦执行权力机关运输部门根据俄罗斯联邦国际法的条款加以确定，并经与俄罗斯联邦边防机关和部队、俄罗斯联邦海关委员会协商制定相应的法规性文件。

在联邦执行权力机关运输部门法规的基础上，航空港、机场、海港、河港、火车站、汽车站、地铁站的负责人、其他运输企业的领导可根据当地条件，颁布国境口岸管理制度的命令（指示），但该命令的颁布须与俄罗斯联邦边防机关和部队、海关和监控边界的其他单位负责人进行协商。在职权范围内与联邦执行权力机关共同保卫位于陆地、海洋、河流、湖泊及其他水库、国境口岸的国界，确保侦查、反间谍、快速搜寻活动的开展及人员、交通工具、货物、物品和动物的过境。由不同的联邦执行权力机关分别负责海关、移民、卫生检疫、动物检疫、植物检疫、运输和其他查验。

（二）法律依据

俄罗斯海关管理的主要法律是《俄罗斯联邦海关法》和《关税同盟海关法典》。其中，2003 年，俄罗斯总统签署了新的《俄罗斯联邦海关法》。自 2004 年 1 月 1 日起，新《海关法》开始实施，对原先的进出口货物海关制度进行了修正。新《海关法》以俄罗斯政府和俄罗斯联邦海关委员会发布的适用规章条例为基础，赋予许多此前已在施行的做法以法律地位。

俄罗斯的边境管理与防务具有很深的"苏联烙印"，管理体制和形式上实行自上而下的垂直管理，法律依托上也有承传性，基本借用苏联的"一部法"模式，提高了其边界在国家安全战略中的法律地位，使俄罗斯边境管理与防务实现对内、对外口径一致的效果，最终实现俄罗斯边境利益的最大化，以此从法律上保障领土、领空、领海等边境区域的国防安全。20 世纪 90 年代制定的《俄罗斯联邦国界法》，不仅确定了国界线管理制度、边界地区管理机关权力、机构职能、公民权限等，也明确了国家对边境地区公民、地方管理机关和部门的法律与社会保障等，除了《俄罗斯联邦国界法》，俄罗斯还出台了许多与边界、边境管理相关的法律、法规、规章制度,如《边境制度条例》《俄罗斯联邦出入境程序法》,作为对边境防务与管理的法律补充。

(三)机构职责

俄罗斯海关实行垂直管理体制,统一管理全国海关,在组织机构上可分为四个层次:海关署、直属地区海关局(直属海关)、隶属海关、海关监管点。主要职能是监管、征税、绢私、统计和其他海关业务。

俄罗斯边防军归边防总局管,而边防总局划归联邦安全局领导。俄罗斯边防军是按照行政区划在俄罗斯各行政区由上至下建立管理体系,设立联邦管区边防局、边防分局(旅或团级)、边防大队(营级)、边防所(营级或连级)。边防局直属团级检查站,通常设在国际机场所在地。边防分局直属营级检查站,设在其他港口和口岸所在地,负责对出入境人员证件、货物和交通工具的检查,兼具边境管辖和执法管理双重功能。俄罗斯全境拥有 60 多个边防分局、950 多个边防所,它们都是按照行政区划进行管辖。边防军负责保卫和管理俄罗斯的国境、内海、领海、专属经济区、大陆架和生物资源。

三、新加坡

(一)机构设置

新加坡海关是贸易和税收执法事务的政府部门,隶属于财政部。2003年4月1日重组后,新加坡海关成为贸易便利化和税收执法事务的牵头部门,负责落实海关和贸易执法措施,包括自贸协定和战略货物管理的有关政策措施。新加坡海关设一名署长、一名副署长、一个内部审计办公室和六大处(贸易处、守法监管处、战略发展处、政策规划处、监管站与服务处、情报调查处)。

新加坡移民与关卡事务局(ICA)[①] 是新加坡内政部管辖下的独立法定部门,通过海陆空关卡防范进入新加坡的不良人员和货物,还有移民和登

---

① ICA: Immigrantion and Checkpoiats Authority,即 ICA,新加坡的移民管理机构。

记的职能。新加坡移民与关卡事务局的职责范围包括移民、新加坡护照、身份证、公民注册、永久居民、海关、访问许可、签证等相关业务。该机构还负责新加坡的边防安全，确保人员、货物的流通运输是合法的。2003年4月1日，新加坡移民与注册、海关与征税相关部门进行了合并，成立了新的移民与关卡事务局。

负责进口食品、动植物检验检疫的部门是农粮与兽医局（简称农粮局，AVA），负责进口药品、化妆品等商品检验的部门是卫生科学局（HSA）。

（二）法律依据

新加坡《海关法》涉及海关一般性监管、查验及担保，海关监管场所，货物进出口，关税征收，海关执法人员，海关刑事诉讼、行政复议，以及反倾销和反补贴税等。

（三）机构职责

新加坡海关的主要职能包括征收关税、进出口环节税和其他税费，防止偷逃税，避免税收流失；为商界和海关事务提供一站式解决方案（如许可证、批文和原产地证书的签发，归类和估价意见书的签发等）；通过简化海关手续和暂不缴税方案，促进贸易便利；实施自贸协定中与贸易相关的规定；监管战略货物和战略货物技术贸易。

除了工作许可证之外，所有与新加坡的移民和登记有关的事宜都要通过移民与关卡事务局处理。工作许可证属于新加坡人力部（MOM）的管辖范围。移民与关卡事务局的部分责任使其成为移民法令（第133章）和护照法令（第220章）的主要执行者。移民与关卡事务局的移民官员有权代表移民局局长行事，根据国家登记法令（第201章），他们也有权做登记官员。移民和关卡事务局新加坡办事处完全有权禁止任何人或某类人入境（原因与新加坡状况有关）。自2018年以来，在关卡的移民官员被给予有限的警察权力。移民与关卡事务局负责监督新加坡三大关卡：陆路关卡、航空关卡和海域关卡。

其他进出境相关的口岸管理机构的职能包括以下几方面：

（1）农产品和食品检验。农产品和食品的进口商必须向AVA申请执照，只有获得AVA进口许可的贸易商才能在新加坡从事农产品和食品进口业务。

（2）动物检疫。只有获得 AVA 进口许可的进口商才能在新加坡从事商业用途的动物进口，每次进口动物须向 AVA 申请许可，并提前获得海关清关许可。

（3）植物检疫。进口植物及植物产品需出示原产国有关机构签发的植物检疫证书并获得 AVA 进口许可。

（4）药品、化妆品检验。根据《药品法》《有毒物质法》《滥用药物法令》，新加坡所有从事药品进口、批发、零售以及出口的经营者需向 HSA 取得相关许可后方可开展业务。进口药物和化妆品前，需向 HSA 如实申报其成分、疗效等相关信息，获得批准后方可进口。

第四节　口岸管理的国际合作

口岸是"一带一路"互联互通的重要门户和战略节点，大力推进"一带一路"沿线口岸国际合作，对"一带一路"倡议取得成效具有十分重要的意义。

一、国际公路运输公约

国际公路运输（TIR）系统是建立在联合国公约基础上的国际跨境货物运输领域的全球性海关便利通关系统，目前全球有 73 个缔约国，其中大多数位于丝绸之路经济带沿线重要地区。为了推进"一带一路"建设，中国于 2016 年 7 月 5 日正式加入联合国《国际公路运输公约》（应用此公约的跨境公路运输成为 TIR 运输）。2018 年 5 月，该公约正式在中国落地实施。《国际公路运输公约》框架下的 TIR 系统是目前唯一的全球性跨境货物运输通关系统，涵盖公路、铁路、内陆河流、海运等多式联运。经联合国授权，由国际道路运输联盟（IRU）管理 TIR 公约在全球的运作。该公约对陆路运输的促进作用更为明显，尤其适合货品单价高、对时效性要求高的企业。TIR 既提高了中国与"一带一路"沿线各国海关的监管互认、执法互助水平，促进双边、多边合作，又促进了丝绸之路经济带沿线国家或地区的贸易繁荣。随着中国与欧亚国家之间贸易规模的不断增长，以及中国与"一带一路"参与国家签署双边或多边运输协议进程的加快，TIR 的作用和潜力将得到更进一步的发挥，TIR 有望助推更多国内物流运输企业尝试开展国际公路货运业务。

TIR 公约靠 6 个支柱来运行，包括：有管控的车辆和集装箱、国际担保链、TIR 通关证、海关监管的相互承认、海关和 IRU 管控下的使用、安全的 TIR 电子终端 +TIR–EPD（电子预申报）。其主要目标是尽最大可能便利国际贸易中海关加封货物的流动和提供必要的海关控管和保障。然而需要注意的是：

（1）从事 TIR 运输的车辆必须取得了 TIR 车辆批准证明书，并悬挂 TIR 标识牌。

（2）TIR 证持证人开始 TIR 前，应当通过 TIR 电子预申报系统，向海关申报 TIR 证电子数据，并在收到海关接受的反馈信息后，按照有关要求填制 TIR 证。

（3）TIR 车辆到达海关监管作业场所后，TIR 证持证人应当向海关交验 TIR 证、TIR 车辆批准证明书。经起运地海关验核有关材料无误、施加海关封志，并完成相关 TIR 海关手续后，TIR 证持证人方可开始 TIR。经目的地海关验核有关材料及海关封志无误，并完成相关 TIR 海关手续后，TIR 证持证人方可结束 TIR。

（4）TIR 证持证人应当遵守中国进出口货物和过境货物的相关禁限规定，配合海关检查查验作业，并按照海关要求做好相关情况说明工作。

二、中欧班列

中欧班列是指按照固定车次、线路等条件开行，往来于中国与欧洲及"一带一路"沿线各国的集装箱国际铁路联运班列。中国共铺划了西中东 3 条通道中欧班列运行线：西部通道由中国中西部经阿拉山口（霍尔果斯）出境，中部通道由中国华北地区经二连浩特出境，东部通道由中国东南部沿海地区经满洲里（绥芬河）出境。

2017 年 4 月 20 日，中国、白俄罗斯、德国、哈萨克斯坦、蒙古、波兰、俄罗斯等七国铁路部门正式签署《关于深化中欧班列合作协议》。这是中国铁路第一次与"一带一路"沿线主要国家铁路部门签署有关中欧班列开行方面的合作协议，标志着中国与沿线主要国家铁路的合作关系更加紧密，既为中欧班列的开行提供了更加有力的机制保障，也对进一步密切中国与上述六国的经贸交流合作，助推"一带一路"建设，具有重要意义。

立足于服务"一带一路"建设，七国铁路部门签署的《关于深化中欧班列合作协议》，以提高亚欧间铁路货运市场份额、带动沿线国家经济发展和经贸合作为目标，合力打造中欧班列国际物流品牌，努力为中欧班列深化发展提供机制保障。主要内容包括：一是推动铁路基础设施发展规划衔接，打造中欧铁路运输大通道，共同组织安全、畅通、快速、便利和有竞争力的中欧铁路运输；二是加强全程运输组织，加快集装箱作业，采用信息技术，提高班列在各自国家境内的旅行速度；三是推动服务标准统一、信息平台统一，实现全程信息追踪，建立突发情况通报和处理合作机制，保障货物运输安全；四是加强中欧班列营销宣传，扩大班列服务地域，开发新的运输物流产品，推进跨境电商货物、国际邮包、冷链运输，促进中欧班列运量持续增长；五是协调沿线国家海关等联检部门，简化班列货物通关手续，优化铁路口岸站作业，压缩通关时间；六是成立中欧班列运输联合工作组及专家工作组，及时协商解决班列运输过程中的问题。

中欧班列不只有自然优势，还具备省钱、省时间、服务保证以及满足不同客户需求的优点。中欧班列在国际推广期，运费方面政府有补贴，享受国家红利；由于铁路受自然环境影响较小，运输时效稳定、速度快，因此加快了产品流转速度，减少了库存，本质上仍是为企业节省开支。此外，中欧班列实行欧洲全境配送运输，提供"门到门"服务，还可根据客户需求定制方案。目前，中欧班列主要服务产品包括大型出口企业的"定制班列"即包列、常态化开行的"公共班列"、货物随到随走的"散发班列"以及为小微企业提供的拼箱服务，运输产品涉及机械、化工、电子产品、汽车及配件、设备、材料、冷冻产品、粮食、水果、蔬菜和消费品等。总体而言，中欧班列作为陆路运输的"钢铁驼队"，展现出安全高效的强大优势。

三、单一窗口

国际贸易单一窗口是一项促进国际贸易便利化的工作，是跨境电子商务发展的重要基础设施，通过对国际贸易信息的集约化和自动化处理，达到国际贸易数据共享、大大提高国际贸易效率和效益的目的。具体而言，国际贸易单一窗口是指国际贸易和运输相关各方在单一登记点递交满足全部进口、出口和转口相关监管规定的标准资料和单证的一项措施，贸易商通过一处登记可实现开展进出口活动所有信息的递交，完成报关、报检、税务等一系列通关流程的对接，减少重复作业，精准服务，提高通关效率。如果仅为电子报文，则只需一次性地提交各项数据。国际贸易单一窗口的正式名称是"国际贸易数据系统"。东盟单一窗口（ASEAN single wndows，ASW）是东盟为了提高成员国之间通关便利化效率的重要项目。单一窗口包括两个层次：一个层次是国家层面的单一窗口（national single window，NSW）服务平台，另一个层次是国家间的单一窗口服务平台。各国贸易便利化信息平台即国家层面的单一窗口服务平台，旨在通过门户网站支持贸易及各项信息的电子交换，最终实现对企业及个人的在线服务。如在跨境贸易中，支持多个报关单自动合并提交，一次提交信息即可完成在线缴税、政府处理海关申报及批准许可、政府部门间交换数据、处理进口许可证和执照信息等全部功能。区域性单一窗口贸易便利化信息平台ASW 由 ASW 委员会进行管理和协调推进，采用了国际通行的外贸数据交换标准，不仅可以用于其他领域的政府间数据交换，也可以支持非成员国之间的数据交换。2013 年 4 月 28 日，东盟单一窗口连接测试成功。文莱、印度尼西亚、马来西亚、菲律宾、新加坡、泰国和越南 7 个主要测试国家间能够发送和接收超过 100 万条包含原产地证明（ATIGA Form D）的电子信息，另外 3 个成员国也参加了并行测试。10 个成员国正在起草区域法律框架议定书，并进一步分析、识别、授权 ASW 的业务流程及其所产生的跨境数据。一旦 ASW 投入运营，各成员国间的电子数据交换将不再需要重复提交，东盟间的贸易将更加安全、高效、便捷。未来，应提高单一平台的利用率，搭建起 CAFTA 整体的单一窗口平台，将中国与东盟单一窗口连接起来，形成中国 – 东盟单一窗口，扩大贸易电子文件的交换范围，打造 CAFTA 贸易便利化公共服务平台，对标国际先进技术，提高信息化水平，加深自贸区一体化程度，推动"三互"大通关，促进区域贸易便利化。

第二章

"一带一路"沿线国家贸易管制制度

贸易管制又称为进出口贸易管制、对外贸易管制，是指以国家政府为实施主体，从国家宏观经济利益、国内外政策需要以及所缔结或加入国际条约的义务履行出发，为实现本国对外贸易活动的有效管理，维护良好的市场秩序而颁布实行的各种制度、所设立的相应机构及开展的相关活动。贸易管制简单地按照货物的流向可以分为进口管制和出口管制，按实行贸易管制的目的可以分为"常规贸易管制"和"非常规贸易管制"。常规贸易管制是出于保护本国市场而实行的经济管制措施；非常规贸易管制是指由政府发起的、蓄意的、断绝或威胁惯常贸易或金融关系的行为，即所谓的"经济制裁"。

第一节　进口管制

进口管制是对进口贸易的限制和干预，根据外贸方针和政策法令而实施具体的政策。进口管制由管制主体、管制客体（即管制对象）、管制依据构成。进口管制的目的包括维护国防治安，保护本国产业，平衡国际收支，执行贸易协定或承诺，防止倾销，或是基于卫生、宗教等方面的考虑。具体的管制措施包括但不限于：进口许可证、进口配额、进口保证金、外汇管制、进口附加税、关税行政规定（诸如领事签证、产地证明、包装及标签规定等）以及卫生条例等特别规定。

一、进口管制的政策分析

（一）进口管制的原因
1. 维护国家安全
消除国家安全威胁、维护国家利益是进口管制的主要原因。根据国家安全的类型，进口管制主要从国防安全、粮食安全以及经济结构安全三方面维护国家安全。

（1）国防安全。根据国家防卫的论点，特定行业，例如航空、石油和武器，对国家防卫非常重要。因此，在这些行业中需要进口管制来提供保护，促进一国民族经济的独立发展，防止依赖性发生，以免国际冲突发生时，国内无法提供有效供给的情况。因此，可以采用进口管制的手段来限制威胁国家安全的进口货物，维持本国产业的生产能力。

（2）粮食安全。粮食安全问题始终是国计民生中至关重要的内容。如果国家的粮食供应主要通过进口维持，这对国家的安全保障是极为不利的。因此，重视并保护国家农业，需要进口管制提供力量。

（3）经济结构安全。国家经济如果过度依赖一种或几种产品的专业化生产，且通过进口满足国内其他需求，则会导致脆弱的经济结构。在国际市场的动荡中，这种经济结构难以适应和调整。通过贸易保护，就可以保护和促进本国落后产业的发展，形成产业多样化格局，保持国民经济结构的平衡，减少对外依赖和经济发展的风险。

2. 保护本国经济利益

（1）对"夕阳产业"的保护。在某些国家，特别是西方发达国家，随着经济的不断发展，这些国家的产业结构也不断地发生着变化，原来曾经是迅速发展、蒸蒸日上的所谓"朝阳产业（sunrise industries）"，经过其成长、成熟阶段以后，就进入了日益衰落的阶段，成为所谓的"夕阳产业（sunset industries）"。这一产业或产品的整个发展过程，在经济学上称为"产品生命周期（product life cycle）"。对夕阳产业的保护，尤其是发达国家对夕阳产业的保护，具有明显的损人利己的性质。它们要求别国开放市场，却不向他国开放市场，对本国已失去比较优势的产业，采取种种措施，包括关税措施和进口限制加以保护。

（2）对幼稚产业的保护。在经济学界，将那些刚刚建立起来而尚未成熟的产业称为"幼稚产业（infant industries）"。国际上保护国内幼稚产业采取的措施多种多样，比较常用的有将某产业列入需要进口许可证、进口配额的目录；进口与技术引进条件挂钩；进口配额制；外汇配额制；限向国内采购制；国产化率规定；技术标准限制；根据不同情况鼓励和限制外资等。

（3）保护和增加就业机会。在一国存在就业不足的情况下，增加进口就意味着输出就业机会。开展贸易，固然能使出口部门（一般是具有相对优势的部门）的生产扩大，创造出一些就业机会，但进口竞争部门（尤其是失去比较优势的传统工业部门）则要受到进口产品竞争的冲击，有一些企业就可能被淘汰，从而使一些人丧失工作岗位。这些失业工人转换工作需要假以时日，有人还要蒙受"摩擦失业"之苦。这时，政府就会在社会压力下采取保护贸易政策，限制竞争性的进口产品，以保护本国劳动者的就业。

（4）抵消不公平的贸易做法。反对倾销和补贴等不公平的贸易做法而采取进口管制措施。所谓倾销是指在控制国内市场的条件下，以低于国内市场的价格，甚至低于生产成本的价格，向进口国抛售商品。这时，进口国就有理由对低价倾销的外国商品征收反倾销税或采取进口限制手段，以抵消其倾销效果，保护本国产业。补贴中最主要使用的是出口补贴，它是指出口国为了降低出口商品价格，增强本国产品在国际市场上的竞争力，在出口某种商品时给予出口厂商的现金补贴或财政上的优待。这样，进口国的同类商品明显地处于不利地位，造成不公平竞争。因此，进口国有理由采取保护措施，向进口商品征收反补贴税，或采取进口限制手段，以抵消补贴效果。

（5）维持国际贸易平衡。一国在发生贸易收支或国际收支恶化时，有理由采取限制进口的措施，同时通过各种手段鼓励出口，以求得国际收支的基本平衡。

（6）进口管制作为影响其他国家贸易政策和进行贸易报复的工具。当贸易大国对某种产品进行进口管制时可以起到影响世界市场价格、提高谈判能力的作用。同时，进口管制常常被作为对其他国家的贸易做法的一种报复手段。

3. 帮助实现外交政策目标

（1）对不履行国际义务的国家的经济制裁。例如，联合国对某些国家进行经济制裁，其中包括对南非（原来实行种族隔离政策）、伊拉克（入侵科威特）、朝鲜（进行核试验）的制裁。

（2）对敌对国家的禁运。禁运（embargo）为贸易禁运的简称，是指一国或数国政府通过立法，禁止其国民或企业对另一国或数国的贸易往来。

（3）保护人权。保护人权也可以是实施进口管制的理由。《世界保护人权公约》规定，不能强迫他人劳动。因此，有些国家对于监狱中的劳动产品的出口进行抵制，如果发现某些进口产品系监狱产品，则予以退货或罚款。

4. 维护社会公共利益或公共道德

对于违反社会公共利益或者违反公共道德的产品，许多国家制定了限制或禁止进口的规定。例如，某些国家对于性的认识比较保守或传统，不允许在公开场合出现涉及色情的物品，不允许进口这些"涉黄"产品。中国对于毒害中国读者的歪曲中国现状或历史的出版物禁止进口。

5. 确保健康、卫生、安全，保护环境

政府管制主要包括反垄断管制、经济性管制和社会性管制。社会性管制的定义是：以保障劳动者和消费者的安全、健康、卫生，保护环境、防止灾害为目的，对产品和服务的质量和伴随着它们而产生的各种活动制定相关标准，并禁止、限制特定行为的管制。不良产品进口管制是指一国对进口产品制定一些强制性和非强制性的技术法规、技术标准以及合格评定程序等手段，限制甚至禁止不良产品的进口，以保障人类健康和安全，保护动植物健康和安全，保护环境，防止欺诈行为，保证产品质量。

（二）进口管制的影响

进口管制可以起到与进口关税类似的保护作用，会导致商品的国内价格上升，刺激国内生产扩大，从而保护国内生产市场，达到维护国家安全、保护国家经济利益等政策目的。

直接的进口数量限制，即进口配额与关税的经济效应相比，可以总结为：①如果没有其他因素促使需求曲线外移，进口配额的经济效应和关税的经济效应是相似的；②如果除价格以外的其他因素促使需求曲线外移，则进口配额的保护效应要大于关税的保护效应；③进口配额对进口数量的限制

是确定的，而进口关税的贸易效应则是不确定的；④进口配额对资源的浪费更严重，更容易引起低效率，对本国国民福利的损害也更大；⑤进口配额容易导致寻租活动，从而滋生政府部门的腐败；⑥进口配额限制了竞争，易造成更大的垄断。

关税配额（tariff quotas）是继关税和进口配额措施发展起来的一种进口限制政策，是在一定时期内对预先规定的配额以内的进口商品征收较低关税或者减免关税，对超过配额部分则征收较高的进口关税。关税配额实质上是一种两阶段关税。

对不良产品的进口实施管制，将不良产品拒之于国门之外，利国利民：①有利于保障国内消费者的健康和安全；②有利于保护国内生态环境，防止严重污染环境的产品、技术进入；③有利于维护国家安全和国民的利益。

二、中国进口管制的主要措施

（一）禁止进口管理

对列入中国公布的禁止进口目录以及国家法律法规明令禁止或停止进口的货物、技术，任何对外贸易经营者不得经营进口。

1. 禁止进口货物管理

中国政府明令禁止进口的货物包括：列入由国务院商务主管部门或由其会同国务院有关部门制定的《禁止进口货物目录》的商品、国家有关法律法规明令禁止进口的商品以及其他各种原因停止进口的商品。

2001年至2009年公布的禁止进口货物目录从第一批到第六批，涉及的货物有保护生态环境的、中国参加国际条约履行承诺的、有关人身安全和生产安全的商品等。如国家禁止进口属于破坏臭氧层物质的四氯化碳、三氯三氟乙烷（CFC-113）（用于清洗剂）等，禁止进口属于世界濒危物种管理范畴的虎骨、犀牛角、麝香，以及鸦片液汁及浸膏等；对涉及生产安全（压力容器类）、人身安全（电器、医疗器械类）和环境保护（汽车、工程及车船机械类）的旧机电产品实施禁止进口管理；为履行《关于在国际贸易中对某些危险化学品和农药采用事先知情同意程序的鹿特丹公约》

和《关于持久性有机污染物的斯德哥尔摩公约》，禁止进口青石棉、艾氏剂、七氯、毒杀芬、杀虫脒、二噁英、呋喃等。2020年11月24日，中国生态环境部、商务部、国家发展和改革委员会、海关总署联合发布《关于全面禁止进口固体废物有关事项的公告》，自2021年1月1日起，禁止以任何方式进口固体废物，禁止中国境外的固体废物进境倾倒、堆放、处置。2020年12月30日，为履行《关于持久性有机污染物的斯德哥尔摩公约》《关于汞的水俣公约》，中国商务部、海关总署和生态环境部联合发布了2020年第73号公告，公布了《禁止进口货物目录（第七批）》，自2021年1月1日起实施。目录中列明了共75项禁止进口的货物，主要包括氯丹、含汞消毒剂、灭蚁灵、五氯苯等化学品。中国禁止进口货物主要集中于化学物制品以及包含有害物质的机电产品和仪器。从目的上看，禁止进口货物的选择是为了防止"洋垃圾"的进口；从时间上看，禁止进口货物目录也在逐步完善。

中国有关法律法规明令禁止进口的商品主要是指依据《中华人民共和国动植物检疫法》禁止进境的货物，主要包括：①来自动植物疫情流行的国家和地区的有关动植物及其产品和其他检疫物；②动植物病源（包括菌种、毒种等）及其他有害生物、动物尸体、土壤；③带有违反"一个中国"原则内容的货物及其包装；④以氯氟羟物质为制冷剂、发泡剂的家用电器产品和以氯氟羟物质为制冷工质的家用电器用压缩机；⑤滴滴涕、氯丹等；⑥莱克多巴胺和盐酸莱克多巴胺（莱克多巴胺与盐酸莱克多巴胺均属兴奋剂，用作饲料添加剂可提高猪瘦肉率，是盐酸克伦特罗（俗称瘦肉精）的最佳替代品）。

其他各种原因停止进口的商品：以CFC-12为制冷工质的汽车以及以CFC-12为制冷工质的汽车空调压缩机（含汽车空调器）；旧服装；Ⅷ因子制剂等血液制品；氯酸钾、硝酸铵；100瓦及以上普通照明白炽灯。

2. 禁止进口技术管理

根据《中华人民共和国对外贸易法》《技术进出口管理条例》以及《禁止进口限制进口技术管理办法》的有关规定，中国商务部会同国务院有关部门，制定、调整并公布禁止进口的技术目录。《禁止进口限制进口技管理办法》中规定，凡列入《中国禁止进口限制进口技术目录》中禁止进口的技术，不得进口。2018年起，中国商务部等部门提出公开征求《中国禁止进口限制进口技术目录》的修订意见，目前该目录仍在调整当中。最近的修订版本为2007年商务部发布的《中国禁止进口限制进口技术目录》。

《中国禁止进口限制进口技术目录》规定了禁止进口技术的参考原则：①进口后将危害中国国家安全或者社会公共道德的技术；②进口后将严重影响人的健康或者安全，严重影响动、植物的生命或者健康，或破坏中国生态环境的技术；③进口后将对中国社会公共利益造成重大影响的技术；④依据国家法律、行政法规规定淘汰的生产工艺技术；⑤依照法律、行政法规的规定，其他需要禁止进口的技术；⑥根据中国所缔结或参加的国际公约、国际协定的规定需要禁止进口的技术。

目前，《中国禁止进口限制进口技术目录》所列明的禁止进口的技术涉及：林业（松香胺聚氧乙烯醚系列新产品生产技术、司盘（span）系列产品生产技术、松香胺生产技术）；印刷业和记录媒介的复制（铅印工艺）；石油加工、炼焦及核燃料加工业（减粘技术）；化学原料及化学制品制造业（农药生产技术、纯碱生产技术、苯胺工艺、氰化钠生产工艺、铬盐生产技术、石化工业用水处理药剂配方、苯酐生产技术、软木塞烫蜡包装药品工艺）；非金属矿物制品业（镁碳砖生产技术、耐火材料技术）；黑色金属冶炼及压延加工业（炼焦技术，炼铁、炼钢和轧钢二手设备及配套技术，热镀锌技术，氮氢保护气体罩式炉退火技术，水银整流器传动控制系统技术，化铁炉炼钢工艺，热烧结矿工艺，氧化铜线杆生产技术，常规炭浆技术，氰化法电镀黄铜连续作业线技术，电解铝生产工艺，稀土矿冶炼工艺，炼铅工艺，密闭鼓风炉炼铜技术，冶炼烟气制酸干法净化和热浓酸洗涤技术，金矿选矿、精炼工艺，单一稀土分离制备技术，稀土精矿前处理技术）；交通运输设备制造业（汽车发动机产品技术）；电气机械及器材制造业（含铅绝缘漆技术、含卤覆铜板技术、汽车氟利昂空调系统技术及石棉摩擦材料制品技术、电池制造技术、氟利昂制冷技术）。

（二）限制进口管理

为维护国家安全和社会公共利益，保护人们的生命健康，履行中国所缔结或者参加的国际条约和协定，中国商务部同国务院有关部门，依照《中华人民共和国对外贸易法》的规定，制定、调整并公布各类限制进口货物、技术目录。海关依据国家相关法律、法规对限制进口目录货物、技术实施监督管理。

《中华人民共和国对外贸易法》中规定了限制进口管理的手段："国家对限制进口的货物，实行配额、许可证等方式管理；对限制进口的技术，实行许可证件管理。实行配额、许可证件管理的货物、技术，应当按照国务院规定经商务部或者经其会同国务院其他有关部门许可，方可进口或者出口。国家对部分进口货物可以实行关税配额管理。"

1. 限制进口货物管理

限制进口的货物目录由商务部会同国务院有关部门制定、调整并公布。限制进口的货物目录，应当至少在实施前 21 天公布；在紧急情况下，应当不迟于实施之日公布。实行关税配额管理的进口货物目录，由商务部会同国务院有关经济管理部门制定、调整并公布。

按照中国加入世界贸易组织的承诺，中国在 2005 年 1 月 1 日之前，已取消了重要工业品和机电产品的进口配额管理，汽车和其他机电产品在取消配额后，实施自动许可管理。目前，中国限制进口货物管理按照其限制方式划分为许可证件管理和关税配额管理。

（1）进口许可证件管理

许可证件管理是指在一定时期内根据国内政治、工业、农业、商业、军事、技术、卫生、环保、资源保护等领域的需要，以及为履行中国所加入或缔结的有关国际条约的规定，以经国家各主管部门签发许可证件的方式来实现各类限制进口的措施。

许可证件管理主要包括进口许可证件管理、两用物项和技术进口许可证件管理、濒危物种进口许可证件管理、药品进口许可证件管理、美术品进口许可证件管理、民用爆炸物品进口许可证件管理、音像制品进口许可证件管理、黄金及其制品进口许可证件管理、农药进口许可证件管理、兽药进口许可证件管理、有毒化学品进口许可证件管理等。商务部或者国务院有关部门在各自的职责范围内，根据国家有关法律、行政法规的规定签发上述各项管理所涉及的各类许可证件，申请人凭相关许可证件办理海关手续。

实行进口许可证件管理的货物主要包括重点旧机电产品和消耗臭氧层物质。重点旧机电产品包括：旧化工设备、旧金属冶炼设备、旧工程机械、旧起重运输设备、旧造纸设备、旧电力电气设备、旧食品加工及包装设备、旧农业机械、旧印刷机械、旧纺织机械、旧船舶、旧矽鼓、X射线管等13大类。消耗臭氧层物质主要公布于《中国进出口受控消耗臭氧层物质名录》（目前共六批），包括：三氯氟甲烷（CFC-11）、二氯二氟甲烷（CFC-12）、二氯四氟乙烷（CFC-14）或它们的混合物等商品。

两用物项是指既有民事用途，又有军事用途或者有助于提升军事潜力，特别是可以用于设计、开发、生产或者使用大规模杀伤性武器及其运载工具的货物、技术和服务。两用物项和技术是指中国有关行政法规管制的相关物项和技术，在这里的行政法规包括《中华人民共和国核出口管制条例》《中华人民共和国核两用品及相关技术出口管制条例》《中华人民共和国导弹及相关物项和技术出口管制条例》《中华人民共和国生物两用品及相关设备和技术出口管制条例》《中华人民共和国监控化学品管理条例》《中华人民共和国易制毒化学品管理条例》及《有关化学品及相关设备和技术出口管制办法》等。为维护国家安全和社会公共利益，履行中国在缔结或者参加的国际条约、协定中所承担的义务，便于对上述行政法规规定的相关物项和技术的进出口实施管制，中国限制两用物项和技术进出口，对两用物项和技术实行进出口许可证件管理。中国商务部和海关总署依据上述法规联合颁布了《两用物项和技术进出口许可证件管理办法》（商务部、海关总署2005年第29号令，自2006年1月1日起施行），并每年发布《两用物项和技术进出口许可证件管理目录》，规定对列入该目录的物项及技术的进出口统一实行两用物项和技术进出口许可证件管理。商务部统一管理、指导全国各发证机构的两用物项和技术进出口许可证发证工作。商务部配额许可证事务局和商务部委托的省级商务主管部门为两用物项和技术进出口许可证发证机构。两用物项和技术进口前，进出口经营者应当向发证机关申领"中华人民共和国两用物项和技术进口许可证"，凭以向海关办理进出口通关手续。

（2）进口关税配额管理

关税配额是一种特殊的配额管理办法。对实施进口关税配额的商品一般订有两种税率：配额内税率和配额外税率。对于配额内进口的货物，按照关税配额税率缴纳关税；对于配额外进口的货物，按照配额外税率缴纳关税。通过实施不同的差别税率，达到限制某种商品进口数量的目的。一般情况下，关税配额税率优惠幅度很大，如小麦关税配额税率与最惠国税率相差达65倍。中国通过这种行政管理手段对一些重要商品，以关税这个成本杠杆来实现限制进口的目的。因此，关税配额管理是一种相对数量的限制。

关税配额管理属限制进口，实行关税配额证管理。对外贸易经营者经国家批准取得关税配额证后，允许按照关税配额税率征税进口，如超出限额则按照配额外税率征税进口。中国实施进口关税配额管理的农产品有小麦、玉米、稻谷和大米、食糖、羊毛及羊毛条、棉花；实施进口关税配额管理的工业品有尿素、磷酸二铵、复合肥等3种农用化肥。农产品进口关税配额为全球关税配额，其国家主管部门为商务部及国家发展改革委。农产品进口关税配额的分配是根据申请者的申请数量和以往进口实绩、生产能力、其他相关商业标准或根据先来先领的方式进行分配。分配的最小数量将按每种农产品商业上可行的装运量来确定。每年1月1日前，中国商务部、国家发展改革委通过各自授权机构向最终用户发放"农产品进口关税配额证"，并加盖"商务部农产品进口关税配额证专用章"或"国家发展改革委农产品进口关税配额证专用章"。化肥进口关税配额为全球配额，商务部负责全国化肥关税配额管理工作。商务部的化肥进口关税配额管理机构负责管辖范围内化肥进口关税配额的发证、统计、咨询和其他授权工作。关税配额内农产品和化肥进口时，海关凭进口单位提交的"农产品进口关税配额证明"或"化肥进口关税配额证明"，按配额内税率征税，并验放货物。

2. 限制进口技术管理

中国目前限制进口技术的目录主要是《中国禁止进口限制进口技术目录》。其中规定限制进口技术的参考原则为：①进口后将对国家安全、社会公共利益或者公共道德造成不利影响的技术；②进口后将一定程度上影响人的健康或者安全、影响动植物的生命或者健康，或者将对中国生态环境产生不利影响的技术；③为建立或者加快建立国内特定产业，需要限制进口的技术；④为保障国家国际金融地位和国际收支平衡，需要限制进口的技术；⑤依据国家法律、行政法规规定不符合产业政策的技术；⑥依照法律、行政法规的规定，其他需要限制进口的技术；⑦根据中国缔结或者参加的国际公约、协定的规定，其他需要限制进口的技术。

《中国禁止进口限制进口技术目录》中限制进口的技术涉及：农业，食品制造业，纺织业，石油加工、炼焦及核燃料加工业，化学原料及化学制品制造业，非金属矿物制品业，黑色金属冶炼及压延加工业，有色金属冶炼及压延加工业，通用设备制造业，专用设备制造业，交通运输设备制造业，电气机械及器材制造业，仪器仪表及文化，办公用机械制造业，电力、热力的生产和供应业，银行业，环境管理业等技术领域。

国家对限制进口的技术实行许可证件管理，凡进口列入《中国禁止进口限制进口技术目录》中限制进口技术的，应履行进口许可手续。限制进口技术的进口许可由商务部管理。各省、自治区、直辖市商务主管部门（以下简称地方商务主管部门）是限制进口技术的审查机关，负责本行政区域内限制进口技术的许可工作。中央管理企业，按属地原则到地方商务主管部门办理许可手续。

（三）自动进口许可管理

自动进口许可管理属于自由进出口的范畴，是指中国基于监测货物进口情况的需要，通过签发自动进口许可证件的方式实施的对部分属于自由进口货物的进口登记管理，从而实现对特定商品的进口数量的准确计量与跟踪。《货物自动进口许可管理办法》由商务部于 2004 年 12 月公布，自 2005 年 1 月 1 日起施行。商务部根据监测货物进口情况的需要，对部分进口货物实行自动许可管理，并至少在实施前 21 天公布其目录。目前目录中包括了动植物类产品、机械设备、电气设备、车辆、飞机、船舶、矿产品、医疗设备等允许自动进口的货物。国家对自动进口许可管理货物采取临时禁止进口或者进口数量限制措施的，自临时措施生效之日起，停止签发自动进口许可证。

商务部授权配额许可证事务局，商务部驻各地特派员办事处，各省、自治区、直辖市、计划单列市商务（外经贸）主管部门以及地方机电产品进出口机构负责自动进口许可货物管理和自动进口许可证的签发工作。自动进口许可证是对部分自由进口货物，以法律规定的形式，在任何情况下，都能获得自动进口许可的证明。

进口属于自动许可管理的货物，进口经营者应当在办理海关报关手续前，向商务部提交自动进口许可证申请，凭相关部门发放的自动进口许可证，向海关办理报关手续；未办理自动许可手续的，海关不予放行。

（四）特殊物品进口管理

根据海关总署发布的《出入境特殊物品卫生检疫管理规定》，微生物、人体组织、生物制品、血液及其制品等属于特殊物品，出入境特殊物品卫生检疫监督管理遵循风险管理原则，在风险评估的基础上根据风险等级实施检疫审批、检疫查验和监督管理。申请特殊物品进口审批，应提供以下材料：①入境特殊物品卫生检疫审批申请表；②入境特殊物品描述性材料，包括特殊物品中英文名称、类别、成分、来源、用途、主要销售渠道、输出输入的国家或者地区、生产商等；③入境用于预防、诊断、治疗人类疾病的生物制品、人体血液制品，应当提供国务院药品监督管理部门发给的进口药品注册证书；④入境特殊物品含有或者可能含有病原微生物的，应当提供病原微生物的学名（中文和拉丁文）、生物学特性的说明性文件（中英文对照件）以及生产经营者或者使用者具备相应生物安全防控水平的证明文件；⑤使用含有或者可能含有病原微生物的入境特殊物品的单位，应当提供与生物安全风险等级相适应的生物安全实验室资质证明，BSL-3级以上实验室必须获得国家认可机构的认可；⑥入境高致病性病原微生物菌（毒）种或者样本的，应当提供省级以上人民政府卫生主管部门的批准文件。

三、欧盟进口管制的主要措施

（一）共同进口规则

欧洲联盟（简称欧盟）的 27 个成员国[①] 实施共同进口规则。欧盟对进口管理的基本原则是自由进口，不受配额等任何数量限制，除非正在实施保障措施。为了增加透明度，2015 年，欧盟发布了《关于共同进口规则的（EU）2015/478 号法规》。该法规列明了从其他国家向欧盟进口产品的共同规则，实施保障措施之前的欧盟调查程序以及可能对欧盟生产者造成损害的产品的监督程序。该法规适用于原产于非欧盟国家的进口产品，但不包括欧盟2015/936 号法规项下的纺织品和欧盟 2015/755 号法规下的从某些非欧盟国家进口的产品。

欧洲议会和理事会 2015 年 6 月 9 日通过的《关于双边协定、议定书或其他安排或其他具体欧盟进口规则未涵盖的从某些第三国进口纺织品的共同规则的（EU）2015/936 号法规》，规定了双边协定、议定书、其他安排或其他具体欧盟进口规则未涵盖的第三国，即从朝鲜进口纺织品的规则，并引入了适用于原产于非欧盟国家（朝鲜除外）的纺织品进口的监督制度。该法规规定，除朝鲜民主主义人民共和国外，所有非欧盟国家的纺织品均可不受金额限制进口到欧盟；对从朝鲜进口的不同类别纺织品设定上限——该水平基于以前或估计的贸易流量。欧盟委员会在欧盟一级管理纺织品进口许可证的发放，这些纺织品受到数量限制（配额）或监督措施的约束。目前没有有效的与纺织品相关的数量限制或监督措施。

欧盟 2015/755 号法规规定了不同于一般共同规则的 5 个国家（阿塞拜疆、白俄罗斯、朝鲜、土库曼斯坦、乌兹别克斯坦）的进口产品监控和保

---

① 欧盟的成员国（按英文字母排序）包括：奥地利（Austria）、比利时（Belgium）、保加利亚（Bulgaria）、塞浦路斯（Cyprus）、克罗地亚（Croatia）、捷克（Czechia）、丹麦（Denmark）、爱沙尼亚（Estonia）、芬兰（Finland）、法国（France）、德国（Germany）、希腊（Greece）、匈牙利（Hungary）、爱尔兰（Ireland）、意大利（Italy）、拉脱维亚（Latvia）、立陶宛（Lithuania）、卢森堡（Luxembourg）、马耳他（Malta）、荷兰（Netherlands）、波兰（Poland）、葡萄牙（Portugal）、罗马尼亚（Romania）、斯洛伐克（Slovakia）、斯洛文尼亚（Slovenia）、西班牙（Spain）、瑞典（Sweden）。

障措施规则。

欧盟对农产品贸易的管理的立法主要是《关于农产品市场共同组织规则的（EU）2013/1303 号法规》，该法规规定了与非欧盟国家农业产品贸易适用的进出口许可证、进口关税、关税配额、保障措施和出口基金等措施。

（二）进口配额和许可证件管理

《关于数量配额的（EC）2018/717 号法规》建立了欧盟进出口配额的管理规则。由于越来越多的国家加入世界贸易组织，欧盟对这些国家进口到欧盟的产品都取消了配额限制，目前这一规定仅适用于来自白俄罗斯和朝鲜的进口纺织品。

欧盟进口许可制度主要包括监控、配额、保障措施三类。此外，欧盟还将各种技术标准、卫生和植物卫生标准作为进口管理手段。目前，欧盟采取进口监控措施的产品包括来自第三国的部分钢铁产品、部分农产品。自 2020 年 5 月 15 日起，钢铁产品不再采用事先的进口许可证件管理，而是改为事后监控措施，以成员国海关当局传输的实际进口数据为基础。监测报告每月更新一次，包括以前接受过监测的钢和铝产品，以及添加到受美国第 232 节措施约束的原始产品清单中的产品。

（三）特殊物品进口管制

1. 文化产品

《关于引入和进口文化产品的（EU）2019/880 号法规》规定了引进文化产品的条件以及进口文化产品的条件和程序，以保护人类的文化遗产，防止文化产品的非法贸易，特别是在这种贸易可能助长资助恐怖主义的情况下。它不适用于在欧盟（EU）关税区内创造或发现的文化产品。文化产品是指对考古学、史前史、历史、文学、艺术或科学具有重要意义的物品，属于法规附件 A 部分所列类别。该法规禁止将附件 A 部分所列的文化产品引入欧盟，这些产品是从其制造或发现国非法移走的（一般禁止规则）。它还规定了最濒危文化产品的进口许可证制度和其他类别文化产品的进口商声明制度。2021 年 6 月 24 日，《欧盟执行条例（EU）2021/1079 号法规》规定了实施《欧盟（EU）2019/880 号法规》的细则，如进口许可证和进口商声明的格式、模板、证明文件、程序规则和使用；电子系统（"ICG 系统"）

的部署、运行和维护安排以及成员国当局之间通过该系统提交、处理、存储和交换信息的详细规则。

2. 加工农产品

《适用于农产品加工产生的某些货物的贸易安排的（EU）2014/510 号法规》建立了非农业食品和饮料的贸易制度。所谓加工农产品（processed agricultural products，PAPs），是由农产品制成的非农业食品和饮料。该法规包含加工农产品货物清单。主要产品组成包括：加工乳制品、冷冻水果和蔬菜、非酒精饮料和除葡萄酒以外的所有酒精饮料。该法规一方面涉及管理进口关税的贸易安排，另一方面涉及管理出口退税支付的规则。加工农产品的进口关税包括工业因素（从价税）和农业因素（反映适用于农业成分的关税）。烈酒、加工水果和蔬菜、果胶物质和烟草制品等产品应缴纳从价税或从量税。

3. 毛坯钻石

《毛坯钻石国际贸易金伯利进程证书制度的（EC）2368/2002 号法规》建立了毛坯钻石进出口认证制度。其主要目的是执行金伯利进程证书制度，该制度旨在确保未加工钻石的购买不会被用于资助企图破坏合法政府的反叛运动的暴力行为。为了将毛坯钻石进口到欧盟和格陵兰岛，必须将其装在防篡改集装箱内运输，并附有出口国提供的经政府验证的防伪金伯利进程证书。如果满足这些条件，该国的欧盟当局将向进口商提供经确认的证书；如果不履行，该批货将被扣留。

4. 海豹产品

《关于海豹产品贸易的（EC）第 2009/1007 号法规》规定了将海豹产品投放欧盟市场的统一规则。只有海豹产品来自因纽特人或其他土著社区的狩猎，才能在欧盟市场上出售。该狩猎必须由土著社区进行，为社区生计做出贡献，以提供食物和收入，而不是出于商业原因；对动物福利给予应有的关注，同时考虑社区的生活方式和狩猎的生存目的。在投放市场时，海豹产品必须有一份由欧盟委员会授权的机构颁发的证书，证明符合上述所有条件。

5. 部分矿产品

《关于受冲突影响和高风险地区锡、钽和钨及其矿石和黄金进口商义务的（EU）2017/821 号法规》确保欧盟的锡、钨、钽和黄金进口商（3TG）符合经济合作与发展组织（OECD）制定的国际负责任采购标准。对于法规所涵盖的矿产品，进口商必须检查其购买的矿产是否来源可靠，且不会导致冲突或其他相关非法活动。

6. 食品和饲料

欧盟是食品和饲料的主要进口国。有关食品和饲料卫生、消费者安全和动物健康状况的严格进口规则旨在确保所有进口产品达到与欧盟自身产品相同的高标准。进口管制对于核实食品和饲料产品是否符合相关要求至关重要。

四、欧亚经济联盟进口管制的主要措施

2014 年 5 月 29 日通过的《欧亚经济联盟条约》附件 7《对第三国共同的非关税管制措施的议定书》制定了欧亚经济联盟各成员国[①] 对第三国实施共同非关税管制措施的程序和条件。

（一）对第三国共同的非关税管制措施

欧亚经济联盟委员会（以下简称委员会）做出采取、适用、延长和终止共同的非关税管制措施的决定。对其采取措施决定的货物应列入与第三国贸易中受非关税管制措施约束的共同货物清单。委员会将关税配额或进口配额作为特别保障措施并在颁发许可证时予以确定进口的货物，也应列入共同货物清单。各成员国和委员会都可作出采取或终止这类措施的提案。

1. 禁止和数量限制

除下述特殊情况外，货物的进口不得实施禁止和数量限制：①在国际贸易中适用商品分类、分级或销售标准或条例所必需的进口禁令或限制；②如有必要对任何形式的渔业产品的进口限制。数量限制采取进口配额的

---

① 欧亚经济联盟成员国包括：俄罗斯、白俄罗斯、哈萨克斯坦、亚美尼亚、吉尔吉斯斯坦。

形式。共同数量限制措施不妨碍成员国按照国际条约履行义务。委员会在成员国之间分配进口配额数量，并确定成员国对外贸易活动参与者之间分配进口配额份额的方式，以及第三国之间的进口配额数量。委员会通常在与第三国所有重要供应商协商的基础上，在第三国之间分配进口配额。第三国的重要供应商是指在进口到欧亚经济联盟地区的货物中占 5% 或以上份额的供应商。如果无法在与第三国所有重要供应商协商的基础上执行进口配额分配，委员会应考虑到前一期间这些国家的货物交付量。委员会不得施加任何条件或手续，以阻止任何第三国充分利用其进口配额，前提是货物将在进口配额期间交付。进口配额份额在对外贸易活动参与者之间的分配由成员国通过委员会确定的方式执行，并基于外贸活动参与者在获得进口配额份额方面的平等原则，以及不因所有权形式、注册地或市场地位而受到歧视的原则。

2. 进口特定类型货物的专属权利

委员会决定授予排他性权利的进口货物以及由成员国授予对外贸易参与者排他性权利的程序。根据委员会的决定，被授予排他性权利的对外贸易活动参与者名单应在委员会的官方网站上公布。成员国根据委员会的决定授予对外贸易活动的参与者专属权利，根据非歧视原则开展相应货物的进口业务，且仅以商业考虑为指导，包括购买或销售条件，并为第三国的组织提供充分的机会（按照通常的商业惯例）参与此类采购或销售的竞争。对外贸易活动参与者拥有专属权利的货物的进口，应根据授权机构颁发的专属许可证进行。

3. 自动许可（监测）

为了监测某些货物的进口动态，委员会有权实施自动许可（监测）。自动许可的采取是在成员国或委员会的倡议下进行的。实施自动许可的理由应包括无法通过其他方式监测某些货物的进口数量及其变化的信息。实施自动许可的特定种类货物清单及其条款应由委员会法案确定。实施自动许可的货物应包括在共同货物清单中。贸易商根据成员国授权机构按照委员会法案确定的方式签发的许可证，进口和（或）出口实施自动许可的货物。

4. 许可令

采取许可证或其他管理对外贸易活动的行政措施需要颁布许可令。采取、适用和终止许可令程序的决定应通过委员会法案做出。

5. 为了国家利益而实行的管制措施（一般例外）

如果出现以下原因，可以采取对特定进口货物的禁止或限制措施或授予其进口的专属权利：①维护公共道德或法律和秩序所必需的；②保护公民的生命或健康、环境、动植物的生命或健康所必需的；③涉及黄金或白银的进口；④用于保护文化财产和文化遗产；④履行国际义务所必需的；⑤国防和安全所必需的；⑥确保遵守与适用海关法、环境保护、知识产权保护和其他法律行为有关的法律义务所必需的。基于上述原因实施的措施，不得作为对第三国任意或无理歧视的手段，或变相限制货物对外贸易的手段。

为了基于上述理由对某些种类的货物采取或终止措施，成员国应向委员会提交载有拟议措施性质、适用期限的文件，以及采取或终止此类措施的必要性的理由。如果委员会基于上述理由拒绝成员国提出的采取措施的建议，则提交了采取措施建议的成员国可根据该议定书的规定单方面采取此类措施。

6. 保护外部财务状况和维护国际收支平衡的措施

如有必要保护外部财务状况和维护国际收支平衡，可采取措施，包括对特定进口货物的禁止或限制措施，或授予其进口的专属权利。只有在其他措施无法阻止对外支付状况严重恶化的情况下，才可根据国际收支的危急情况采取此类措施。进口限制不得超过防止成员国外汇储备严重下降的迫在眉睫的威胁或恢复成员国外汇储备的合理增长率所必需的程度。

委员会审查成员国关于适用上述措施的提案。如果委员会不接受成员国关于适用该措施的建议，该成员国可根据该议定书的规定单方面采取此类措施。

7. 货物贸易领域的许可证

如果某些特定货物实行了数量限制、专属权利、许可令、关税配额或者作为特殊保障措施的进口配额，应由委员会通过授权机构向对外贸易活动参与者签发货物进口许可证来实施。共同货物清单所列货物的进口许可应按照该议定书中规定的规则进行。

8. 单边措施的采取

基于国家利益（一般例外）以及保护外部财务状况和维护国际收支平衡的例外情况下，成员国可单方面在与第三国的贸易中实施临时措施。采取临时措施的成员国应提前但不迟于采取临时措施前三个日历日通知委员会，并提交在欧亚经济联盟关境内采取此类措施的提案。委员会应考虑成员国提出临时措施的建议，并根据成员国的建议，决定欧亚经济联盟关境内实施此类措施。在这种情况下，该措施的有效性应由委员会确定。如果在欧亚经济联盟关境内实施临时措施的决定未获通过，委员会将通知实施临时措施的成员国和成员国海关当局，临时措施的有效期不超过实施之日起 6 个月。未实施临时措施的成员国应采取必要措施，防止这些货物进口到实施临时措施的成员国境内。

（二）在与第三国的贸易中适用非关税管制措施的共同货物清单

1. 禁止进口到欧亚经济联盟关境的货物

禁止进口到欧亚经济联盟关境的货物包括部分消耗臭氧层物质以及含有消耗臭氧层物质的产品，某些危险废物，印刷、视听和其他信息载体上的信息，部分农药和其他持久性有机污染物，民用武器及其主要部件和弹药，水生生物资源工具，格陵兰海豹和格陵兰海豹幼崽产品。

2. 进口许可证件管理的货物

进口许可证件管理的货物包括：消耗臭氧层物质和含有消耗臭氧层物质的产品，危险废物，植物保护产品（农药），《濒危野生动植物种国际贸易公约》所涵盖的野生动植物种，欧亚经济联盟成员国所列的珍稀濒危野生动物和野生植物种类，宝石，贵金属和含有贵金属的产品，麻醉药品、精神药物及其前体，非麻醉药品前体和精神药物的有毒物质，药品，电子设备和高频民用设备，密码破译设备，加密设备，人体器官和组织，血液及其成分，人类生物材料样本，民用武器及其主要部件和弹药，农药和其他持久性有机污染物。

3. 关税配额和特别配额管理的货物

关税配额管理的进口货物包括牛肉、猪肉、禽肉、乳清、精米、原木等。特别配额管理的进口货物主要是由碳和合金钢制成的热轧钢材。

4. 进口专属权利管理的货物

原产于第三国并进口到白俄罗斯的酒精制品和烟草制品，白俄罗斯法律规定了适用专属权利的程序。

五、东南亚国家进口管制的主要措施

（一）新加坡

新加坡采取的是自由贸易政策，仅有少数的商品需要缴纳关税或者进口受限。新加坡进口产品都不设置配额，大部分产品无须许可证即可免税进口。但是，进口医药品、危险品、化学药品、电影电视节目、武器和弹药需要进口许可证（见表2-1）。

表2-1　新加坡进口管制商品及主管机构

进口商品类别	主管机构
投币式或盘片操作游戏机，包括弹球桌、射击游戏机和影像放映游戏机	公共娱乐执照组（PELU）
动物、禽类及其产品	农粮与兽医局（AVA）
武器与爆炸物	武器与爆炸物执照署（A&E）
石棉制品	污化管制处（PCD）
具防攻击功能的衣物，包括防弹背心	武器与爆炸物执照署（A&E）
电池（普通），碱性、碳锌和汞氧化物	污化管制处（PCD）
预录的盒式磁盘、卡式磁带、音频光盘	媒体发展管理局（MDA）
化学品：毒性及危险性化学品、有毒及易制毒化学品、杀虫剂	污化管制处（PCD）、化学武器公约（NA，CWC）国家机构
香口胶（牙科用）、香口胶（药用）	违禁品，新加坡关税局、化妆品控制单位（CCU）、管制支援单位（RSU）

续 表

进口商品类别	主管机构
氟氯碳化合物（CFCs）	污化管制处（PCD）
打火机—气枪或左轮手枪形状	违禁品，武器与爆炸物执照署（A&E）
化妆品与美容产品（除了由 RSU 管制的皮肤与面部药性美容液或膏）	化妆品控制单位（CCU）
柴油或汽油	新加坡民防部队（SCDF）
来自黎巴嫩未经加工的钻石（KPCS）	违禁品，新加坡关税局
胶卷，影片 / 录像 / 激光光盘	媒体发展管理局（MDA）
爆竹	违禁品，武器与爆炸物执照署（A&E）
鱼类与渔业产品	农粮与兽医局（AVA）
易燃物质	新加坡民防部队（SCDF）
食品（不包括新鲜或冷冻蔬菜及水果）	农粮与兽医局（AVA）
水果（新鲜或冷藏）	农粮与兽医局（AVA）
水果机 / 吃角子老虎机	新加坡警察部队执照署（SPF）
人参	农粮与兽医局（AVA）
唱片	媒体发展管理局（MDA）
手铐	武器与爆炸物执照署（A&E）
哈龙（Halons）	污化管制处（PCD）
染发剂与护发品：毒性、无毒性	管制支援单位（RSU）、化妆品控制单位（CCU）
头盔：工业安全型钢质	职业安全健康处（OSHD）、武器与爆炸物执照署（A&E）
人类病原体	生物安全组（BSB）
工业安全项目（安全带、安全挽具、救生绳索、安全绳、救生网）	职业安全健康处（OSHD）
放射性器材	放射防护中心（CRP）
任何媒介的录制与翻录器材（CD、CD-ROM、VCD、DVD、DVD-ROM）	新加坡关税局
动物与禽类的肉与肉制品	农粮与兽医局（AVA）

续　表

进口商品类别	主管机构
药物、药剂、药制品	管制支援单位（RSU）
兽医用药剂	农粮与兽医局（AVA）
奶粉以及马来半岛、沙巴、沙捞越生产的新鲜、去脂、巴氏消毒牛奶	农粮与兽医局（AVA）
硝化纤维素	武器与爆炸物执照署（A&E）
有机肥料	农粮与兽医局（AVA）
石油	新加坡民防部队（SCDF）
带泥土或不带泥土的植物、花及种子	农粮与兽医局（AVA）
罂粟种子（kaskas）	中央肃毒局（CNB）
易制毒化学品	中央肃毒局（CNB）
出版物	媒体发展管理局（MDA）
放射性物质	放射防护中心（CRP）
犀牛角及处理后该产品的废料和粉末	违禁品，农粮与兽医局（AVA）
米（不包括米糠）	新加坡企业发展局（Enterprises Singapore）
沙和花岗岩（必需的建筑材料）	建设局（BCA）
阴离子表面活性剂	污化管制处（PCD）
餐桌用品与厨房器皿（陶瓷、晶质玻璃）	农粮与兽医局（AVA）
磁带，预录	媒体发展管理局（MDA）
违禁通信设备（扫描接收器、军用通信设备、电话语音变化器、使用 880–915 兆赫、925–960 兆赫、1900–1980 兆赫、2110–2170 兆赫频段的无线电通信设备，除了手机或其他受批准设备和无线电通信干扰设备）	违禁品，新加坡资讯通信发展管理局（IDA）
木材与木料	农粮与兽医局（AVA）
玩具手枪、气枪、左轮手枪	武器与爆炸物执照署（A&E）
玩具对讲机	新加坡资讯通信发展管理局（IDA）
蔬菜（新鲜、冷藏）	农粮与兽医局（AVA）

进口商品类别	主管机构
废铅酸电池及任何废铅、镉或汞制电池	污化管制处（PCD）
部分从朝鲜进口或转口的货物	违禁品，新加坡关税局
部分从伊朗进口或转口的货物	违禁品，新加坡关税局

资料来源：新加坡海关。

（二）马来西亚

马来西亚在进口管制方面的法律依据为《海关进口管制条例》，实行的是自由开放的对外贸易政策，部分商品的进出口会受到许可证或其他限制。

1998年，马来西亚海关禁止进口令规定了四类不同级别的限制类进口。第一类是14种禁止进口品，包括含有冰片、附子成分的中成药，45种植物药以及13种动物及矿物质药。第二类是需要许可证的进口产品，主要涉及卫生、检验检疫、安全、环境保护等领域，包括禽类和牛肉（还必须符合清真认证）、蛋、大米、糖、水泥熟料、烟花、录音录像带、爆炸物、木材、安全头盔、钻石、碾米机、彩色复印机、一些电信设备、武器、军火以及糖精。第三类是临时进口限制品，包括牛奶、咖啡、谷类粉、部分电线电缆以及部分钢铁产品。第四类是符合一定特别条件后方可进口的产品，包括动物、动物产品、植物及植物产品、香烟、土壤、动物肥料、防弹背心、电子设备、安全带及仿制武器。

为了保护敏感产业或战略产业，马来西亚对部分商品实施非自动进口许可管理，主要涉及建筑设备、农业、矿业和机动车辆部门。如所有重型建筑设备进口须经国际贸易和工业部批准，且只有在马来西亚当地企业无法生产的情况下方可进口。

（三）印度尼西亚

印度尼西亚政府在实施进口管理时，主要采用配额和许可证两种形式。适用配额管理的主要是酒精饮料及包含酒精的直接原材料，其进口配额只发放给经批准的国内企业。适用许可证件管理的产品包括工业用盐、乙烯和丙烯、爆炸物、机动车、废物废品、危险物品，获得上述产品进口许可的企业只能将其用于自己的生产。其中，氟氯化碳、溴化甲烷、危险物品、酒精饮料及包含酒精的直接原材料、工业用盐、乙烯和丙烯、爆炸物及其直接原材料、废物废品、旧衣服等九类进口产品主要适用自动许可管理；丁香、纺织品、钢铁、合成润滑油、糖类、农用手工工具等六类产品主要适用非自动许可管理。为方便进口，印尼贸易部2009年大力推行网上办理进口许可证，目前大部分工作已经完成，办理进口许可证过程更加简便，原本手工办理许可证需要5~10天时间，利用网上全国一站式服务只需8个小时。

2015年7月，印尼贸易部颁布了2015年第48号贸易部长条例，对原进口有关条例进行修订，要求进口商在产品抵港前办理进口许可证，有关条例于2016年1月1日开始实施。

（四）泰国

泰国对多数商品实行自由进口政策，任何开具信用证的进口商均可从事进口业务。泰国仅对部分产品实施禁止进口、关税配额和进口许可证等管理措施。禁止进口产品主要涉及公共安全和健康、国家安全等的产品，如摩托车旧发动机、博彩设备等。关税配额产品包括24种农产品，如大米、椰肉、大蒜、饲料用玉米、棕榈油、椰子油、龙眼、茶叶、大豆和豆饼等，但关税配额措施不适用于从东盟成员国的进口。进口许可分为自动进口许可和非自动进口许可，非自动进口许可产品包括关税配额产品和加工品，如鱼肉、生丝、旧柴油发动机等，自动进口许可产品包括部分服装、凹版打印机和彩色复印机。泰国商业部负责制定受进口许可管理的产品清单。

（五）菲律宾

《菲律宾海关现代化和关税法（CMTA）》将进口商品分为四类：自由进口商品、管制进口商品、限制进口商品、禁止进口商品。

禁止进口商品（CMTA第3章第118节）：包含颠覆国家政权内容或违反菲律宾法律的印刷制品，用于非法堕胎的商品、工具、药物、广告印刷品等，包含不道德内容的印刷品或媒体制品，包含金、银等贵金属且未标明质量纯度的商品，违反本地法规的食品、药品，侵犯知识产权的商品，其他主管部门发布法律法规禁止进口的商品。

限制进口商品（CMTA 第 3 章第 119 节）：除非法律或法规授权允许，否则禁止进口以下商品：枪支弹药、爆炸物等武器，赌博用具，彩票和奖券，菲律宾总统宣布禁止的毒品、成瘾性药物及其衍生物，有毒有害危险品，其他受到限制的商品。

管制进口商品（CMTA 第 3 章第 117 节）：管制进口商品必须获得相应主管部门的许可证或授权才可进口，受管制的进口商品清单可以在菲律宾国家贸易资料库中查看。

自由进口商品（CMTA 第 3 章第 116 节）：除禁止进口商品、限制进口商品、管制进口商品外的商品，除非法律法规另有规定，可自由进出菲律宾。

（六）文莱

出于环境、健康、安全和宗教方面的考虑，文莱海关对少数商品实行进口许可管理，包括出版物、印刷品、电影、音像制品、宗教书籍、护身符商品及带有可疑图像或照片的商品，清真食品，军火、爆炸物、鞭炮、危险武器、废金属，植物、农作物活牲畜、蔬菜、水果、蛋、鱼、虾、贝类、水生物及捕鱼设备，有毒物品、化学品及放射性物品，无线电发射与接收装置、通信设备，药品、草本及保健食品、软饮料、点心，二手车及非机动车，带有国旗、国徽或皇家标记的徽章、旗帜和纪念品，文莱制造或发掘的历史文物等。

禁止进口商品包括：鸦片、海洛因、吗啡、淫秽品、印有钞票式样的印刷品等；酒精饮料进口受到严格限制。

文莱政府宣布从 2017 年 1 月 1 日起，废除执行多年的水泥进口配额制度，不再对进口水泥实行总量控制。

（七）越南

根据加入 WTO 的承诺，越南逐步取消进口配额限制，基本按照市场原则管理。禁止进口的商品主要包括：武器、弹药、除工业用以外的易燃易爆物、毒品、有毒化学品、军事技术设备、麻醉剂、部分儿童玩具、规定禁止发行和散布的文化品、各类爆竹（交通运输部批准用于安全航海用途的除外）、烟草制品、二手消费品（纺织品、鞋类、衣物、电子产品、制冷设备、家用电器、医疗设备、室内装饰）、二手通信设备、右舵驾驶机动车、二手物资、低于 30 马力的二手内燃机、含有石棉的产品和材料、各类专用密码及各种密码软件等。自 2016 年 7 月起，越南允许进口使用年限不超过 10 年的二手设备，进口的二手设备在安全、节能和环保方面需符合越南国家技术标准或 G7 标准。此外，越南还禁止进口被权威机构认定为落后、质量差、污染环境的二手设备。生产企业需要维修、更换正在运行的设备，可允许进口二手零部件，可以自主进口或委托其他企业进口。此外，对于使用年限超过 10 年的二手设备，如生产企业仍需进口，也可向越南科技部提出申请。

（八）老挝

禁止进口的商品包括：枪支、弹药、战争用武器及车辆，鸦片、大麻，危险性杀虫剂，不良性游戏，淫秽刊物等 5 类商品。

进口需要进行许可证件管理的商品有活动物、鱼、水生物，食用肉及其制品，奶制品，稻谷、大米，食用粮食、蔬菜及其制品，饮料、酒、醋，养殖饲料，水泥及其制品，燃油，天然气，损害臭氧层化学物品及其制品，生物化学制品，药品及医疗器械，化肥，部分化妆品，杀虫剂、毒鼠药、细菌，锯材，原木及树苗，书籍、课本，未加工宝石，银块、金条，钢材，车辆及其配件（自行车及手扶犁田机除外），游戏机，爆炸物等 25 类商品。

六、南亚国家进口管制的主要措施

（一）孟加拉国

孟加拉国实行贸易自由化政策，但考虑到国家安全，环保、健康和宗教因素，许多一般商品仍被列入禁止 / 限制进口商品清单中，水泥、化肥、煤炭以及部分纺织和针织品有进口配额限制或者需要特别批准才能进口（进口商需提前向商务部申请进口）。

其中禁止进口的商品有：恐怖、淫秽或有破坏性的文学作品（任何形式），任何与该国宗教信仰不同的书籍、报纸、期刊、图片、影片及音视频存储介质，二手办公设备、复印机、电报机、电话、传真机等，所有种类的废弃物，猪肉及其制品等。此外,孟加拉国是阿拉伯国家,禁止进口原产地是以色列或者以色列货船装运的货物。

限制进口的产品包括:尿素、音视频娱乐节目、天然气附属产品、化学武器(控制)法案中列明的部门化工产品等。

另外,孟加拉国对部分进口货品附有单证要求:进口植物和植株部分(水果和蔬菜除外)需提供卫生证明书;进口旧纺织物需提供消毒检验证书;进口大米、小麦、蔬菜、鱼、肉、食用油、食品、奶粉、奶制品等需提供放射性物质含量证明书,以证明产品中放射性物质含量未超过规定限度并适合人类食用。

(二)印度

印度实行对外贸易经营权登记制。印度政府将进出口产品分为:禁止类、限制类、专营类和一般类。

禁止进口的产品包括:野生动物及其制品、象牙、动物油脂类产品以及危险废品等。所有外贸企业均可经营一般类产品。对限制类产品的经营实行许可证件管理。印度对活动物、牛肉及牛内脏、猪肉、活鱼、鸟蛋、纺织品、宝石、植物和种子、部分杀虫剂、药品及化学品、电子产品以及基因产品等实行进口许可证制度。对原油、矿产品、食品等实行国营企业专营,如石油产品只能通过印度国有石油公司进口,氮、磷、钾及复合化学肥料由矿物与金属贸易公司进口,维生素 A 类药品由印度国营贸易公司进口,油及种子由国营贸易公司与印度斯坦植物油公司进口,谷类由印度粮食公司进口等。

(三)巴基斯坦

进口产品分禁止类、限制类和一般类。限制类商品的进口需要符合政府规定的相关要求。

1. 禁止进口的商品

《2020 年进口政策法令》及其附件 A 列明了禁止进口下列商品:载有可能伤及巴基斯坦任何派别、阶层、团体的宗教感情、有宗教内涵的词语或题字的任何商品及其包装容器;任何形式的淫秽商品;猪、野猪及其制品和副产品;酒精类产品;水烟;毒品;不适合人类食用的可食用产品;

烟花爆竹；毛皮制品；各种旧的或翻新的轮胎；以巴基斯坦或印度语制作、反映巴基斯坦或印度生活方式，或由巴印演员做主角的电影胶片；《巴塞尔公约》中定义和分类的危险废物；医疗废物；含联苯胺染料；基于氯氟烃（CFC）气体的制冷设备；武器弹药；谷氨酸钠（味精原盐）；除允许从印度进口的巴基斯坦药品监管局监管的治疗产品外，禁止从印度进口其他商品；原产于以色列或从以色列进口的商品；来自"疯牛病"疫区的活动物及其肉制品；假冒商品；来自科特迪瓦的所有毛坯钻石；部分二手机械设备等。此外，出于保护公共利益需要，联邦政府可以决定在特定时期内中止或禁止进口任何来源的任何商品。

2. 限制进口的商品

《2020年进口政策法令》附录B列举了除非有特别许可，必须满足规定的条件才能进口的商品（见表2-2）。

表2-2　进口到巴基斯坦需要满足健康和安全要求的产品

进口商品类别	需满足的进口条件
活动物、动物精液和胚胎	需符合巴基斯坦政府国家食品安全与研究部动物检疫部门的检疫要求；只有在获得国家野生动物保护委员会（NCCW）的证明后，才允许进口野生动物物种
鱼类和渔业产品、肉类	需符合巴基斯坦政府国家食品安全与研究部动物检疫部门的检疫要求
所有种类的植物及其部分和植物材料	需符合巴基斯坦政府国家食品安全和研究部植物保护部门和联邦种子认证机构的植物检疫要求、样品抽取及质量检验
槟榔	需出示原产国/出口国主管当局签发的植物检疫证书，确认出口的种货物无虫害；适合人类食用
棉花种子	需事先经巴基斯坦政府国家粮食安全与研究部批准
甘蔗、香蕉、马铃薯、花卉和其他粮食的种子，菜籽、油籽等	样品需经过联邦种子认证机构和巴基斯坦政府国家食品安全和研究部植物保护部门的质量检验；水稻种子的进口应遵守《1976年种子法》（1976年第29号）和任何其他相关法律规定的严格检疫措施；只允许从合法生产罂粟种子的国家进口罂粟种子
初榨棕榈油	只能由具有巴基斯坦标准质量控制局（PSQCA）有效许可证和注册的制造商进口，以便进一步加工和精炼；不允许进口棕榈油的制造商向非制造商销售初榨形式的棕榈油；进口散装初榨棕榈油用于储存的商业进口商也应根据联邦税务局通知的保障机制进口
棕榈硬脂酸	需具有独特的脂溶性颜色，以符合色度计5/14单元上最小10红色的洛维邦颜色范围，以确保棕榈硬脂不会被误用于食用油/酥油制作

进口商品类别	需满足的进口条件
雪茄、方头雪茄、小雪茄和香烟	包装上需印有"吸烟有损健康"字样
可食用产品	进口须符合下列条件：（i）它必须适合人类消费；（ii）不含任何"哈拉姆"元素或成分；（iii）食用产品应至少有 66%（2/3）的保质期，从制造日期算起；（iii a）食品的成分和详细信息（如营养事实、使用说明等）以乌尔都语和英语印在消费者包装上；（iii b）消费者包装上印有清真认证机构的标志；（iii c）上述第（iii a）条和第（iii b）条下的标签不得采用贴纸、套印、印章或刮痕标签的形式；（iii d）货物附有由清真认证机构颁发的"清真证书"，该认证机构经认证机构（AB）认证，该认证机构是国际清真认证论坛（IHAF）或伊斯兰国家标准计量研究所（SMIC）的成员；（iv）第（iiid）条应自 2020 年 5 月 1 日起生效；（v）就肉类而言，它是从"清真动物"中获得的，并根据伊斯兰禁令进行屠宰；（vi）散装进口食用油应以到岸重量和质量为基础
加工食品	需符合巴基斯坦标准和质量控制机构规定的质量标准
食用色素、食品色淀	需获得出口国政府出具的生产证书，证明其在该国使用或注册，并带有公平和真实的标签
放射原料和放射仪器	需事先经巴基斯坦核管理局批准
石棉	进口标准：颜色为白到灰；密度为每立方厘米 2.4 ~ 2.6 克；进口文件中须显示产品的具体规格，出口商须出具证书说明产品符合规格
炸药、碳化钙、旧的或翻新的压缩气 / 液化气罐	需事先经爆炸物管理部门批准
消耗臭氧层物质	应遵守气候变化部不时制定的政策 / 配额分配
所有麻醉药品和精神药物，禁止进口清单上的项目除外	只有在国家卫生法规服务协调部授权下持有有效药品生产许可证的制药单位才能进口；需符合规定的药品原料进口条件
有毒化学品	仅允许持有相关环境机构 / 部门根据 1997 年《巴基斯坦环境保护法》颁发的有效许可证的工业用户进口
易制毒化学品	相关工业用户从禁毒部获得证明后可进口；工业用户进口的数量将由联邦税收委员会决定，相关制药单位的进口数量将由卫生部决定；需麻醉药品管制部的配额规定
杀虫剂、杀鼠剂、杀菌剂、除草剂、抗发芽产品、消毒剂和类似产品	根据《1971 年农业杀虫剂条例》（1971 年第 2 号）的规定、根据该条例制定的规则以及根据 1976 年《药品法》注册的药品和根据该条例制定的规则进口；需提交由植物保护部门通知的装运前检验公司出具的装运前检验证书

续 表

进口商品类别	需满足的进口条件
农药配方/生产的活性成分	只能由相关工业用户进口
护照打印机、签证打印机、层压机和层压辊	以下类型的护照打印机、签证打印机、层压机和层压辊只能由移民和护照总局批准进口：（i）Diletta 330i、400i 和 500i（护照打印机）；（ii）Diletta RL90、CPL90、PL90（护照签证打印机）；（iii）Diletta（层压机）；（iv）Advantage Make（层压辊）
血液	需提供没有艾滋病、乙型、丙型肝炎的证书
染料	供应商需提供证书证明该染料不是由联苯胺（对二氨基联苯）制成且不含有联苯胺的任何成分
塑料的废物、削片和废料，不包括各类医院废物、使用过的污水管和使用过的化学品容器	工业用户在满足以下条件的情况下可进口：（i）各联邦或省级环境保护机构（EPA）对塑料废料回收设施的环境批准，表明年度回收能力；（ii）各 EPA 正式批准的年度环境审计报告，但是，该条件不适用于单位首次进口塑料废料的情况；（iii）由该订单中提及的任何公司在出口国进行装运前检验，证明出口至巴基斯坦的货物不含《巴塞尔公约》中禁止的任何有害物质；（iv）注册回收厂的进口货物只能从一个海关清关
通过回收塑料废料制成的颗粒	需经出口国证明，出口的颗粒不含《巴塞尔公约》中禁止的任何有害物质；海关当局应确保严格遵守该条件
使用过或翻新过的低温容器	仅允许工业用户在符合以下条件的情况下进口：（i）装运前翻新；（ii）经通知的独立认证机构检查，证明此类容器或气瓶符合国际安全标准；（iii）此类容器或气瓶的使用年限不得超过 10 年
蒸汽锅炉（用于集中供暖的热水锅炉除外）、超热水锅炉	旧锅炉亦获准进口，但须符合以下条件：（i）由可接受的装运前检验公司就至少十年的安全及剩余寿命发出证明书；（ii）由锅炉总督察发出证明书
3D 打印机	需获得内政部事先许可
传输设备，不论是否包括接收设备（不包括传真机和移动电话）、电视传输天线系统、现场接收装置、STL 设备、VHF 设备、电视调制器和解调器、视频投影系统和视频切换系统	可由巴基斯坦电视台、相关公共部门机构和联邦政府许可的其他机构进口。与有关政府机构就蜂窝和移动电话设施的供应达成协议的公司也可以进口这些设备
武器弹药	仅可由个人许可证持有人或获得许可证的军火经销商许可证持有人进口

续 表

进口商品类别	需满足的进口条件
枪管及零配件	可由有武器制造许可的单位进口
用于接收、广播和分发与电子媒体相关的卫星信号的所有设备	需获得巴基斯坦电子媒体管理局（PEMRA）的具体许可或证明
自动驾驶仪套件	仅允许向获得国防部证明的授权机构/部门进口
配备高清摄像头和高速Wi-Fi传输能力以及夜视镜的飞行器	需事先获得国防部证明
婴儿玩具	需经出口国证明玩具符合国际标准且不含有害物质、有毒元素

（四）尼泊尔

除政府规定的禁止进口的商品外，其余的商品允许所有尼泊尔商人自由经营。禁止进口的商品：毒品；60%vol 以上的酒精饮料；军火（有政府许可证除外）；通信设备（有政府许可证除外）；贵重金属和珠宝（行李规定允许的除外）；牛肉及其制品等；其他在尼泊尔"政府公报"上公布的产品。为了确保国内食糖市场，目前政府禁止进口食糖。尼泊尔政府规定所有鸡肉制品需从世界动物卫生组织确认的非禽流感疫区国家进口且需经空运运输，因此禁止贸易商通过陆路进口鸡肉制品。从 2020 年 4 月开始禁止进口市值超过 5 万美元的车辆及威士忌等烈酒，以防外汇流失。

（五）斯里兰卡

有些货物为了国家安全而由政府统一管理经营，或出于保护本国工业的原因而需要办理进口许可证，如进口武器、对人体有害的化工产品、大米、小麦、土豆、汽车、奶粉、纺织品、木制品和纸制品等。

斯里兰卡标准化学会从 2000 年开始对某些类别进口商品加强质量监控，要求出口国权威部门提供质量认证，否则货物入关时海关将不予放行。目前列入受控商品清单的有日用瓷器、部分家用电子产品和汽车配件等[①]。

---

① 国家税务总局《中国居民赴斯里兰卡投资税收指南》。

（六）马尔代夫

马尔代夫对货物进口实行严格的许可证件管理制度（见表2-3）。

表2-3　进口到马尔代夫需要提供的许可证件

限制进口的产品种类	许可证签发部门
酒类及酒精制品	经济发展部
猪肉及猪肉制品	经济发展部
化学品	国防和国家安全部
宠物	马方权威兽医出具的宠物健康证明
枪械、爆炸物、武器和弹药	国防和国家安全部
进口烟草制品	须按照卫生部的规定贴有健康警告标签
商用的有效处方	食品和药物管理局
通信设备（无线电频率发射能力超过100毫瓦）	通信局进行检查后批准
活鱼和冻肉	港口卫生部
鸟类	渔业和农业部
动植物	渔业和农业部
农药和肥料	渔业和农业部及国防和国家安全部
交通工具	运输部

1. 禁止进口的商品

主要包括违反伊斯兰教的物品、神像、色情书刊、活猪、麻醉致幻类药品、部分海鲜动物。

2. 限制进口的商品

限制的进口货物主要包括武器弹药、酒类商品、猪肉或其制品、化学制品、宠物、烟花及爆炸物、药品、烟等。有特殊需要的单位，须经过有关部门批准后方可进口。

需提供有关证明（许可）后方可进口的商品主要包括活的动植物、药品、音像制品、无线通信设备等。

七、中亚国家进口管制的主要措施

（一）塔吉克斯坦

塔吉克斯坦受配额、许可证限制的进口商品包括：小麦、面粉、铝矾土、石油类产品，农业经济作物、观赏性草本植物（包括种子）及蚕种，有毒物、植物保护化学物品、化肥，药品及医疗技术用品，无线电电子器材及高频装置。

其他限制进口的商品：铀及其他放射性物质，此类物质制成品、工艺、仪器、设备和装置，放射性辐射源，包括放射性废料；火药、爆炸物及其残料；麻醉品、毒品；军备、军用生产配套设备，军工技术合作领域的服务；公务用和民用武器；军装及其标志物；军用防毒用品及其零配件和附属品；密码用品（包括密码技术、零件及密码系统），密码用品的技术标准资料；宝石及半宝石；矿物学及古生物学方面的收藏材料；艺术作品，有明显的艺术、历史、科学或文化价值的收藏品和古董；有关塔吉克斯坦境内地下资源分布、燃料、电力及其自然资源的产地和区域方面的信息（包括示意图、地图和图纸）；酒精及含酒精制品；烟草及其制品。

（二）土库曼斯坦

进口方面，土库曼斯坦主要通过关税措施进行管理和调节，同时对烟酒类商品、化工产品、机动车实行进口许可证件管理制度。此外，与土库曼斯坦国有企业签订供货合同，同样须经国家商品原料交易所、财政部等单位的审核、注册。

（三）乌兹别克斯坦

禁止进口的商品：1997年乌兹别克斯坦总统令附件中规定了禁止进口到乌兹别克斯坦的商品清单，其中包括印刷品、手稿、印版、图画、照片、胶卷、底片、电影、电视及音频产品、录音唱片、声音材料，这些产品被用于：①破坏国家及社会秩序；②破坏国家领域完整、政治独立及国家主权；③宣传战争、恐怖主义、暴力；④宣扬民族特殊性；⑤宣扬宗教仇恨、种族主义及其各种变体（反犹太主义、法西斯主义）。还包括含有色情内容的材料。1998年乌兹别克斯坦内阁决议中还规定禁止乙醇进口或过境。

需进口配额的商品：乌兹别克斯坦不采用进口配额制，但有两个例外。其一，按照《蒙特利尔破坏臭氧层物质议定书》，乌兹别克斯坦确定2005—2030年间破坏臭氧层物质进入乌兹别克斯坦需要配额；其二，根据《对外经济活动法》，内阁可对个别种类进出口商品规定数量限制，即配额。配额须通过招标方式进行分配，分配程序由内阁确定。

需许可证的商品：需在乌兹别克斯坦内阁命令的基础上由投资与对外贸易部发放进口许可证，包括：武器、军事技术装备及其生产设备；贵重金属及其制品、合金、废矿石、精矿；天然宝石和珠宝及其制品、粉末和废物；天然宝石、珍珠、琥珀及其制品；铀和其他放射性物质，其制品及废料；使用放射性物质的仪器和设备。

其他进口限制措施：2017年以来，乌兹别克斯坦国际收支进一步恶化，为减少进口、节约外汇资源，乌兹别克斯坦总统要求各级官员切实履行职责，加大力度推动工业生产本土化进程，对本国可以生产的产品、材料等不允许进口。

八、西亚国家进口管制的主要措施

（一）阿塞拜疆

阿塞拜疆实行自由贸易制度，所有经济实体和自然人有权从事进出口贸易。从事烟、酒精产品、药品和爆炸品等特殊商品的生产或贸易的企业和个人须向政府主管部门申请经营许可证。

（二）土耳其

为保护环境、公共安全、健康和公德，遵守国际公约，土耳其禁止以下产品的进口：毒品、化学武器、对身体有害的燃料、武器弹药、蚕种、自然肥、游戏机、水果和水果产品，其商标有违工业产权的国际公约的产品。

出于环境、公共安全、健康等因素的考虑，土耳其限制进口麻醉剂、大麻、鸦片、消耗臭氧物质等11大类产品。根据2005年土耳其外贸标准公报，土耳其对新鲜水果和蔬菜、干果、豆类、食用蔬菜油及棉花等农产品等 15 大类产品实施进口许可。此外，土耳其还于 2004 年先后颁布了《与进口监管执行相关的法令》和《进口监管实施法规》，作为对进口产品实施监管的法律依据。当一种产品的进口对国内生产相同产品或直接竞争产品的生产商造成损害威胁，同时因国家利益又需要进口该种产品时，土耳其外贸署进口总司根据申请或自行对某一产品做出监管决定，监管产品进口时除须具备依据海关法规所规定的文件外，还须出具进口总司颁发的监管产品进口许可证。[①]

（三）格鲁吉亚

格鲁吉亚为遵循国际公约规定而禁止进口某些商品，也禁止进口危害国家公共卫生及安全的产品，如毒品、色情制品和核原料等。格鲁吉亚对进口商品没有任何配额限制。根据格鲁吉亚许可证法，除涉及健康、安全和环保以外，不采取额外非关税贸易限制，只对极少数商品实行许可证件管理，如武器、放射性物质、工业垃圾、农用化学药品和医疗用具等，其余商品均放开经营。

（四）伊朗

进出口商品可分下列 3 类：①允许商品：根据规定无须取得许可即可出口和进口的商品；②限制商品：需取得许可才能进口和出口的商品；③禁止商品：依照伊斯兰教义（根据买卖和消费信用）或根据法律被禁止进口和出口的商品。

伊朗的进口项目规定在每年伊朗农历的元旦（3 月 21 日）由工矿贸易部颁布。该规定将进口货物分为 4 等：授全权的、有条件授权的（若干部门决定的）、未授权的、禁止的（按伊斯兰的法律和规定禁止进口的）货物。

伊朗《海关法》规定下列商品禁止进口：①海关税目表和专门法律规定禁止进口的商品；②根据有关法律规定认为属不许进口的商品；③任何武器、猎枪、炸药、雷管、子弹、炮弹、爆炸物、易燃易爆物品，除非获

---

① 商务部公共商务信息服务网站，土耳其贸易投资管理体制，2006 年 12 月。

得国防部和武装部队后勤部的许可；④任何毒品，除非获得卫生医疗教育部的许可；⑤空中摄影、摄像专门仪器，除非获得国防部和武装部队后勤部的许可；⑥任何发射机及其零配件，除非获得邮电部的许可；⑦经伊斯兰文化指导部认定属破坏公共秩序，有损国家形象、宗教风化的唱片、录音带、电影片、书籍；⑧经情报部队认定属破坏公共秩序，有损国家形象、宗教风化的杂志、报纸、图画、标记、出版物；⑨外表外包装上、提货单及有关文件上有破坏公共秩序，有损国家形象、宗教风化的句子或标记的商品；⑩在发行国已作废的外国纸币，仿制的纸币、邮票、货签；⑪彩票；⑫会使消费者和购买者因为商品外包装上的名字、标志、商标或其他特征而对原产品制造商、生产厂家和其特性产生误解的商品。

除伊朗本国不能出产的热带水果以及开放进口的香蕉、菠萝、椰子和芒果外，伊朗农业部禁止任何其他水果进口，以保护伊朗本国农民和供应商。

2019年7月起，伊朗禁止进口60种药物，药物涉及心血管、眼部和皮肤、激素类以及抗生素类。2020年5月起，为支持和鼓励国内生产，工矿贸易部拒绝批准进口可在国内生产的医疗用品。

第二节　出口管制

出口管制是国家出于政治、经济、军事和对外政策的需要，制定的商品出口的法律和规章，以对出口国别和出口商品实行控制。主要措施包括：①对国内生产所需的原料、半成品以及供应不足的商品，实行出口许可证制，限量出口；②对战略物资、尖端技术及先进产品，实行特种出口许可证，严加控制；③承担某种国际义务，对某类商品实行自动限制出口；④对出口商品的质量和价格等方面，加以管制，加强其竞争能力。

一、出口管制的政策分析

（一）出口管制的原因

1. 保障国家安全

通过限制或禁止某些可能增强其他国家军事实力的物资特别是战略物资的对外出口，来维护本国或国家集团的政治利益与安全。同时，也通过禁止向某国或某国家集团出售产品与技术，作为推行外交政策的一种手段。

出口管制政策的措施包括禁止某些产品出口、本国企业需获得政府出口许可才能出口、进口方保证进口的民品不用于军事目的、未经允许不得转让给第三方，等等。

2. 保证国内供应

出口管制可以避免本国稀缺资源和紧缺物资大量外流、保证国内资源充足供应以满足本国生产和生活需要。比如，西方经济发达国家和地区会管制石油、煤炭等能源的出口，发展中国家和地区也会适当控制粮食、原材料等产品的出口。

追溯历史，自从贸易产生至今出口管制从未间断，它通常是为了保护国内稀缺资源或再生资源、维护国内市场正常供应。对出口商品进行管制，可以限制某些短缺物资的外流，有利于本国对商品价格的管制，减少出口需求对国内通货膨胀的冲击。同时，出口管制有助于保护国内经济资源，使国内保持一定数量的物资储备，从而利用本国的资源来发展国内的加工工业。

3. 保护环境

一些产品的过度生产和出口会对环境造成压力和损害，如资源性产品、高污染产品、高能耗产品，一些国家对这类产品的出口进行管制，以保护环境。

资源性产品包括可以用自然力保持或增加蕴藏量的再生资源和那些不具备自我繁殖能力，随着人类的开发和使用不断减少至枯竭的非再生资源两大类。资源性产品的出口除了在贸易中获利外，其过度出口将会对自然资源起到破坏作用。这些资源开采过程不仅会造成的环境污染和能源消耗，又会破坏人类赖以生存的环境。

高污染产品主要是指那些在生产过程中产生大量污染的产品，如黑色金属及有色金属、纸制品、化工原料及化学制品及非金属矿物。

高耗能产品是指在生产过程中消耗大量能源的产品，包括钢铁、电解铝、冶炼铜、铁合金、电石、焦炭、水泥、煤炭等。高耗能产品的出口大量增加，一方面造成煤、电、油、运等资源和运输紧张的矛盾，另一方面加剧了环境压力。

4. 维护出口经营秩序

为了缓和贸易摩擦，出口国在进口国要求或压力下不得不管制某些具有很强国际竞争力的商品出口，如发展中国家和地区对纺织品以及日本对输美汽车、钢铁、机床等的自愿出口限制。可见，减少贸易摩擦是出口管制的必要原因。自愿出口限制又称自愿限制协议和有计划的出口安排，它是指出口国为防止受到其他形式的贸易制裁，应进口国要求限制本国产品出口。自愿出口限制是一种特殊形式的配额，由出口国而非进口国实施。自动出口限制制度是在国际贸易中协调进出口关系，缓解贸易摩擦的一种重要制度。自动出口限制主要是根据双边贸易协定，通过在特定时间对特定商品、特定地区进行一定的配额限制和出口许可证件管理来实现的。

出口经营秩序出现严重混乱，例如出口低价竞销、量增值减、出口效益下滑等现象，可实行出口管制，防止"大国贫困化增长"现象的发生。"大国"是指出口国某种产品的出口所占的世界市场份额很大，可以影响甚或决定该产品的国际市场价格。若该"大国"不组织卡特尔来维护出口市场秩序，在出口产品市场需求缺乏弹性的条件下，过度出口和竞争一般会导致"贫困化增长"，即出口数量的增长会被不利的贸易条件所吞没，致使出口效益下滑。

5. 保护文物和其他艺术遗产

对于历史文物和艺术珍品，出于保护本国文化艺术遗产和弘扬民族精神的需要而采取的出口管制措施。

6. 履行国际条约、协定的义务

为了有效达到防扩散的目的，在联合国的主导和各国的共同努力下，国际社会先后通过了《核不扩散条约》《全面禁止核试验条约》《禁止生物武器公约》《禁止化学武器公约》《特定常规武器公约》《导弹及其技术控制制度》等条约和法规，建立起一个相对完整的国际防扩散法规体系。这些防扩散法规是当代国际法体系不可或缺的重要分支，对防止和减少大规模杀伤性武器及其运载工具的扩散，维护世界和地区的和平与安全，有极其重要的意义和作用。有效的出口管制是落实防扩散法规的关键举措和实现防扩散目标的重要手段。恪守国际防扩散条约和法规，严格实行出口管制，是一个国家为促进国际和平与安全应做的努力，是表明其珍惜国际信誉与道义、做国际社会守法和负责任成员的一个标志。

（二）出口管制的影响

出口管制措施的实施会产生多个方面的影响，但其核心影响就是对贸易出口的限制。事实上，自从出口管制制度诞生以来，如何实现国家安全与经济利益之间的平衡始终贯穿在各国出口管制法的制定和修改过程中。

由于缺乏法律上的明确定义，各国政府具有更多的灵活性，尤其是在出现新的国家安全问题时，就可以及时采取措施。与此同时，这种做法可能带来的弊端是，一些国家或者政府机构有可能不适当地适用甚至滥用国家安全政策或者国家安全条款，从而导致对国际贸易的负面影响。即便是正确适用了国家安全政策对战略物项的出口进行管制，其对出口贸易的限制作用也是不言而喻的。

冷战时期，各国出口管制的主要目的地是敌对阵营或敌对国家，但也对与盟国之间的贸易带来不利影响，因此，在冷战后期和冷战结束后，巴黎统筹委员会及其参加国开始放松出口管制机制，以适应日益激烈的出口竞争环境。美国是世界上出口管制制度非常严格的国家，其出口管制机制一直在不断修改、完善和更新，其中有基于国家安全需要从严管制的修改，也有基于促进出口贸易和企业竞争力进行的"松绑"。

从长远来看，维护国家安全与促进贸易出口并不矛盾，二者是相互促进、相互依赖的关系。拥有完善的出口管制机制，可以为各国创造安全、可预见和以规则为基础的贸易出口环境，不仅有助于吸引更多的可靠进口方，甚至吸引更多的跨国公司在本国战略产业进行投资，也有利于其他国家向其出口高科技产品。至于出口管制机制本身带来的程序、行政、时间等方面的负担，可以通过有效和完善的法律设计以及与产业的密切合作使其降到最低，尤其是采用出口管制多边机制制定的指南和管制清单，可以实现高效和有效的管制。

二、中国出口管制的主要措施

2020年10月17日，第十三届全国人民代表大会常务委员会第二十二次会议通过了《中华人民共和国出口管制法》，该法案于2020年12月1日起正式实施。该法对出口管制体制、管制措施以及国际合作等做出明确规定，统一确立出口管制政策、管制清单、临时管制、管控名单以及监督管理等方面的基本制度框架和规则。国家对两用物项、军品、核以及其他与维护国家安全和利益、履行防扩散等国际义务相关的货物、技术、服务等物项（以下统称管制物项）的出口管制，适用该法。国家出口管制管理部门依据该法和有关法律、行政法规的规定，根据出口管制政策，按照规定程序会同有关部门制定、调整管制物项出口管制清单，并及时公布。

（一）禁止出口管理

根据维护国家安全和利益、履行防扩散等国际义务的需要，经国务院批准，或者经国务院、中央军事委员会批准，国家出口管制管理部门会同有关部门可以禁止相关管制物项的出口，或者禁止相关管制物项向特定目的国家和地区、特定组织和个人出口。对列入国家公布的禁止出口目录的，以及国家法律法规明令禁止出口的货物、技术，任何对外贸易经营者不得经营出口。

1. 禁止出口货物管理

目前，中国公布的《禁止出口货物目录》共有6批。

《禁止出口货物目录（第一批）》（外经贸部2001年第19号公告），是为了保护中国的自然生态环境和生态资源，从中国国情出发，履行中国所缔结或者参加的与保护世界自然生态环境相关的一系列国际条约和协定而发布的。如国家禁止进出口属于破坏臭氧层物质的四氯化碳、三氯三氟乙烷（CFC-113）（用于清洗剂）等，禁止出口属于世界濒危物种管理范畴的虎骨、犀牛角、麝香等，禁止出口具有防风固沙作用的发菜和麻黄草等植物，禁止出口原木。

《禁止出口货物目录（第二批）》（商务部、海关总署、林业局 2004 年第 40 号公告），主要是为了保护中国匮乏的森林资源，防止乱砍滥伐而发布的，如禁止出口木炭。

《禁止出口货物目录（第三批）》（商务部、海关总署、国家环境保护总局 2005 年第 116 号公告），是为了保护人的健康，维护环境安全，淘汰落后产品，履行《关于在国际贸易中对某些危险化学品和农药采用事先知情同意程序的鹿特丹公约》和《关于持久性有机污染物的斯德哥尔摩公约》而颁布的，如青石棉、艾氏剂、七氯、毒杀芬、杀虫脒、二噁英、呋喃等。

《禁止出口货物目录（第四批）》（商务部、海关总署 2006 年第 16 号公告），主要包括硅砂、石英砂及其他天然砂。

《禁止出口货物目录（第五批）》（商务部、海关总署 2008 年第 96 号公告），包括无论是否经化学处理过的森林凋落物以及泥炭（草炭）。

2020 年 12 月 30 日，为履行《关于持久性有机污染物的斯德哥尔摩公约》《关于汞的水俣公约》，商务部、海关总署和生态环境部联合发布了 2020 年第 73 号公告，公布了《禁止出口货物目录（第六批）》，自 2021 年 1 月 1 日起实施。目录中列明了 75 项禁止出口的货物，主要包括氯丹、含汞消毒剂、灭蚁灵、五氯苯等化学品。该批禁止进口与禁止出口的货物名单是一致的。

国家有关法律法规明令禁止出口的商品包括：①动植物及其产品，包括未定名的或者新发现并有重要价值的野生动植物及其产品，以及国务院或者国务院野生动植物主管部门禁止出口的濒危野生动植物及其产品；国务院主管部门禁止出口的其他禽畜遗传资源；奶畜在规定用药期和休药期内产的乳；②药品，包括天然麻黄草；国务院主管部门公布的禁止出口的国内防疫急需的疫苗；国务院公布的禁止出口的国内短缺药品、中药材、中成药；③原料血浆；④劳改产品；⑤向朝鲜出口部分两用物项和技术；⑥带有违反一个中国原则内容的货物及其包装；⑦内容涉及国家秘密的手稿、印刷品、胶卷、照片、唱片、影片、录音带、录像带、激光视盘、计算机存储介质及其他物品。

2. 禁止出口技术管理

根据《中华人民共和国对外贸易法》《技术进出口管理条例》以及《禁止出口限制出口技术管理办法》的有关规定，国务院商务主管部门会同国务院有关部门，制定、调整并公布禁止出口的技术目录。《禁止出口限制出口技术管理办法》中规定，凡列入《中国禁止出口限制出口技术目录》中禁止出口的技术，不得出口。2020 年 8 月 28 日，商务部、科技部发布《关于调整发布〈中国禁止出口限制出口技术目录〉的公告》（2020 年第 38 号），对《中国禁止出口限制出口技术目录》（商务部 科技部令 2008 年第 12 号附件）内容做部分调整，删除了 4 项禁止出口的技术条目，即微生物肥料技术、化学合成及半合成咖啡因生产技术、核黄素（VB$_2$）生产工艺、化学合成及半合成药物生产技术。

《中国禁止出口限制出口技术目录》规定了禁止出口技术的参考原则：①为维护国家安全、社会公共利益或者公共道德，需要禁止出口的；②为保护人的健康或者安全，保护动物、植物的生命或者健康，保护环境，需要禁止出口的；③依据法律、行政法规的规定，其他需要禁止出口的；④根据中国缔结或者参加的国际条约、协定的规定，其他需要禁止出口的。

目前列入《中国禁止出口限制出口技术目录》禁止出口部分的技术涉及：畜牧业（畜牧品种的繁育技术，中国特有的物种资源技术，蚕类品种、繁育和蚕茧采集加工利用技术），渔业（水产品种的繁育技术），农、林、牧、渔服务业（绿色植物生长调节剂制造技术），有色金属矿采选业（采矿工程技术），农副食品加工业（肉类加工技术），饮料制造业（饮料生产技术），造纸及纸制品业（造纸技术），化学原料及化学制品制造业（焰火、爆竹生产技术），医药制造业（中药材资源及生产技术，中药饮片炮制技术），非金属矿物制品业（非晶无机非金属材料生产技术、低维无机非金属材料生产技术），有色金属冶炼及压延加工业（有色金属冶金技术，稀土的提炼、加工、利用技术），专用设备制造业（农用机械制造技术），交通运输设备制造业（航天器测控技术、航空器设计与制造技术），通信设备、计算机及其他电子设备制造业（集成电路制造技术，机器人制造技术）；仪器仪表及文化、办公用机械制造业（地图制图技术），工艺品及其他制造业（书画墨、八宝印泥制造技术），建筑装饰业（中国传统建筑技术），电信和其他信息传输服务业（计算机网络技术、空间数据传输技术，卫星应用技术），专业技术服务业（大地测量技术），卫生（中医医疗技术）。

（二）限制出口管理

国家实行限制出口管理的货物、技术，必须依照国家有关部门规定取得国务院商务主管部门或者国务院其他相关部门的许可，方可出口。

1. 限制出口货物管理

《货物进出口管理条例》规定，国家规定有数量限制的出口货物，实行配额管理；其他限制出口货物，实行许可证件管理；实行配额管理的限制出口货物，由国务院商务主管部门和国务院有关经济管理部门按照国务院规定的职责划分进行管理。中国出口货物管理按照其管理方式划分为出口配额管理、出口许可证件管理。除两用物项与技术外，中国政府在对外援助项下提供的产品不纳入限制出口货物管理。

（1）出口配额管理

实行配额管理的一般货物目录由国家发展和改革委员会会同有关部门提出意见，报国务院批准后公布。关系国计民生的大宗资源性出口货物及在中国出口中占有主导地位的大宗传统出口货物，中国在国际市场或某一市场占主导地位的主要货物，出口额大且易引起经营秩序混乱的货物和重要货物以及有特殊要求的货物，国外对中国有配额或要求中国主动限制出口数量的货物，实行配额管理。实行出口配额管理的货物目录，由商务部会同国务院有关部门制定、调整并公布。实行配额管理的出口商品目录，应当至少在实施前21天公布；在紧急情况下，应当不迟于实施之日公布。实行出口配额管理的主要商品包括：部分农产品；部分活禽、畜；部分资源性产品、贵金属；消耗臭氧层物质（配额由生态环境部管理）。

出口商品配额总量，由商务部确定并公布。商务部确定出口商品配额总量时，应当考虑以下因素：保障国家经济安全的需要；保护国内有限资源的需要；国家对有关产业的发展规划、目标和政策；国际、国内市场的需求及产销状况。商务部应当于每年 10 月 31 日前公布下一年度出口配额总量。商务部可以根据实际需要对本年度出口商品配额总量做出调整，但有关调整应当不晚于当年 9 月 30 日完成并公布。

出口受配额管理的货物的对外贸易经营者应向商务部或生态环境部申请取得配额（全球或者地区配额），凭配额证明文件或者配额招标中标证明文件申领《中华人民共和国出口许可证》（以下简称为出口许可证），凭出口许可证向海关办理货物出口报关验放手续。

（2）出口许可证件管理

国家主管部门在一定时期内根据国家政治、军事、技术、卫生、环保、资源保护等领域的需要，以及为履行中国所加入或缔结的有关国际条约的规定，对部分商品的出口签发许可证件来实现的各类限制出口措施。中国的出口管制广泛采取国际通行的许可证件管理、最终用户和最终用途证明、通用许可等制度。

实行许可证件管理的主要商品包括：①签发出口许可证的部分动物产品、部分矿产品、稀土、部分金属及制品、消耗臭氧层物质、部分贵金属、摩托车（含全地形车）及其发动机和车架、汽车（包括成套散件）及其底盘；②濒危物种；③两用物项和技术；④黄金及其制品。

2. 限制出口技术管理

中国目前限制出口技术的目录主要有《中国禁止出口限制出口技术目录》和《两用物项和技术出口许可证件管理目录》。商务部、科技部发布《关于调整发布〈中国禁止出口限制出口技术目录〉的公告》（2020 年第 38 号），删除了 5 项限制出口的技术条目（兽药生产技术、新城疫疫苗技术、化学合成及半合成药物生产技术、天然药物生产技术、带生物活性的功能性高分子材料制备和加工技术）；新增了 23 项限制出口的技术条目，主要为农林牧渔、交通运输、设备制造、生物医药、化工及其制品、信息技术、数据传输、智能控制、通用设备 3D 打印技术、激光技术、无人机技术、航空航天、遥感卫星等国际领先技术。

《中国禁止出口限制出口技术目录》规定了限制出口技术的参考原则：①为维护国家安全、社会公共利益或者公共道德，需要限制出口的；②为保护人的健康或者安全，保护动物、植物的生命或者健康，保护环境，需要限制出口的；③依据法律、行政法规的规定，其他需要限制出口的；④根据中国缔结或者参加的国际条约、协定的规定，其他需要限制出口的。

《中国禁止出口限制出口技术目录》中限制出口的技术涉及：农业，林业，畜牧业，渔业，农、林、牧、渔服务业，农副食品加工业，食品制造业，饮料制造业，纺织业，造纸及纸制品业，化学原料及化学制品制造业，医药制造业，橡胶制品业，非金属矿物制品业，黑色金属冶炼及压延加工业，有色金属冶炼及压延加工业，金属制品业，通用设备制造业，专用设备制造业，交通运输设备制造业，电气机械及器材制造业，通信设备、计算机及其他电子设备制造业，仪器仪表及文化、办公用机械制造业，工艺品及其他制造业，建筑装饰业，其他建筑业，水上运输业，电信和其他信息传输服务业，计算机服务业，软件业，专业技术服务业，地质勘查业，卫生等领域的技术。

国家对列入《中国禁止出口限制出口技术目录》及《两用物项和技术进出口许可证件管理目录》中限制出口技术及相关产品实行许可证件管理，凡出口国家限制出口技术及相关产品的，应当按规定履行出口许可手续。限制出口技术的出口许可由商务部会同科技部管理。

（三）特殊物品出口管制

根据海关总署发布的《出入境特殊物品卫生检疫管理规定》，微生物、人体组织、生物制品、血液及其制品等属于特殊物品，出入境特殊物品卫生检疫监督管理遵循风险管理原则，在风险评估的基础上，根据风险等级实施检疫审批、检疫查验和监督管理。申请特殊物品出口审批，应提供以下材料：

（1）出境特殊物品卫生检疫审批申请表。

（2）出境特殊物品描述性材料，包括特殊物品中英文名称、类别、成分、来源、用途、主要销售渠道、输出输入的国家或者地区、生产商等。

（3）出境特殊物品含有或者可能含有病原微生物的，应当提供病原微生物的学名（中文和拉丁文）、生物学特性的说明性文件（中英文对照件）以及生产经营者或者使用者具备相应生物安全防控水平的证明文件。

（4）出境用于预防、诊断、治疗的人类疾病的生物制品、人体血液制品，应当提供药品监督管理部门出具的销售证明。

（5）出境特殊物品涉及人类遗传资源管理范畴的，应当取得人类遗传资源管理部门出具的批准文件，海关对有关批准文件电子数据进行系统自动比对验核。

（6）使用含有或者可能含有病原微生物的出境特殊物品的单位，应当提供与生物安全风险等级相适应的生物安全实验室资质证明，BSL-3级以上实验室必须获得国家认可机构的认可。

（7）出境高致病性病原微生物菌（毒）种或者样本的，应当提供省级以上人民政府卫生主管部门的批准文件。

三、欧盟出口管制的主要措施

（一）共同出口规则

2015年，欧盟发布了《关于共同出口规则的（EU）2015/479号法规》。该法规不仅规定了欧盟国家向其他国家出口产品不受数量限制的基本原则，还规定了关于采取保护措施的程序的规则。

为了防止由于基本产品短缺而出现危急情况，欧盟委员会可要求货物出口提交出口许可证。这些措施可能仅限于对某些国家的出口或欧盟某些地区的出口。例如，在新型冠状病毒肺炎疫情暴发的背景下，欧盟（EU）2020/402号实施法规规定，在一定时期内，要求某些个人防护设备——无论是否原产于欧盟——须经欧盟国家主管当局授权后才可向欧盟以外出口，并规定了申请授权的程序，其附件一列出了需要授权的产品（防护眼镜和面罩、手套、防护服、口鼻防护设备和面罩）。欧盟委员会必须采取符合欧盟利益的保护措施，同时适当考虑现有的国际义务（例如，欧盟加入世界贸易组织所产生的义务）。

（二）两用物项和技术出口管制

2021 年 9 月 9 日，欧盟新修订的两用物项出口管制法规开始生效。这个法规名为《建立欧盟控制两用物项的出口、中介、技术援助、过境和转让的管制制度的（EU）2021/821 号法规》，进一步加强对更广泛的新兴两用技术的控制，以支持在整个欧盟范围内有效执行管制措施。

欧盟的两用物项出口管制制度包括：①成员国共同的出口管制规则，包括一套共同的评估标准和共同的许可证类型；②共同的《欧盟两用物项清单》，以及控制非清单物项最终用途的共同规则等。

《欧盟两用物项清单》内的物项（包括产品、软件和技术）出口到欧盟境外，需要申请出口许可证。这些物项在欧盟境内可以自由交易和移动，不需要出口许可证，但特别敏感的物项（载于新法规附件四，例如核材料等）除外。

《欧盟两用物项清单》涵盖的物项包括核材料、设施和设备、特种材料及相关设备、电子、计算机、电信和信息安全产品、传感器和激光器、导航和航空电子设备、航海产品、航天器和推进系统等十大类产品，及相关的软件和技术。

除了《欧盟两用物项清单》内的物项外，欧盟设立了两种"全面控制（catch-all controls）"：一是针对涉及大规模杀伤性武器或军事最终用途的物项的全面控制；二是针对可能被用于侵犯人权的网络监控物项的全面控制，即在符合法规规定条件的情况下，某一物项即使未被列入《欧盟两用物项清单》，其出口也须经过许可。

除了《欧盟两用物项清单》外，欧盟成员国可以制定自己的两用物项清单或者对《欧盟两用物项清单》之外的物项实行管制。

受管制的行为包括两用物项的出口、中介服务、技术援助、过境和转让。

（三）文化产品出口管理

《关于文化产品出口的（EC）2009/116 号法规》规定了文化产品出口规则，以期对其进行保护，确保在欧盟外部边界对这些出口实行统一管制。

当文化产品出口到欧盟关境以外时，必须出示出口许可证。出口商必须申请欧盟国家主管当局颁发的许可证。该许可证在整个欧盟有效。如果货物受到关于具有艺术、历史或考古价值的国宝的立法保护，欧盟国家可以拒绝签发出口许可证。在某些情况下，欧盟国家可以在没有许可证的情况下允许出口某些文化产品。在办理海关出口手续时，出口许可证必须与出口报关单一起提交主管海关。

欧盟委员会第 2012/1081 号实施法规规定了（EC）第 2009/116 号法规项下的出口许可证的起草、发放和使用规则，包括许可证的类型、用途和有效期。

有三种类型的许可证：①标准许可证，根据（EC）第 2009/116 号法规在正常情况下用于每种出口，有效期为 1 年；②特定开放许可证，涵盖所有者重复临时出口特定文化产品，以便在第三国使用和 / 或展览，有效期最长为 5 年；③向博物馆 / 其他机构发放的一般开放许可证，用于临时出口属于其永久收藏的任何货物，这些货物可能会定期从欧盟临时出口，以便在非欧盟国家展出，有效期最长为 5 年。

四、欧亚经济联盟出口管制的主要措施

2014 年 5 月 29 日通过的《欧亚经济联盟条约》附件 7《对第三国共同的非关税管制措施的议定书》也包括欧亚经济联盟成员国对第三国实施共同的出口管制措施，大多数与进口的规则一致。

除下述特殊情况外，货物的出口不得实施禁止和数量限制：①临时实施出口禁令或限制，以防止或缓解对欧亚经济联盟内部市场至关重要的食品或其他产品的严重短缺；②在国际贸易中适用商品分类、分级或销售标准或条例所必需的出口禁令或限制。

在一般例外方面，除与进口管制类似的原因外，还有为了防止不可替代自然资源的枯竭以及保证国内原材料的价格和供应等原因。

禁止出口和需要提交出口许可证的货物种类与进口货物清单有很大重合，其中比较特别的是从欧亚经济联盟关境出口下列货物也应取得出口许可证：矿物学和古生物学收藏品、化石动物骨骼；野生活体动物、单个野生植物和野生药物原料；矿物；文化财产、国家档案基金文件、档案文件；

关于燃料、能源和矿物矿产地区和矿床的信息。

禁止出口原产于哈萨克斯坦的木材、再生纸、纸板、废纸；限制出口原产于白俄罗斯的废品，包括钢铁废碎料、铜废碎料、镍废碎料、铝废碎料；限制出口原产于白俄罗斯的石油及其产品、肥料；从俄罗斯出口天然气以及从白俄罗斯出口化肥需具有出口专属权利。

五、东南亚国家出口管制的主要措施

（一）新加坡

非受管制货物通过海运或空运出口，必须在出口之后 3 天内，通过贸易交换网提交准证申请。受管制货物，或非受管制货物通过公路和铁路出口的，需要在出口之前通过贸易交换网提交准证申请。出口受管制货物还必须事先取得相关主管机构的批准或许可（见表 2-4）。

表 2-4　新加坡出口管制商品及主管机构

出口商品类别	主管机构
动物	农粮与兽医局（AVA）
武器与爆炸物	武器与爆炸物执照署（A&E）、新加坡关税局
具防攻击功能的衣物，包括防弹背心	武器与爆炸物执照署（A&E）
化学品：毒性及危险性化学品，有毒及易制毒化学品，杀虫剂	化学武器公约（NA，CWC）国家机构、新加坡关税局、污化管制处（PCD）
氟氯碳化合物（CFCs）	污化管制处（PCD）
未经加工的钻石	新加坡关税局
鱼类与渔业产品	农粮与兽医局（AVA）
人参	农粮与兽医局（AVA）
手铐	武器与爆炸物执照署（A&E）
哈龙（Halons）	污化管制处（PCD）
头盔：工业安全型钢质	职业安全健康处（OSHD）、武器与爆炸物执照署（A&E）

续 表

出口商品类别	主管机构
放射性器材	放射防护中心（CRP）、新加坡关税局
肉类与肉制品	农粮与兽医局（AVA）
军事设备、其他军用品	新加坡关税局
易制毒化学品	中央肃毒局（CNB）、新加坡关税局
放射性物质	放射防护中心（CRP）、新加坡关税局
犀牛角及处理后该产品的废料和粉末	违禁品，农粮与兽医局（AVA）
米（不包括米糠）	新加坡企业发展局（Enterprises Singapore）
橡胶	新加坡企业发展局
出口欧盟或美国的新加坡生产纺织品和服装	新加坡关税局
木材与木料	农粮与兽医局（AVA）
玩具手枪、气枪、左轮手枪	武器与爆炸物执照署（A&E）
废铅酸电池及任何废铅、镉或汞制电池	污化管制处（PCD）
出口到阿富汗、科特迪瓦、刚果（金）、伊拉克、利比里亚、卢旺达、塞拉利昂、索马里、苏丹各类武器和相关物品及零件	违禁品，新加坡关税局
出口或转口到朝鲜坦克、装甲车、大口径炮、战斗机、战斗直升机、军舰、导弹或导弹系统及设备零件任何与核项目、弹道飞弹等联合国列名项目相关的材料、设备、技术等；奢侈品	违禁品，新加坡关税局

资料来源：新加坡海关。

（二）马来西亚

马来西亚规定，除以色列外，大部分商品可以自由出口至任何国家。但是，部分商品需获得政府部门的出口许可，其中包括：短缺物品、敏感或战略性或危险性产品，以及受国家公约控制或禁止进出口的野生保护物种。此外，马来西亚《1988年海关令（禁止出口）》规定了对三类商品的出口管理措施：第一类为绝对禁止出口，包括禁止出口海龟蛋和藤条，禁止向海地出口石油、石油产品和武器及相关产品；第二类为需要出口许可证方可出口；第三类为需要视情况出口。大多数第二类和第三类商品为初级产品，如牲畜及其产品、谷类、矿物/有害废弃物；第三类还包括武器、军火及古董等。国际贸易与工业部及国内贸易与消费者事务部负责大部分商品出口许可证的管理。

（三）印度尼西亚

出口货物必须持有商业企业注册号/商业企业准字或由技术部根据有关法律签发的商业许可，以及企业注册证。出口货物分为四类：受管制的出口货物、受监视的出口货物、严禁出口的货物和免检出口货物。受管制的出口货物包括咖啡、藤、林业产品、钻石和棒状铅。受监视的出口货物包括奶牛与水牛、鳄鱼皮（蓝湿皮）、野生动植物、拿破仑幼鱼、拿破仑鱼、棕榈仁、石油与天然气、纯金/银、钢/铁废料（特指源自巴淡岛的）、不锈钢、铜、黄铜和铝废料。严禁出口的货物包括幼鱼与金龙鱼等，未加工藤以及原料来自天然森林未加工藤的半成品，圆木头，列车铁轨或木轨以及锯木，天然砂、海砂，水泥土、上层土（包括表面土），白铅矿石及其化合物、粉，含有砷、金属或其化合物以及主要含有白铅的残留物，宝石（除钻石），未加工符合质量标准的橡胶、原皮，受国家保护野生动植物，铁制品废料（源自巴淡岛的除外）和古董。除以上受管制、监视和严禁出口的货物外，其余均属免检的出口货物。

从 2014 年 1 月 12 日起，印尼政府禁止矿产公司出口矿物矿石产品（目前受出口许可证及税收管制）。矿产公司会被要求在境内从事精炼加工活动。禁止出口货物受 2012 年贸易部长条例第 44 条规制。

（四）泰国

泰国除通过出口登记、许可证、配额、出口税、出口禁令或其他限制措施加以控制的商品外，大部分商品可以自由出口，受出口管制的商品目前有 45 种，其中征收出口税的有大米、皮毛皮革、柚木与其他木材、橡胶、钢渣或铁渣、动物皮革等。

（五）菲律宾

出口商品同样按照《菲律宾海关现代化和关税法》，菲律宾政府一般对出口贸易采取鼓励政策，主要包括简化出口手续并免征出口附加税，进口商品再出口可享受增值税退税、外汇资助和使用出口加工区的低成本设施等。矿产品分为禁止出口商品、限制出口商品、管制出口商品、自由出口商品。

（六）文莱

除了对石油天然气出口控制外，对动物、植物、木材、大米、食糖、食盐、文物、军火等少数物品实行出口许可证件管理，其他商品出口管制很少。

（七）越南

关于出口，越南主要采取出口禁令、出口关税、数量限制等措施进行管理。禁止出口的商品主要包括：武器、弹药、爆炸物和军事装备器材、毒品、有毒化学品、古玩、伐自国内天然林的圆木、锯材、来源为国内天然林的木材、木炭、野生动物和珍稀动物、用于保护国家秘密的专用密码和密码软件等。

（八）老挝

禁止出口的商品有枪支、弹药、战争用武器及车辆；鸦片、大麻；法律禁止出口的动物及其制品；原木、锯材、自然林出产的沉香木；自然采摘的石斛花和龙血树；藤条；硝石；古董、佛像、古代圣物等9类商品。

需要进行出口许可证件管理的商品有活动物（含鱼及水生物）；稻谷、大米；虫胶、树脂、林产品；矿产品；木材及其制品；未加工宝石；金条、银块等7类商品。

（九）柬埔寨

禁止或严格限制出口的产品包括文物、麻醉品和有毒物质、原木、贵重金属和宝石、武器等，2013年年初，柬埔寨政府明令禁止红木的贸易与流通。半成品或成品木材制品、橡胶、生皮或熟皮、鱼类（生鲜、冷冻或切片）及动物活体需缴纳10%的出口税。

服装出口需向商业部缴纳管理费。普惠制下服装出口至美国或欧盟的，需获得出口许可证。

为加强对矿产品出口的有效监管，柬埔寨明确了矿产品出口法律程序及手续。矿产品出口公司须完成2项出口审批：一是拥有矿产执照的出口公司，须向矿产能源部提交既定时间内（最多1年）的出口计划，以获得原则性批准的出口配额（EQAP）；二是拥有配额后，每次装运还需获得矿产能源部的出口许可及财经部下属海关总署的批准。出口公司须在装货前7天通知矿产能源部进行检查，装运离境10天内向矿产能源部提交海关支持文件报告。对于违反规定的出口公司，矿产能源部将拒绝签发新的出口许可、暂停出口配额3个月，并面临一段时间内被政府列入黑名单的处罚。

六、南亚国家出口管制的主要措施

（一）孟加拉国

孟加拉国绝大部分商品可自由出口。限制出口的商品包括：尿素、音视频娱乐节目、天然气附属产品、化学武器（控制）法案中列明的部门化工产品等；禁止出口的商品包括：除天然气附属产品外的其他石化产品、黄麻种、小麦、武器、放射性物质、古物、人体器官及血液，除冷冻虾以外的其他虾类产品、野生动物等。

（二）印度

印度出口产品被分为自由、限制、禁止或仅由国有贸易企业经营的商品。

被视为"自由"的出口商品，无须对外贸易总局颁发的许可证即可出口。但是，其中一些物品必须符合其他法律规定的条件，如原产地规则、技术规格、环境、卫生和健康规范以及质量要求。

受限制的商品通常需要获得对外贸易总局颁发的出口许可证，但在某些情况下，除许可证外，还可能适用其他要求。

出口限制和禁止每年通知一次。在此期间，对外贸易总局可通过通知更改政策，以满足特定的政策目标（例如自给自足或控制国内价格）。如为稳定粮价、抑制通货膨胀，印度政府于2006年6月禁止了豆类出口；2007年10月禁止了小麦及面粉的出口；2008年4月开始对非巴斯玛蒂大米出口进行数量限制，并上调巴斯玛蒂大米的最低出口价。

（三）巴基斯坦

巴基斯坦政府将出口商品分为：禁止类、限制类、限价类和一般类。其中部分禁止类商品出口需要获得相关政府主管部门的许可，限制类商品的出口需符合政府规定的相关要求（见表 2-5）。

1. 禁止出口的商品

在《2020 年出口政策法令》中，酒精饮料和使人致醉的液体，《省级野生动植物法令》（*Provincial Wildlife Act*）所保护的所有动物、哺乳动物、爬行动物和特产鸟类（但用作科研及用作来自保护区的狩猎纪念物除外），木材，可裂变物质，具有杀伤性的地雷，文物，植物酥油和食用油，假冒商品等被定为禁止出口的商品。

由于走私情况严重，巴基斯坦对向阿富汗出口管理相当严格，因而出口政策法令中有专门章节规范对阿富汗的出口。

2. 限制出口的商品

《2020 年出口政策法令》附录中列举了除非有特别许可，必须满足规定的条件才能出口的商品。

表 2-5　从巴基斯坦出口需要满足的要求

出口产品类别	须满足的条件 / 程序 / 手续
小麦及其磨制品	需符合食品、农业和畜牧部规定的程序和条件
棉花	需到出口促进局登记并缴纳履约保证金；向海关出示已登记和已缴纳保证金的证明以及棉花等级证书
大米	出口合同应到出口促进局登记；装运前进行质量标准检验
金属	按照石油和自然资源部的规定对出口价格等进行检查
武器、弹药、爆炸物	由国防部（国防生产局）出具"不反对证书"
火箭、不载人运载装置及其零部件	管理办法同上
原子物质、放射物质	需按照巴基斯坦原子能委员会规定的程序进行
用于生产、使用和应用原子能的设备	管理办法同上
两用"可用于核武器和生物武器及其运载系统并具有商业用途的货物、技术、材料和设备"	根据 2004 年《核武器和生物武器及其运载系统相关货物、技术、材料和设备出口管制法》（2004 年第 5 号）的规定，获得外交部许可证
宝石和金首饰	需按照 1996 年 11 月 22 日的第 131/96 号特别调节法令规定的程序进行
外科器械	需提交 Sialkot 材料测试实验室出具的证书 / 测试报告

出口产品类别	须满足的条件 / 程序 / 手续
鸦片种子	符合单一公约（Single Convention）中的规定
尿素	出口合同需到出口促进局登记
宠物狗和猫	需要有动植物检疫部门签发的检疫证书并且装笼
野猪，其肉和皮	只准登记注册的非穆斯林出口商出口

（四）尼泊尔

禁止出口的商品包括：具有文物价值的本国和外国的古币，神像、棕榈叶和植物叶碑铭，重要的历史书画，野生动物，胆汁和野生动物任何部分，麝香，蛇皮、蜥蜴皮，大麻、鸦片、大麻制剂等，爆炸物、雷管及原材料等，用于生产武器和弹药的材料，天然兽皮和生皮，天然毛，所有进口的原材料、零件和生产资料，原木和木材。

通过出口许可证件管理的出口商品包括：大米、玉米、小麦、鹰嘴豆、小扁豆、黑豆、芥末、油菜籽、黄芥末籽、未开信用证重量超过 100 千克的生丝、罂粟种、药草等。

（五）斯里兰卡

斯里兰卡限制出口的货物包括：珊瑚和贝壳、木材和木制品（不包括木制玩具）、象牙、50 年以上的古玩。

受到国际上配额限制的斯里兰卡出口商品包括：茶、橡胶、椰子、可可、大米、糖和香料的生产与初级加工。

（六）马尔代夫

限制出口的商品包括：各种饵鱼、大眼竹荚鱼（小于 6 英寸）、各种珊瑚（风琴管珊瑚除外）、珠母贝、鳗鱼、河豚、鳐鱼、海螺、龙虾、海豚、鲸、鲨鱼、濑鱼、海龟等海洋生物及水产品。

七、中亚国家出口管制的主要措施

（一）塔吉克斯坦

塔吉克斯坦受配额、许可证限制出口的商品包括：金、铝、棉花、烟草、皮革，贵重和半贵重金属、合金及其制品，贵重金属的矿石、精矿砂、残料和废料，稀有金属、生产合金用的稀土原料、合成物及制品，《红皮书》中列举的野生动物和鸟类。

其他限制出口的商品：铀及其他放射性物质，此类物质制成品、工艺、仪器、设备和装置，放射性辐射源，包括放射性废料；火药、爆炸物及其残料；麻醉品，毒品；军备、军用生产配套设备，军工技术合作领域的服务；公务用和民用武器；军装及其标志物；军用防毒用品及其零配件和附属品；密码用品（包括密码技术、零件及密码系统）、密码用品的技术标准资料；宝石及半宝石；矿物学及古生物学方面的收藏材料；艺术作品，有明显的艺术、历史、科学或文化价值的收藏品和古董；有关塔吉克斯坦境内地下资源分布、燃料、电力及其自然资源的产地和区域方面的信息（包括示意图、地图和图纸）；酒精及含酒精制品；烟草及其制品。

（二）土库曼斯坦

土库曼斯坦对本国产品出口实行计划配额管理，并由国家统一联合经营，即国家根据产品的实际产量和国内需求，确定当年出口计划，并将全部出口产品统一投放国家商品原料交易所进行竞卖，国家商品原料交易所有权对出口产品价格进行管控。若双方签订合同中，出口商品价格低于国家商品原料交易所规定的基准范围，则国家商品原料交易所有权拒绝对合同进行注册。大致操作程序为：交易所竞卖—买卖双方签订注册交易契约、票据和合同—交易所对合同进行审查注册—买方支付全额预付款—工厂交货（EXW）—货运目的地。

（三）乌兹别克斯坦

禁止出口的商品：乌兹别克斯坦总统 1997 年 10 月 10 日批准禁止出口清单，后进行了数次修改。根据 2015 年 8 月 24 日总统令，乌兹别克斯坦禁止出口的商品包括：小麦、黑麦、大麦、燕麦、荞麦、水稻、玉米、荞麦；

面包类食品（除糕点、饼干、点心、面包干和自产油炸类食品外）、面粉、谷粒、牲畜、家禽及其内脏、肉类食品和肉副食产品、糖；具有一定的艺术、历史、科学和其他文化价值的文物；植物油、制革原料、毛皮原料（含卡拉库里羊羔皮）、废金属和有色金属废料、缫丝用天然蚕茧、丝绸原料、丝绸废料、聚乙烯废料和边料。

2017 年 1 月，乌兹别克斯坦总统签署命令，取消了包括部分谷物、肉类、奶制品、糖、植物油、皮革和丝绸原料等在内的一些产品的出口禁令。根据该命令，乌兹别克斯坦可以出口谷物产品、面粉和面制品、牛肉和鸡肉、肉奶制品、糖、植物油、皮革、毛皮（包括卡拉库里羔皮）、羊毛、古董家具、有色金属、蚕茧和丝绸、丝绸原料、塑料包装。2018 年 10 月 30 日，乌兹别克斯坦总统签署《关于进一步促进贸易自由化和发展竞争商品市场的措施》总统令，自 2019 年 1 月 1 日起，取消猪肉、家禽、其他肉类和食物副产品、猪油和家禽油脂、植物油、糖、面包产品、钨矿石和丝绸废料的出口限制。

出口许可的商品：乌兹别克斯坦于 1997 年 11 月废止了商品出口许可制度，但规定一些特殊商品除外，包括军备及军事技术、生产武器装备的专门配套制品；贵重金属、合金及其制品、矿石、精矿、贵重金属废料及副产品、天然宝石及其制品、天然宝石副产品、粉末及利废装置、珍珠及其制品、琥珀及其制品；铀及其他放射性物质、铀及其他放射性物质制品、放射性物质副产品；放射性物质使用仪器及设备。这些商品的出口许可证在乌兹别克斯坦内阁命令的基础上由投资与对外贸易部发放。

1998 年，乌兹别克斯坦内阁在第 137 号决议中列出了须具有主管机关发放的许可后方可进出口的特设商品（工程及服务）清单，如表 2-6 所示。

表 2-6 乌兹别克斯坦需许可证的进出口商品清单

名称	全权发放许可的机关
乌兹别克斯坦公民在海外及外国公民在乌兹别克斯坦的职业活动	劳动及居民社会保障部
录音产品进口	文化及体育事务部

名称	全权发放许可的机关
科研作品、技术秘密及发明成果的出口	国家科学及技术委员会
对外投资	中央银行
艺术作品出口	文化及体育事务部
列入《红皮书》的野生植物、其部分及产品的出口；野生植物、其部分及产品、植物学藏品的进口；野生动物、其部分、其活宰产品、收藏品及标本的出口及进口	乌兹别克斯坦内阁，乌兹别克斯坦国家自然保护委员会
破坏臭氧物质及产品、其含有物的出口和进口	乌兹别克斯坦国家自然保护委员会
电影、视频产品的出口和进口	国家"乌兹别克斯坦电影"署

资料来源：乌兹别克斯坦海关。

八、西亚国家出口管制的主要措施

（一）阿塞拜疆

对电子产品、石油产品、棉花、有色金属等商品的出口实行许可制度，金属材料和石灰制品的出口还须缴纳专项费用。传统特色商品——黑鱼子的出口受国际里海资源保护组织的配额约束。

（二）土耳其

出口方面，土耳其禁止出口印度大麻、烟草植物、安卡拉山羊等十余类产品，还规定了十余类出口时需要进行登记的商品，如未加工的橄榄油、甘草根、生海泡石等。在世贸组织规则框架内，当市场混乱时，出于保护公共安全、道德、健康，稀缺的商品，动植物群、环境以及具有艺术、历史和考古价值的产品会进行限制或禁止出口。禁止和允许出口的商品被列在政府公告中。

（三）格鲁吉亚

格鲁吉亚对出口木材、电力等实行许可制度，其他商品自由出口，没有限制。

（四）伊朗

出口方面，禁止古董、古玩出口，除非获得伊斯兰文化指导部的许可。2019年6月1日起，禁止出口鸡雏、鸡肉和鸡蛋，并表示此举旨在"防止国内生产商亏损"。2020年3月1日，由于伊朗暴发新冠肺炎疫情，伊朗海关宣布禁止以下医疗卫生产品出口：口罩、手术服、手套、卫生及消毒剂、清洁剂等产品，酒精，喷雾产品和喷雾容器，纺织和纤维产品，卫生纸，纸张及纸巾。

第三节 "一带一路"沿线国家的贸易管制制度比较与评述

在上述"一带一路"沿线各国贸易管制制度中，可以看到执行管制原因呈现出多样化的特征，包括对国家安全、保护国家产业与经济以及一些特殊原因的考虑。对一些在贸易中会产生安全问题的货物，包括武器、传播不良信息的载体、会引起生物入侵的活体动植物、具有辐射危害或者会污染环境的废料垃圾等，大部分国家会采取禁止进出口的措施。而出于保护本国经济产业的目的，对某些货物，一些国家会采用限制进出口的措施，比如许多国家会对一部分的农产品进行配额管理。

采取贸易管制制度的原因有多样化的特征，因此许多国家执行贸易管制的机构并不仅局限于海关。

在执行贸易管制制度的依据上，大部分国家都有自己的法律依据或者政策文件，而参与了联合经济体形式的国家，还需要遵守联盟提出的贸易管制要求。

第三章

"一带一路"沿线国家海关通关制度

第一节 一般通关制度比较

一、一般通关制度内涵与发展

（一）基本内涵

根据《京都公约》总附约指南第二章"定义"中的内容，通关是指完成必需的海关手续以使货物进口、为境内使用或者置于另外一种海关制度之下。海关通关即指货物、物品和运输工具从进入关境或者申报出境到办结海关手续的过程中，收发货人与海关之间为了执行海关制度而产生的全部行为。而一般进出口通关制度是指货物在进出境环节完纳进出口税费，并办结了各项海关手续后，进口货物可以在境内自行处理，出口货物运离关境可以自由流通的海关通关制度。其中，"一般"是海关监管业务的习惯用语，是指正常适用进出口税收与贸易管制制度，主要与保税、暂准进口等特殊监管制度相区别。

（二）一般进出口通关制度的适用范围

一般进出口通关制度适用于除能够享受特定减免税优惠以外的实际进出口货物。因此，下列货物适用一般进出口通关制度：

（1）一般贸易方式成交的进出口货物。

（2）易货贸易、补偿贸易、寄售贸易方式进出口货物。

（3）承包工程项目进出口货物。

（4）边境小额贸易进出口货物。

（5）外国驻华商业机构进出口陈列用的样品。

（6）外国旅游者小批量订货出口的商品。

（7）随展览品进出境的小卖品。

（8）租赁进出口货物。租赁贸易方式进出口货物适用海关一般进出口监管制度，即在进出境环节提交进出口许可证件，按进口完税价格一次性或按租金分期缴纳进出口税费。租赁贸易方式进出口货物实际进出口后，海关对货物一次性进行进出口贸易统计。

（三）一般进出口通关制度的基本手续

一般进出口货物通关的基本手续，通常是由在进出境环节向海关申报、陪同海关查验、缴纳进出口税费和提取或装运货物等4个基本环节组成。

（四）一般进出口通关制度的基本规则

1. 申报前看货、取样

根据《海关法》规定，进口货物的收货人对将要申报货物的状况不清楚，需要查看货物、提取货样的，经海关同意，可以在申报前查看货物或者提取货样。依法应当实施检验检疫的货物，应当在检验检疫合格后提取货样。

2. 如实申报，交验单证

《海关法》规定，进口货物的收货人、出口货物的发货人应当向海关如实申报，交验进出口许可证件和有关单证。国家限制进出口的货物，如没有进出口许可证件，不予放行。

3. 接受并配合海关查验

进出口货物应当接受海关查验。海关查验时，进出口货物的收发货人或其他代理人应当到场，并负责搬移货物，开拆和重封货物的包装。海关认为必要时，可以进行开验、复验或提取货样。经收发货人申请，海关总署批准，有些进出口货物可以免验。

4. 缴清税款或担保下获得放行

正在办理通关手续的货物被海关放行意味着货物在历经申报、查验和缴税手续后，可解除进出境阶段的海关现场监管，收发货人可以到海关监管仓库提取进口货物或将出口货物装载运输工具并运离关境。其中，对一般进出口货物，由于除海关特准或办理海关事务担保外，放行时其所有海关手续均已办妥，应缴税款也已缴纳。因此，通关手续已全部办结，放行即等于结关。但对保税、减免税和暂时进出境货物，解除进出境阶段的海关现场监管，允许货物被收发人提取或装运，并未办结海关手续，因而仍须接受海关的后续管理。因此,进出口货物在经海关放行后有两种不同的状况:放行同时结关或者放行未结关。

从收发货人的角度看,放行表现为海关在有关报关单及运输单据上签盖放行章,并将其退交收发货人的一种形式。然而在实际操作上,放行必须以海关审单和查验完毕,并办理了征税手续或提供担保的手续作为前提条件。原则上,经审核查验的货物必须缴纳关税及其他进出口税,并交验纳税凭证后才能放行。但是,为了加速验放,对信誉较好的纳税人,海关将允许在提供纳税担保(保证在规定的期内缴纳税款)的基础上先予提取或装运货物。对有下列情况之一的,海关将不予放行:

(1)违反海关法和其他进出境管理的法律、行政法规,非法进出境的。

(2)单证不齐或应税货物未办纳税手续,且又未提供担保的。

(3)包装不良,继续运输足以造成海关监管货物丢失的。

(4)其他未了事情尚待处理的(如违章罚款未交的)。

(5)根据海关总署指示,不准放行的。

(6)海关监管货物禁止擅自处理。

在办理进出口通关手续的过程中,有关货物始终处于海关监管的状态下,未经海关许可,不得开拆、提取、交付、发运、调换、抵押、质押、留置、转让、更换标记、移作他用或者进行其他处置。海关施加的封志,任何人不得开启、损坏或损毁。

(五)一般进出口通关制度的主要特点

1. 进出口时交验相关的进出境国家管制许可证件

对于进出口货物涉及的各项进出境国家管制,均应在货物进出口前办妥审批手续,其许可证件通关时随报关单一并向海关交验。

2. 必须在进出境环节完纳进出口税费

这里的进出境环节是指进口货物提取或出口货物装运前的通关环节。"进出口税费"是指货物在通关时,因其直接发生了一次合法的进口或出口,在海关税法上被规定应税,而须向海关缴纳的关税、国内税及其他费用。"完纳"则是指按照《进出口税则》的税率全额计征。但是,对于《进出口税则》规定零税率的或《进出口关税条例》列明免于征税(即法定减免)的进出口货物则无须缴纳进出口税费。

3. 货物在提取或装运前办结海关手续

适用一般进出口通关制度的货物在申报、接受查验并缴清进出口税费，经海关复核放行后，报关人才能提取或装运货物。对于适用一般进出口通关制度的货物而言，海关放行即意味着通关货物的各项海关手续业已办结。

4. 货物进出口后可自由流通

所谓自由流通是指货物办结了海关手续即可由报关人自行处置。一般进出口货物进口后或出口运离关境后可以自由流通，不再接受海关监管。

二、中国的主要通关制度

在进出境环节，中国海关通关主要包括申报、交验进出口许可证件和有关单证、接受海关查验、缴清税款和查验放行等。通关基本作业流程如下：申报—集中审单—现场交单、缴纳税费—查验—放行。

（一）申报

《海关法》对申报有明确规定，即进口货物的收货人、出口货物的发货人应当向海关如实申报，交验进出口许可证和有关单证。进口货物的收货人应当自运输工具申报进境之日起十四日内，出口货物的发货人除海关特准的以外应当在装货的二十四小时以前向海关申报。

依照《海关法》以及有关法律、行政法规和规章的要求，收发货人或其代理人必须在规定的期限、地点，采用电子数据报关单和纸质报关单形式，向海关报告实际进出口货物的情况，并接受海关审核。原则上，全部实行电子数据报关单申报，报关单位将规定格式的报关单内容通过"中国电子口岸"进行录入，并向海关进行电子申报。

根据海关有关规定，进出口货物可在进境地、出境地、指运地起运地、指定地点进行申报。进口货物报关时需提供的单证包括打印的纸质报关单一式五联、进口合同、商业发票、装箱单、进口舱单、提货单或运单等文件。作为进出口货物的收发货人、受委托的报关企业办理申报手续的人员，应当是取得报关员资格并在海关注册的报关员。中国海关估价制度是根据中国有关法律法规而制定的海关估价准则，进口货物以海关审定的成交价格为基础的到岸价格作为完税价格。其成交价格经海关审查未能确定的，或以该货物的同一出口国或地区购进的相同或者类似货物的成交价格为基础的到岸价格作为完税价格；如果仍未能确定的，应以相同或类似进口货物在国内市场的批发价格减去进口关税、进口环节其他税收以及进口后的运输、仓储、营业费用及利润作为完税价格。

（二）审单和现场交单、缴纳税费

海关审单是海关根据国家有关法律、法规和海关监管规定，对报关人申报的报关单电子数据必要时包括纸质单证进行审查和核对，对进出口货物的合法性，申报内容的真实性、可靠性，以及填制格式的规范性、正确性进行全面审核，并给出相应的审核结果。集中审单是指在特定海关区域内对所有申报进出口货物的报关单电子数据实施集中式的审核。

现场交单、缴纳税费是指向海关申报完毕并通过审单处理，在现场办理交验纸质单证并签收税款缴纳凭证的手续。其中，现场是指进出口货物所在地海关报关场所，如报关厅、联合办理进出口手续的业务大厅等，多数位于国际港口码头、机场、陆地口岸、邮局等。

中国目前采用电子审单，通过海关计算机系统对报关数据进行自动化审核处理。在海关审单中心审核通过后，申报人到各海关通关现场"接单审核"环节办理递交单证和缴纳税费手续。现场交单时进出口货物的收发货人、受委托的报关企业应当递交与电子数据报关单内容相一致的纸质报关单和海关要求的随附单证等。

（三）查验

按照《海关法》规定，进出口货物应当接受海关查验，海关查验货物时进口货物的收货人、出口货物的发货人应当到场并负责搬移货物、开拆和重封货物的包装。海关查验是指海关依法确定进出境货物的性质、原产地、货物状况、数据、价格等是否与货物报关单上已填报的内容相符，对货物进行实际检查的行政执法行为。

中国海关查验一般在海关监管区内进行。对进出口大宗散货、危险品、鲜活商品、落驳运输的货物，经货物收发货人或其受托人申请，海关也可同意在装卸作业的现场进行查验。在特殊情况下，经货物收发货人或其受托人申请，海关可派员到海关监管区以外的地方查验货物。海关查验分为四种方式：彻底查验、抽查、外形查验、机检。

（四）放行

在接受申报，经过审核报关单证、查验货物之后，除海关特准之外，进出口货物在收发货人缴清税款或者提供担保后，由海关签证放行。放行的主要职责是对进出口货物的各项申报数据、批准文件、查验记录和缴税凭证进行复核，准予收发货人到监管仓库提取进口货物或将出口货物装运至运输工具出境。

中国的海关放行一般是在进口货物提货凭证或者出口货物装货凭证上签章"海关放行章"，进出口货物收发货人或其受托人签收进口提货凭证或者出口装货凭证，凭此提取进口货物或将出口货物运到运输工具上离境。在实行"无纸通关"申报方式的海关，海关做出放行决定时，通过计算机将"海关放行"电子数据发送给进出口货物收发货人或其受托人和海关监管货物保管人。进出口货物收发货人或其受托人从计算机上自行打印海关放行的凭证，凭此提取进口货物或将出口货物装运到运输工具上离境。

三、"一带一路"沿线国家的通关制度概述

（一）俄罗斯

1. 货物进口

根据俄罗斯联邦海关法的要求，货物和运输工具运抵俄罗斯边境口岸时，货代公司或承运人应在 15 日内向海关提交以下文件和信息：①运输工具的注册国家情况；②货物承运人的名称及地址；③货物发送国和货物运抵国名称；④发货人和收货人的名称和地址；⑤承运人拥有的商业文件；⑥货运标志和货物包装种类；⑦货物名称及商品编码（不少于前 4 位）；⑧货物净重或货物体积；⑨外形巨大的货物除外；⑩关于禁止或限制进入俄罗斯联邦关境的货物情况；⑪出具国际货物运输提单。

进口报关应提交的单证和文件包括：①进口货物报关单；②报关所需

的商业文件（如合同、发票、运单、提单、装箱单、保险单、载货清单等随附单证）；③运输（转运）文件；④批文、许可证（指受许可证和配额管理的商品）、认证书和（或）限制性货物进口的许可文件；⑤货物原产地证明文件（指商品产地为享受关税优惠的国家）；⑥计算海关税费的资料；⑦报关行证明文件和俄罗斯海关颁发的报关员证件。

货主或报关代理应按海关计算的税款及时足额缴纳海关税费，包括进口关税、增值税及海关杂费，或按规定办理海关担保手续；当进口货物申报价格低于海关风险价格参数时，货主需根据海关要求提供相应的合同成交价格证明文件。如没有办法提供所需文件，俄罗斯海关将按照最低风险价格计征关税。

当所有文件均符合规定，俄罗斯海关当局通常在登记申报后的 1 个工作日进行清关。但法律规定，海关检查员有权根据海关总署署长的自由裁量权将期限延长最多 10 个工作日；如果货物属于保税仓、境内加工、免税贸易、临时进境、复出口等特殊监管的，海关可以选择有条件放行货物。

进口清关作业的主要程序包括以下五个步骤：①填写递交进口报关单；②准备提单或航空运输单、发票复印件、装箱单、保险单、放行单、外国货物成交单、进口许可证（仅针对海关法列明需要许可证才能进口的货物）、原产地证书（仅针对海关法列明需要原产地证书才能进口的货物）、其他比如货物品质和类别的证件；③核对申报和相关支持单证文件信息；④缴纳关税和其他税款；⑤实施查验并根据情况决定是否放行货物。

2. 货物出口

俄罗斯联邦关于出口程序和要求的基本法律是《关税同盟海关法》和 2010 年 11 月 27 日 "俄罗斯联邦海关条例" 第 311–FZ 号法律。出口报关应提交的单证和文件包括：①出口货物报关单；②报关所需的商业文件；③运输（转运）文件；④批文、许可证、认证书和（或）限制性货物出口的许可包括；⑤计算海关税费的资料；⑥报关行证明文件和俄罗斯海关颁发的报关员证件。

属于应缴出口关税的货物，货主或报关代理应根据海关计算的出口税额及时足额缴纳税费。出口报关单被受理后，承运人可以将货物装入拟离开俄罗斯关境的运输工具并接受海关查验。经海关单证审核和查验无误的出口货物，海关应在 3 个工作日内予以放行。

3. 个人物品

俄罗斯对个人过境物品采用"红绿双通道"系统进行管理。

绿色通道——对进口的随身行李物品免征关税，其中包括：海关价值不超过 500 欧元的个人使用的物品（乙醇和不可分割物品除外），总重量不超过 25 千克（仅航空驾驶员为 10000 欧元，总重量不超过 50 千克）；数量不超过 3 升的酒精饮料和啤酒、200 支香烟或 50 支雪茄（雪茄）或 250 克烟草或指定产品，或用于自用的二手物品，无论其完税价格和重量如何。

绿色通道对出口的随身行李物品不做限制，出口的俄罗斯卢布、外币、旅行支票（总额不超过 10000 美元）则无须报关。

红色通道——需进行申报或缴纳相应税收。对于以下进口商品需要选择红色通道进行通关：价值超过 500 英镑的物品，重量超过 25 千克；携带酒精饮料和啤酒超过 3 升；不可分割的货物；乙醇；禁止或限制进口货物；进口俄罗斯卢布、外币、等值超过 10000 美元的旅行支票和（或）证券，需要全部申报；个人携带无人陪伴的行李（即使行李或部分行李尚未到达）或货物已通过货运或快递到达；个人想申报的进口商品；进口运输车辆。

出口禁止或限制出口的物品包括：俄罗斯卢布、外币、旅行支票，金额超过 10000 美元的等值和（或）有价证券；个人要申报出口货物；出口运输工具，以上物品需要选择红色通道。

（二）蒙古

1. 进口

蒙古进口程序受两部主要法律管辖：2008 年《海关法》以及 2008 年《关税和关税法》（2017 年，提出了一项新的海关法草案，其中修改了现行海关法，纳入了关于单一窗口系统、电子数据交换、预先裁决、通关后审计、邮政运输以及进出口处理的规定）。

进口的主要通关程序是：提供报关所需的海关单证，海关检查单证、货物和运输工具，征收关税和其他税费，以及批准和放行货物过境。

2. 出口

出口清关程序基本上与进口清关程序相同：货物报关，海关检查文件、货物和运输工具，征收任何关税或税款以及货物放行。与进口一样，出口也可能收取各种费用。根据海关法，货物出口主要有四种类型：①永久出口；②临时出口；③送往国外加工；④从国外返回。货物可以根据所需文件，在支付任何关税和其他税费的基础上从关税区出口。

（三）泰国

1. 进口

泰国的海关程序主要受2017年《海关法》B.E.2560（2017）的管辖。该法案废除了1926年《海关法》B.E.2469，旨在通过简化海关程序和提高透明度使泰国海关法现代化。

当一票货物抵离泰国关境时，进出口商应向海关提交货物报关单，并随附相关单证，办理货物通关手续。为加快合法货物的流动，泰国海关署提供两种报关模式：纸质形式和电子数据交换形式（EDI）。

进口通关流程：①提交进口报关单，递交纸质报关单，或通过EDI提交。②准备随附单证和文件。根据泰国海关署第38/2543号公告，进口需提交以下单证：海运或空运提单；发票副本3份；装箱清单；投保发票；放行表（海关表格100/1或469）；外汇交易申报书（进口金额超过50万泰铢时需要提供）；进口许可证（需要时提供）；原产地证（需要时提供）；其他单证，如目录、产品规格等。

报关单和随附单证提交给泰国入境口岸海关后，如系纸质报关单，或EDI系统出现红色提示，泰国海关将审核报关单填制是否符合规范，随附单证是否齐全，适用何种税率，并进行估价。目前有四种方式缴纳进口关税和进口环节税：①进口商在泰国入境口岸海关财务部门现场缴纳税款，现金或支票形式均可；②通过泰国国家银行"BAHTNET系统"电子转账；③通过泰京银行"柜员支付系统"以电子方式缴纳；④通过EDI进行电子转账。

泰国海关查验人员根据报关单信息查验核对货物，对货物运输单上的信息进行风险分析，并向进口商发出检查指令。风险分析结果如果为绿色，即进口商可以立即联系海关官员，将物品从保护部门中取出；如果是红色，进口商必须在货物从保护部门带离前与海关官员联系，进行检查。

2. 出口

通关流程：①提交出口报关单，递交纸质报关单（海关表格 101 或 101/1），或通过 EDI 提交。②准备随附单证和文件：发票、装箱清单、外汇交易申报书（离岸价格超过 50 万泰铢时需要提供）出口许可证（需要时提供）、其他单证（需要时提供）。报关单和所有随附单证提交给出境口岸海关后，如果系统出现红色提示，泰国海关将审核报关单填制是否符合规范，随附单证是否齐全。其中，涉税货物需要缴纳税款。如系纸质申报，出口商在货物存放仓库前提交经过审核确认的报关单（涉税货物还要提交纳税收据），泰国海关查验人员根据报关单信息查验核对货物。如单货一致，海关查验人员将查验结果录入计算机系统，货物放行。如出口商通过 EDI 系统申报，系统提示为绿色，海关会向出口商发放"申报号码"，出口商凭该号码直接到仓库办理验放手续。

（四）缅甸

1. 进口

企业必须在投资和公司管理局（DICA）注册为公司，同时向商务部贸易部登记为出口商或进口商；注册有效期为五年。

2016 年 11 月，缅甸自动货物清关系统（MACCS）启动。根据 MACCS，进口商必须以电子方式提交进口报关单和所有证明文件 [发票、装箱单、提单或空运提单，以及进口许可证或许可证（如适用）]。此外，对于某些产品，需要提交额外的文件，如药品需要提供食品和药品管理局（FDA）的药品注册证书；这些文件也可以通过电子方式提交给 MACCS。

MACC 对货物进行评估和分类。经评估的费用可通过 MACC 的存款账户支付。在支付评估费用后，根据其风险评估放行货物。根据风险评估，MACC 将货物分为绿色、黄色或红色三类。在绿色类别下，货物立即放行。归类为黄色的货物在放行前需要进行文件检查，而归类为红色的货物需要进行文件检查和体检。

2. 出口

企业必须在 DICA 注册为经授权从事国际贸易的公司或企业。与进口相比，只有缅甸国民才允许出口；但是，根据 2016 年《缅甸投资法》注册为制造商的外国投资者可以出口其制成品。此外，自 2019 年 6 月以来，允许外国公司出口肉类和鱼类产品；农作物增值产品、纸浆和纸制品、种子、精炼矿石、水果和蔬菜加工的半成品或成品、木制家具。

出口商必须提交出口报关单和所需的随附文件，其中包括出口许可证／许可证（如需要）、发票、装箱单、销售合同、装运说明、预订单，以及相关部门或政府部门的建议或证书（对于某些产品）。自 MACCS 于 2016 年 11 月推出以来，所有出口必须通过它进行清算。此外，商务部要求所有出口交易使用 FOB 国际贸易术语解释通则。

MACCS 要求出口商以电子方式提交出口报关单和所有证明文件。授权海关官员检查货物并登记。根据海关程序，根据其风险状况，货物的特征为绿色、黄色或红色。具有绿色特征的货物不需要任何进一步的文件检查或物理检查，并且在支付任何所需税费或关税后即可进行出口清关。被视为高风险、敏感、被禁止或估价不正确的托运货物通过黄色和红色通道处理，其中托运货物要么是文件检查（黄色），要么是文件检查和实物检查（红色）。如果需要，必须在货物出口清关前缴纳税款。

（五）新加坡

新加坡是自由港，实行比较开放的进口政策，95% 左右的货物可以自由进入新加坡。一般货物的从价税关税率为 5% 左右，对酒类、烟草等少数商品实行特别关税率政策。此外，新加坡海关附加费用为零，但要按照货物纳税价值征收货物与服务进口税，约为货物纳税价值的 3%。

客户使用电子预报关系统和"一站式"电子通关系统。该通关系统囊括了海关、商检、口岸、运输公司、银行和税务等相关部门，只需一次报关，即能够完成进出口通关程序。因此，货物在电子报关受理后，放行时间较短，从 5 ~ 15 分钟不等。

新加坡所需的进口单证包括商业发票、提单。进口申报时，除应提交填写完整的进口申报表外，还须缴纳印花税。

（六）马来西亚

马来西亚关税水平较低。大多数品目的关税税率低于25%，基本食品类关税低于5%，中间产品和运输设备税率通常低于20%，消费类产品如高价机动车辆税率高达60%~100%。

此外，除基本货物如谷类、石油产品、橡胶等免征附加税之外，马来西亚进口货物需要按到岸价格值征收附加税，税率为5%。

马来西亚海关对不同产品设置了进口限制，包括14种药物等禁止进口品、需要许可证的进口产品、临时进口限制品和符合一定特别条件后方可进口的产品等。此外，马来西亚对部分敏感产业或战略产业的产品实施非自动进口许可管理，主要包括：建筑设备、农业、矿业和机动车辆。马来西亚所需的进口单证包括商业发票、原产地证书、提单。马来西亚海关负责发放进口许可证，进口许可证的日常管理则由马来西亚国际贸易及工业部及其他部门负责。

（七）菲律宾

菲律宾海关负责管理进口货物估价、事后审查、风险管理和知识产权边境保护。菲律宾采用实际交易价格作为海关估价的基础。

菲律宾对来自其他东盟各国的进口产品实施特殊优惠税率，一般为0~5%。但是，对汽车、烟草、酒精及制品等少数产品将征收消费税，同时在海关估价值加上关税和消费税的基础上，对进口产品征收增值税，税率为12%。此外，还征收文件印花税。

菲律宾所需的进口单证包括商业发票、提货单、货物清单。菲律宾的进口货物的报关单由海关通过自动海关处理系统进行处理，系统将首先对进口产品进行风险分类。80%以上的进口货物列入"红色通道"。低风险进口货物通过绿色通道通关，通常采用"事后审查"的办法进行审验，无须进行当场检查，无须单据。中度风险进口货物通过"黄色通道"通关，不需进行实物的当场检查，而只需进行单据审核。高风险进口货物则通过"红色通道"通关，放行前，需要审核进口货物单据，而且要进行实物检查。此外，海关还对部分风险极低的合格进口商设了"超级绿色通道"，实行对进口商品立即通关放行的政策。

菲律宾海关要求,进口货物需要由授权的代理银行发放通行证书。此外,在进口管制方面,菲律宾海关将进口商品分为三类:自由进口商品、限制进口商品和禁止进口商品。禁止进口的商品主要涉及国家安全的枪支弹药、伪劣药品以及菲律宾有关法律规定禁止进口的其他物品和配件。限制进口商品主要是汽车、水泥及部分农产品等,须经菲律宾农业部、食品药品局核实发放进口许可证件后才能进口。其他绝大多数商品为自由进口商品。

（八）越南

越南海关实现电子报关通关,根据货物风险的程度设置不同的通关程序:适用于免检商品的绿色通道,可以快速办理海关手续;适用于中风险商品的黄色通道,需要海关进行单据核实后获准放行;针对高风险产品的红色通道,要在单据核实和实物检验完成后才能获准放行。

越南对进口产品的关税税率整体偏高。大宗商品、机器设备、电子产品及家用电器等大多数商品的进口关税税率为 0 ~ 5%;动物肉类进口税税率为 20%,家禽肉及制品、各类水生动物等进口关税税率为 30%。对于纺织工业机械按不同类别征收税率为 0 ~ 50%,进出口客车优惠关税税率为 90%。此外,越南还对进口产品征收增值税,对于烟草、酒精及汽车等部分进口产品征收特别消费税,税基为进口货物海关价值加上所征关税。此外,越南海关还需要征收一定数额的清关手续费。

比较上述“一带一路”沿线相关国家的通关制度,可以看到,各国的通关流程大致相同,但是在具体通关业务操作方面存在较大差异,影响国家之间货物的通关速度和通关效率。

第二节　“一带一路”沿线国家的转运制度

一、与转运相关的概念解析

（一）转运

转运的概念因 GATT 过境自由争端第一案——巴拿马诉哥伦比亚入境

口岸限制而受到关注。该案中，哥伦比亚《海关法》第385条将"转运"定义为"把货物从将其运至哥方领土的运输工具转移至将其运出哥方的运输工具上"。同时，哥伦比亚制定的第7373号决定将转运作为原产于或从巴拿马进口的货物享有过境自由的特别过境方式，而WTO专家组在处理该案件的过程中不仅承认转运行为属于过境运输的范畴，更是首次对《关税与贸易总协定》第5条的适用进行了解释，明确了过境运输的法律规则。该案为国际转运行为的规范奠定了基础。

《反假冒贸易协定》将过境货物分为海关过境和转运两种情形。其中，转运是指在一国境内通过的货物，在同一海关监管下更换运载工具，从进口到出口转移的过程。《京都公约》专项附约E第3条第1款规定，"当该项活动系一次单一的海关转运作业的一部分、并在转运期间曾根据一项双边或多边协定一次或多次地越过边界时，称为'国际海关转运'"。不同的法律文件对转运的表述各异，但基本都包含三个特征，即临时过境、改变运输工具、行为受同一海关监管。

（二）过境

《关税与贸易总协定》第5条"过境自由"第1款将"过境"界定为："货物（包括行李在内）、船舶及其他运输工具，经由一缔约国的领土通过，不论有无转船、存仓、起卸或改变运输方式，只要通过的路程是全部运程的一部分，而运输的起点和终点又在运输所经的缔约国的领土以外，应视为经由这一缔约国领土过境，这种性质的运输本条定名为'过境运输'。"《京都公约》将"过境"称为"转运"。《反假冒贸易协定（草案）》认为"过境货物"包括海关过境和转运的货物。"海关过境"是指经过一国领土的货物，不论其是否改变运载工具，货物在海关控制下从一个海关运输到另一个海关。不同法律文件对"过境"的界定虽有些许不同，但是共同点在于：都认为"过境"跨越了一国的国境，但没有进入其关境。

（三）转关

转关运输指的是进出口海关监管货物需由进境地或起运地设立的海关转运至目的地或出境地海关，可分为提前报关转关、直转转关和中转转关三种模式。提前报关转关是指进口货物在指运地先申报，再到进境地办理进口转关手续；出口货物在货物未运抵起运地监管场所前先申报，货物运抵监管场所再办理出口转关手续的方式。进口直转转关是指进境货物在进境地海关办理转关手续，货物运抵指运地再在指运地海关办理报关手续的进口转关；出口直转转关是指出境货物在货物运抵起运地海关监管场所报关后，在起运地海关办理出口转关手续的出口转关。中转转关是指在收发货人或其代理人向指运地或起运地海关办理进出口报关手续后，由境内承运人或其代理人统一向进境地或起运地海关办理进口或出口转关手续。具有全程提运单，同时又必须换装境内运输工具的进出口中转货物适用于中转转关方式。

在中国，转关运输的通关程序为：填制报关单进行申报—起运地或指运地海关现场审核及现场交单—缴纳税费—进行货物的加封或拆封—转关货物通过监管工具运输—海关对货物进行查验后放行。

二、中国海关的过境、转运和通运制度

（一）过境

中国《海关法》对"过境货物"的界定较为狭义，其第 100 条对过境做了释义：通过境内陆路运输的，不论其是否在境内换装运输工具，称为过境货物。在中国，过境货物的经营人需经国家外贸主管部门批准、许可，承运人需经国家运输主管部门批准，经营人和承运人都需在海关注册。运输工具应具有海关认可的加封条件或装置，海关封志不得擅自开启或损毁。过境货物在境内停留的时间期限为 6 个月，特殊情况下可申请延长 3 个月。报关程序为：经营人或其代理人向进境地海关递交"过境货物报关单"及其他相关单证，海关审核后，在提运单上加盖"海关监管货物"专用章，并将过境货物报关单和过境货物清单制作关封后加盖"海关监管货物"专用章，连同提运单还给经营人或其代理人，出境时将关封及单证完整地交至出境海关验核，海关加盖放行章，在海关监管下出境。

（二）转运

中国《海关法》第 100 条规定："在境内设立海关的地点换装运输工具，

而不通过境内陆路运输的，称转运行为。"

中国《海关法》对转运货物做出了相关规定：载有转运货物的运输工具进境后，承运人在进口载货清单上列明货物的名称、数量、起运地和到达地，并向主管海关申报进境，申报经海关同意后，在海关指定的地点换装运输工具，并在3个月内转运出境，超出规定期限3个月未出境将提取变卖。

（三）通运

各国际公约中并没有"通运"这一概念，它是中国《海关法》中对国际公约中提到的"过境"的细分形式，即将国际条约中的过境细分为"过境、转运和通运"三种形式。"通运货物"是指从境外起运，由原转载航空器、船舶载运进出境，不通过中国境内陆路运输，运进境后由原运输工具载运出境的货物。它有两层含义：运输工具在到达中国第一个口岸办理联检手续时，运输工具负责人应在向海关申报的船舶进口报告书或进口载货清单上注明有无通运货物。如有通运货物需要在船舶装卸货物时倒装，船方则应向海关申请，并在海关监管下通行；由于国际货物运输的原因，运输工具需中途靠港或降落，其装载的未到达目的国的货物并不卸下，在运输工具完成靠、降作业后出境继续运输。海关对此类通运货物的管理主要是防止通运货物与其他货物混卸、误卸，监管其继续运往境外。通运货物应在3个月内转运出境，超出规定期限3个月未出境将提取变卖。

三、"一带一路"沿线国家（地区）的转运制度概述

（一）欧盟

欧盟的国际转运程序主要分为两大类：共同过境（common transit）和欧盟过境[①]（Union transit），欧盟过境程序又可根据货物的状态（status of

---

① 此处翻译援引自海关总署的翻译。

goods-union goods 和 non-union goods）[1] 分别适用 T1[2]（external transit）和 T2[3]（internal transit）。除了这两类，还包括 TIR、ATA、莱茵河清单（Rhine manifest）、北约项下运送货物（NATO movements）和邮递包裹（postal packages）。

1. 共同过境

（1）基本定义

共同过境程序的法律基础是 1987 年 5 月 20 日关于一般转运程序的公约。欧盟、三个欧洲自由贸易联盟国家（瑞士、挪威和冰岛）、土耳其、北马其顿共和国和塞尔维亚是公约的缔约国。该公约也适用于列支敦士登，因为它与瑞士有关税同盟。共同转运程序由各缔约方的海关当局通过一个海关办事处网络管理，共同转运程序从离境海关开始，直至在目的地海关提交货物和转运随附单据（TAD）[4] 时结束。

（2）通关待遇

共同过境程序规定，在货物从离境海关办事处运往目的地海关办事处期间，暂停征收海关和货物税、增值税和其他费用。

（3）通关程序

出境程序：货物所有人首先在 NCTS 系统上进行申报，填写电子转运申报单，每份申报单仅包括一批货物，若货物在一个以上的离境海关以单

---

[1] Since the introduction of Community transit in 1968 the customs status of goods essentially is the factor that determines whether goods in transit move under a T1 or a T2 transit declaration.

[2] The T1（external transit procedure）covers the movement of nonUnion goods，suspending the measures normally applicable to them on import.

[3] The T2（internal transit procedure）covers the movement of Union goods，suspending the measures normally applicable to them on import to a common transit country.The data of the internal transit declaration is a proof of Union status in the sense that only Union goods may be placed under the internal transit procedure. Hence，when the T2 declaration is presented，customs may assume these goods have the Union status.

[4] Transit accompanying document：Document printed in the NCTS to accompany the goods and based on the particulars of the transit declaration.（在 NCTS——New Computerised Transit System 上打印的随货单据，以过境申报单的细节为基础。）

一运输工具装载，则每批货物应在每个离境海关分别提交转运申报单。申报通过后 NCTS 系统会给一个唯一的注册编号 master reference number（MRN）。随后需将 TAD 和货物清单（LoI）[①] 单据打印出来，在打印 TAD 和 LoI 时，离境海关同时向申报的目的地海关发送该批转运货物的信息。办理完申报手续后货物所有人需在规定时限内将货物运至离境海关，并支付海关债务（提供担保，担保的形式可以是保证金，也可以是金融机构提供的承诺）。货物抵达目的地后，必须在适当情况下连同 TAD 和 LoI 一起提交目的地海关，目的地的海关在 NCTS 系统中输入 MRN，查找相应的货物信息，并将相关抵达信息、检查结果信息发送到离境海关办公室，若无其他特殊情况则离境海关可办理转运程序的完结。

进境程序（进入欧盟境内）：在货物从共同转运国（瑞士、挪威和冰岛、土耳其、北马其顿共和国和塞尔维亚）抵达欧盟海关领土之前，应向首次入境的海关办公室递交入境简要申报单（ENS），以进行风险评估。可通过 ICS（import control system）或 NCTS 系统进行简要申报。后续的程序与上述出境程序相同。

2. 欧盟过境

（1）基本定义

欧盟过境程序适用于非欧盟货物的运输，在某些情况下，欧盟货物在欧盟两个地点之间的运输也适用该程序。[②] 该程序由各成员国海关当局通过海关办事处网络进行管理，欧盟过境程序从出发地海关开始，到货物和 TAD 提交目的地海关时结束。欧盟过境程序有两类：T1（外部运输）和 T2（内部运输）。一般来说，T1 适用于非欧盟货物，T2 适用于欧盟货物。

（2）适用条件

T1：非欧盟货物（non-union goods）[③]。外部转运程序（T1）主要适用

---

① List of Items.

② The Union transit procedure is applicable to the movement of non-Union goods and in certain cases of Union goods between two points in the Union.

③ Non-Union goods are goods other than those referred to above or which have lost their customs status as Union goods.

于非欧盟货物的运输。它暂停进口关税、其他收费和商业政策措施，直到货物到达欧盟的目的地。如果欧盟货物出口到一个共同过境国（瑞士、挪威和冰岛、土耳其、北马其顿共和国和塞尔维亚），或者出口并通过一个或多个共同过境国，则必须执行外部转运程序（T1）。

T2/T2F：欧盟货物（union goods）①。内部转运程序（T2）适用于在欧盟关税区内从一个地点转移到另一个地点，并通过该关税区以外的一个国家或地区而其海关地位没有任何变化的欧盟货物。如果货物从欧盟转运到共同过境国（瑞士、挪威和冰岛、土耳其、北马其顿共和国和塞尔维亚），且过境程序遵循出口程序，则内部转运程序也适用。当货物全部由海运或空运时，不采用内部转运程序。

内部转运程序 T2F 适用于欧盟货物从一个特殊财政领土（special fiscal territory）转移到另一个非特殊财政领土的欧盟关税区的另一个部分，并且该运输在其进入该部分欧盟关税区的成员国以外的地方结束。在其他情况下，货物获得欧盟货物的海关地位证明后也可适用内部运输程序（T2F）。

（3）通关程序

其所适用的通关标准程序与共同过境（common transit）一样。

3. 共同过境与欧盟过境标准程序的简化

转运程序的简化是为了在海关监管与贸易便利化之间找到平衡点，所有这些都取决于经济经营者的可靠性并须经过批准。每项手续的简化都需要经过批准，申请人应以电子或书面的形式提交申请。提交申请的地点取决于简化手续的类型。一般情况下，申请应提交给申请人的主要海关账户所在地或有权管理的主管海关当局，但在具体情况下，提交申请的地点因手续类型不同而不同。如经授权托运人，则应将申请提交给转运程序出境国的主管当局。

（1）分类

一般而言，转运的简化主要分为两大类：基于贸易商的简化和基于运

---

① wholly obtained in the customs territory of the Union; or brought into the customs territory of the Union from countries or territories outside that territory and released for free circulation; or obtained or produced in the customs territory of the Union.

输方式的简化。

（2）内容

一经申请，海关可对以下手续进行简化：①使用综合担保和减少金额的综合担保（包括放弃担保）；②使用特殊类型的封条；③经授权发货人，允许经授权持有人在不向海关出示货物的情况下，将货物置于共同/联合运输程序下；④经授权收货人，允许授权持有人在授权地点接收根据共同/联合运输程序运输的货物，以结束程序；⑤对空运货物使用纸质共同/联合运输程序（仅适用于 NCTS 系统升级之后）；⑥ 对海运货物使用纸质的欧盟过境程序（仅适用于 NCTS 系统升级之后）；⑦使用电子运输单据（ETD）作为报关单，将空运货物置于共同或欧盟过境程序下，将海运货物置于欧盟过境程序下；⑧对铁路运输货物使用纸质共同/联合运输程序（仅在 NCTS 系统升级之前适用）；⑨使用基于《公约》第 6 条的其他简化程序。

（3）条件

每一种简化手续都需要满足相应的条件，如要使用综合担保，申请人不得严重违反或屡次违反海关法规和税收规定；申请人经常使用共同/欧盟过境程序，或者具有与所开展活动直接相关的实际能力或专业资格等。

（二）欧亚经济联盟

1. 基本内涵

欧亚经济联盟是在俄白哈关税同盟、俄白哈统一经济空间的基础上，于 2015 年正式启动的经济联盟，2015 年，亚美尼亚和吉尔吉斯斯坦加入欧亚经济联盟。2018 年 1 月 1 日，《欧亚经济联盟海关法》正式生效实施，与《关税同盟法》相比有诸多变化，但是关于转关的标准要求和程序与原来的《关税同盟法》基本一致。《海关法》规定，货物在关税同盟区的进出口及转运，应当由申报人全程办理与货物运抵关税同盟关境和依据转运规定转运至目的地海关有关的海关业务。关税同盟任一成员国进口的、通过办理以内销为目的的海关放行手续后获得"关税同盟商品"地位的外国商品，可在俄白哈关税同盟全关境自由流动。

2. 基本要求

该法典中的转运制度适用于以下情形：为了在联盟关境运输没有置于其他海关制度下的外国货物以及在委员会规定情形（第 20 条第 8 款）下置于出口海关制度下的联盟货物；为了通过非联盟成员国境内和／或海运将联盟货物和该法典第 302 条第 4 款规定的外国货物从联盟一部分关境运输到另一部分关境。

通过公路运输进口至关税同盟关境的货物，需向海关提供预告知信息。在货物进口地办结所有关税同盟海关法律规定的手续后，可对该类货物按海关转关监管流程进行管理，直至运抵指运地海关。

3. 通关程序

货物运抵关境，转关运输申报人 1 小时内提交转关运输申报单（普通申报单、TIR 单证册、ATA 单证册等）、交通（运输）文件单证和其他已有单证，同时提交随附电子副本。关境工作人员 2 小时内给承运人出具运输工具到达的证明，并返还一份带有海关批注的运输单证。办结完转关手续后需在 3 小时内办理货物的报关手续，可采用书面报关和电子报关的形式，电子报关需使用按规定程序认证的专门软件或使用俄罗斯联邦海关署的电子申报网站（联盟海关法典规定，货物采用电子方式进行申报，仅在特殊情况下，如停电造成海关信息系统无法使用才可采用纸质申报单）。如在办结转关运输手续后的 3 小时内承运人（或其他有关人员）未办理货物报关手续，则应对该货物做暂存处理。报关手续办理完毕后即可开始转关运输，运至指运地，向指运地海关提交转关货物申报单，转关程序结束。

（三）东盟及其成员国

1. 菲律宾[①]

（1）过境或转运

通关待遇。菲律宾共和国 10668 号法令规定，过境货物在进口港不应

[①] https://customs.gov.ph/wp-content/uploads/2019/10/cao-15-2019-Rules_and_Regulations_for_Customs_Transit_in_the_Customs_Territory.pdf.

被要求支付关税和其他费用，但必须遵守海关当局的管理规定。

过境的形式。在菲律宾领土内过境应按以下方式运输：①从入境口岸到另一入境口岸作为完全出口的出境点；②从入境口岸到另一入境口岸或内地海关；③从内地海关到另一入境港作为完全出口的出境点；④从入境港或内陆海关到另一入境港或内地海关。

第一，基本要求。对于第一种运输方式来说，外国货物的转运必须将法律法规要求提交的电子申报单及其他随附文件提交给作为出站点的入境口岸。对于第二种运输方式而言，进口货物在关税区内的转运可运至另一进口港或内地海关用于制造、加工和仓储，但是必须将货物申报单和其他文件以电子的形式提交至离境办公室，并提供担保。如果货物转运至海关仓库，货物的转移应提供由离境海关签发的电子转移许可证，并由目的地海关办事处的海关关员确认。对第三种方式而言，在自由区内经过加工、制造的进口货物可从自由区内进行转运以完全出口，但需经过出口申报，此时出口申报单可充当转运许可单证。对于第四种方式而言，转运货物从一个入境港或自由区转运至另一入境港或内地海关，或者从一内地海关转运至另一自由区，应提交必要的货物转运申报单并提供充足的担保。总体而言，海关过境运输需要提供转运许可证，转运货物改变运输方式时需确保海关封条或扣件没有损坏。

第二，有关各方的责任。首先，货物到达后，目的地或出境点有关当局，或由地区税务官授权的人员应在系统中标记过境货物的到达。其次，负责履行海关过境义务的承运人、经纪人、收货人或代理人应确保货物如期完好无损地到达目的地海关。未能履行该义务或未能遵守规定的交货行程或期限，海关当局可立刻对转运货物征收相应的税款、罚款及附加费。MISTG 系统应建立电子转运货物管理机制，监测和追踪转运货物的移动，做好风险管理并让各方履行自身的义务。

第三，担保。运输进口货物的承运人，从入境口岸转运到其他口岸，应提供一般运输担保，其数额相当于转运货物的关税和其他费用总额，但不少于 5 万比索。

（2）转装[①]

①通关待遇。转运货物不需支付关税和其他税费，但需如期提交转装申报单（注明货物的数量、性质等信息）、商业文件及运输文件等。

②装货期限。转装运输的货物必须在到岸后的 30 个工作日内装入出口运输工具，在特殊情况下（如战争、集装箱损坏等）可延长这一期限，但转运货物必须在合理的期限内装上出口承运人的船舶。若超过合理期限未进行转运，货物则被视为正常进口，如若未能按照 CMTA407 条款[②] 的规定提交货物申报单，则应按照 CMTA 第六章[③] 的相关规定进行处理。转运货物的出口自该货物的出口承运人装船之日起开始。

③相关要求。转运货物从承运人处运至指定的海关设施和仓库需随附转运告知单或其他文件；在转运过程中货物始终处于海关的监管下，以确保货物不会流向国内市场。对于通过海运转运的出境货物，承运人、报关行或经授权的代理人应在货物装船前提交电子转运申报单；对于通过空运转运的出境货物，海关检查员允许货物在将空运提单上传至海关自动化系统后装至飞机上；载有减损信息（derogatory information）的货物应在承运人及有关监管机构的代表在场的情况下根据分区海关关长的命令，接受非侵入式或实物检查。承运人应在规定的期限内通过预先舱单系统提交进口外国货物舱单（inward foreign cargo manifest）的电子档副本。

④其他。规定还对转运货物在各港口的监管费用及不符合规定要求的处罚费用做了详细说明。

2. 新加坡[④]

经由新加坡的货物转运和过境受新加坡《海关法》《进出口管制法》《战略货物（管制）法》和有关主管当局实施的其他立法的管制。所有货物的

---

① https: //customs.gov.ph/wp−content/uploads/2019/10/cao−12−2019−Transhipment_of_Goods. pdf. .

② 第 407 款，见 https: //customs.gov.ph/wp−content/uploads/2017/10/CMTA−RA−10863.pdf.

③ https: //customs.gov.ph/wp−content/uploads/2017/10/CMTA−RA−10863.pdf. 第 Ⅵ 章：customs transit and transshipment.

④ https: //www.customs.gov.sg/businesses/transhipping−goods/transhipment−procedures.

转运均无须缴纳关税或商品及服务税（GST）。

转运代理 [包括货物承运人、非船只所有人但是共有承运人（NVOCC）] 必须在货物转运之前获得海关转运许可证 . 转运许可的类型包括 TTF、TTI、IGM、REM 和 BRE，在同一自由贸易区（FTZ）内转运非管制货物不需要许可证。[①] 货物经由新加坡转运时必须注意转运货物是否为战略物资、管控物品、禁运物品或联合国安全理事会（UNSC）禁止进出口或转运的物品。若违反新加坡的转运规定，如没有取得转运许可、递交了错误的申报单、在未获得合法的战略性物资转运许可时就转运战略性物资等行为会面临金额为 5000 新元至 20 万新元的处罚。新加坡管理当局规定，转运货物时，以下行为是不允许的：在口岸移动（inter-gateway movement）期间对货物的重新包装或重新贴标签；将转运程序用于未经授权的目的（例如，将自贸区的货物暂时带入海关领土以供展示或其他用途）；使用公司的唯一实体编号（Unique Entity Number——UEN）转运不属于公司的货物，除非公司充当海外客户的代理（无 UEN）。

3. 东盟海关过境系统（ACTS）

东盟海关过境系统（ASEAN Customs transit system，ACTS）于 2020 年 11 月 2 日正式启动，该系统在柬埔寨、老挝、马来西亚、新加坡、泰国和越南实施。ACTS 是一个数字化的海关过境管理系统，通过该系统，贸易商只需办理一次海关申报手续就可在上述六个国家之间自由运输货物，货物运输在相关所有国家产生的关税和税款都可以使用一份银行担保来承担。所有在东盟地区经营的贸易商，包括进口商、出口商、运输商、货运代理和海关代理人，都有资格申请使用该系统来运输货物过境。贸易商必须在上述 6 个成员国注册成为"ACTS 贸易商（ACTS traders）"，获得"经授权的过境贸易商（authorized transit traders）"资质的企业将获得若干特权，包括允许其在离港时从其经营场址启动过境货物的运输，以及在目的地将过境货物运送至其经营场址。[②]

---

① https：//www.customs.gov.sg/businesses/transhipping-goods/transhipment-procedures/types-of-transhipment-permits.

② https：//acts.asean.org/sites/default/files/acts_promotional_leaflet_final_11_august_2020.pdf.

（四）南亚国家

1. 印度[①]

（1）相关法条

印度海关法案第 7 章（chapter Ⅶ goods in transit）第 52 条至第 56 条对其转运制度进行了详细的阐释。

第 53 条：货物未完税过境。除第 11 条[②]（power to prohibit importation or exportation of goods）规定的禁止进口和出口的货物，任何货物只要按照第 2 条[③] 的规定提交抵达舱单、进口舱单或进口报告，并由同一运输工具转运到印度以外的任何地方或任何海关，有关官员可允许货物和运输工具在不缴纳关税的情况下过境。

第 54 条：货物未完税转运（transhipment）。任何输入海关的货物如需转船，则须将转运提单以规定的形式及方式送交至海关人员处。但如果货物是根据印度政府与外国政府之间的国际条约或双边协定转运的，则应以规定的格式和方式向有关官员提交转船声明，而不是转船提单；与第 53 条类似，只要符合第 11 条和第 2 条的相关规定，货物可获准转船而无须缴税。

第 55 条：根据第 53 条和第 54 条转运的货物，在抵达目的地海关时应缴纳关税，并按照货物首次进口时的通关方式报关。

（2）通关程序[④]

根据印度 2020 年的最新转运规定，货物转运应遵循以下流程：

首先，货物的发货人或承运人或代理人应提交海关转运申报单（申

---

② 印度海关官网：https://www.cbic.gov.in/htdocs-cbec/customs/cs-act/cs-act-ch8-revised2.

② https://www.cbic.gov.in/htdocs-cbec/customs/cs-act/cs-act-ch4-revised3.

③ https://www.cbic.gov.in/htdocs-cbec/customs/cs-act/cs-act-ch1-revised3.

④ 印度海关官网 2020 最新规定：https://www.cbic.gov.in/resources/htdocs-cbec/customs/cs-act/formatted-htmls/Transportation-Goods-Regulations-2020.pdf.

报单分为 Annexure "A" ① 和 Annexure "B" ② 两种），同时填制保单 Annexure "C"，提交担保；在出境海关关员接受转运申报后可以将货物装置运输工具上，海关关员随后使用海关一次性锁牢固密封（特殊情况下经海关关长许可，无须附加一次性锁）并在报关单上签注一次性锁号，随即开始转运运输。运输至复进境海关（Customs Station of Re-entry in India）后，海关关员会检查一次性锁是否完好，若完好则在海关转运申报单上背书并允许货物清关，否则会根据报关单对货物进行检查。若货物与报关单不符海关关员应将违规情况通知出境海关，以便采取进一步行动。

在货物清关后 3 个月（最长不超过 6 个月）内，发货人、承运人或代理人应将复进境海关背书的申报单副本交至出口海关，出境海关随后为其办理担保完结手续。如果复进境海关的海关关员向出境海关提供有关货物抵达的电子报单，则无须提交经背书的海关转运申报单。

根据 2020 年海运货物舱单及转运（修订）管理条例③，货物在印度转运时需注意以下事项：

第一，对于进口货物或出口货物的转运④，经授权承运人应在列车或卡车出发前提交出发舱单，并在列车或卡车到达时提交到达舱单。在港口 /ICD 与内陆集装箱站 / 集装箱货运站 / 经济特区（SEZ）/ 外国邮政局之间转运进出口货物则提交表格 – Ⅷ；在港口和陆地海关站之间转运进口货物则采用表格Ⅷ A。

---

① 适用于该条款：（ⅰ）under the Agreement on the Use of Chattogram and Mongla Ports for Movement of Goods to and from India between the People's Republic of Bangladesh and the Republic of India（hereinafter referred to as 'ACMP'）.

② 用于两个条款：（ⅱ）under the Protocol on Inland Water Transit and Trade between the People's Republic of Bangladesh and the Republic of India（herein after referred to as 'PIWTT'）：Provided that the regulations shall not apply to the movement of export-import cargo between India and Bangladesh or export to third countries under the PIWTT；and（ⅲ）from one part of India to another through a land route which lies partly over the territory of a foreign country，not being a movement covered under（ⅰ）and（ⅱ）above.

③ https：//www.cbic.gov.in/resources//htdocs-cbec/customs/cs-act/formatted-htmls/sea-cargo-manifest-0409-new.pdf.

④ 条款 7：Transhipment of imported goods or export goods.

第二，经授权承运人需根据货物的转运情况签署表格 IX A 或表格 IX B 或表格 IX C 或表格 IX D 的保函，无论是否有银行担保或担保。若货物直接在两个海港之间转运的，则不需要提供保函或银行担保。①

第三，进出口货物通过陆路转运的，在转运前，海关关员需对集装箱、保税卡车、有盖卡车或货车进行密封，特殊情况下经允许可不密封。

第四，如果沿海货物（coastal goods）通过指定的外国路线运输，经授权承运人应签署表格 X A 或表格 X B 或表格 X C 或表格 X D 的保函，无论是否有银行担保或其他担保。②

2. 巴基斯坦③

巴基斯坦海关管理法案（326 条款～341 条款）规定，只有在保税承运人（bonded carrier）拥有以他的名字或公司名义租用的至少 25 辆注册车辆或由其租用的车队时，才允许转运。在申请保税运输时，申请人应向有关海关总署存放 500 万卢比的银行担保。

转运要求：承运人在转运货物前应在客户服务中心（CSC）向副征税官（assistant collector）申请签发转运许可证，许可证的正本应在登船口岸提供给副征税官，副本应由登船口岸的转运部门保管。

转运要求：承运人在使用集装箱转运货物时应事先从进口部门（import section）取得具有集装箱编号的许可证，集装箱由 CCSU 进行密封。在获得转运许可且运输工具实际离开港口后，主管（进口）[superintendent（imports）] 应通过注册站点将转运许可证的复印件连同其他文件一起寄至各自的陆港，保税承运人的代表将把转运文件带到附带服务凭单的客户服务中心或进口科。④

---

① 条款 9（1）：Conditions governing transhipment or transit through a designated foreign route.

② 条款 9（2）：Conditions governing transhipment or transit through a designated foreign route.

③ https：//download1.fbr.gov.pk/SROs/20201126141413714745CustomsRules2001-amended30.06.2020.pdf.

④ （c）After permission for transshipment is granted and the vehicle actually leaves the port, the Superintendent（Imports）shall send one copy of the Transhipment Permit along with other documents through registered post to the respective dry port.

（d）The representative of the Bonded Carrier will bring the transshipment documents to Customer Services Centre or the Import Section attached with a service coupon.

时间要求：已签发转运许可证的所有货物将在发放转运许可证之日起七日内到达目的港或海关。

空运货物的转运：进口商应提交货物申报（GD）/ 转运申请、货物清单航空清单① 以完成空运货物（ATP）的转运，在转运货物到达目的地海关机场后，航空公司的有关代表应将转运申请（ATP）即货物舱单的副本提交给目的地机场的 PCCSS 官员。目的地机场的海关（AFU）应在同一天就将货物到达的信息通过 PRAL 系统发送给首次到达的机场海关。② 在转运许可部（TP section）处理完 14 天前的所有转运申请之前，不得再向航空公司提供转运许可证。③

3. 不丹④

不丹海关法（第 15 章条款 400-413）对过境和转运的有关规定可分为三大部分：

（1）从国外转运到不丹

根据不丹与印度政府签订的《贸易、商业和过境协议》，除印度以外，其他国家的货物在不丹的转运，在海关扮演清关和货运代理的角色时，需为货物的清关向海关支付交易价值 1% 的代理佣金费。而如果是私人清关和货运代理，则只收取交易价值 0.25% 的服务费。

---

① Transshipment shall be allowed for the airport of final destination mentioned in the airway bill on Goods Declaration（GD）/transshipment application-cumcargo manifest to be filed by the authorized representative of the airline. Each airline shall file air transshipment permit， therein after called ATP， electronically in one Customs System. The System shall generate an ATP（Air TP）number and date.

② The Assistant or Deputy Collector of Customs（AFU）at destination airport shall confirm the arrival of transshipment goods to the Assistant or Deputy Collector of Customs（AFU）of airport of first arrival through the PRAL system on the same day.

③ The TP section（AFU）shall carry out the job of manifest clearance in the computer on daily basis and provide the concerned Assistant Collector the list of transshipment permit the acknowledgement of which have not been received within three days. No further transshipment permit shall be allowed to an airline till the TP acknowledgement status of all TPs issued fourteen days ago is updated.

④ https：//www.mof.gov.bt/wp-content/uploads/2018/01/CRRB2017.pdf.

（2）途经印度从不丹的一地转运到另一地

根据不丹与印度政府签订的《贸易、商业和过境协议》，货物途经印度从不丹一地转运至另一地，应由货物所有人或经授权代理人向海关部门申请转运申报单并缴纳保证金，同时还要随附一份承诺书，说明货物拟在不丹善意使用。海关部门在出境地签发转运申请单，并提供副本给货物所有人或授权代理人，以在入境地海关实施检查。

（3）不丹境内的转运

用于商店、邮政和免税经营的货物可允许在国内过境，但需提前进行申报。如果是经授权的合规贸易商，则只需向海关提交简化担保或法律保证书。不论是哪种情况都需在规定期限内一次性缴纳保证金。保证金在转运手续完成后允予返还。

4. 斯里兰卡

斯里兰卡海关法规定，货物可在不缴税的情况下实施过境和转运，并在必要时接受海关的检查。货物的过境和转运应由承运人在船舶抵达24小时内向海关做书面报告，报告一式两份，详细说明船舶的名称、国家及吨位、船是装载的还是压载的，若是装载的还要注明货物的标记、数量、散装物的详情等信息，若不提供真实报告会被处以10万卢比的处罚。

过境和转运货物抵港后，当地船代或码头会收到海关的通知，安排货物在指定地点实施查验。查验无问题后，海关将签发转船清单。

5. 孟加拉国

货物在孟加拉国的过境和转运主要分为两大部分：国际转运和国内转运。国际转运和国内转运的有关规定与其邻国尼泊尔、印度和不丹有紧密联系。

（1）国际转运

根据孟加拉国与尼泊尔1976年签署的《贸易和支付协议》，尼泊尔货物享有通过孟加拉国的过境权。根据孟加拉国与印度签署的《内河运输与贸易协议》①，印度货物在孟加拉国内河运输可享受便利措施，根据该协议，

---

① http://www.biwta.gov.bd/site/page/bc176888-97af-4aeb-a812-673d37f6bc92/Full-Text-of-Protocol.

目前在 Ashuganj 港转船的过境运输已开始实施。[1]

（2）国内转运

孟加拉国海关允许通过铁路将进口货物从吉大港海关（入境港）国内过境 / 转运至 Kamalapur ICD 海关（交货港）。它还允许通过水路 / 河道从 Angtihara（入境港）到不同海关（交货港）的国内过境。目前国内过境货物的公路运输（例如，从 Benapole 海关到达卡）尚未实施。但是，孟加拉国、不丹、印度和尼泊尔最近缔结的机动车协定（Bangladesh，Bhutan，India and Nepal Motor Vehicle Agreement）将促进孟加拉国国内运输。

孟加拉国海关法对其过境和转运做了详细规定[2]（条款 120–129）：货物的过境和转运无须缴纳关税，但是会征收转运费，费率的计算会根据货物的重量、尺寸、数量、包装等来核算。货物在各海关之间的过境需满足：转运抵达目的地海关必须以与首次进口货物相同的方式入关，以同样的方式处理。货物在转运的过程中不论是同一运输工具运输还是由一艘运输工具转运至另一艘运输工具，都无须缴纳关税。同时，经由孟加拉国转运至孟加拉国境外目的地的运输工具上进口的任何物料和供应品，可在不缴纳关税的情况下，在该运输工具上消费。[3]

（五）西亚国家

1. 黎巴嫩[4]

黎巴嫩海关法中对其过境和转运的规定有以下几大部分：

（1）经铁路运输的国际转运（article 85）

在国际过境状态下，铁路进口货物必须附有相当于舱单的运单。如果货物是按重量、尺码或任何其他单位计税的，运单必须附上名为一般声明（GD）的特别声明，说明每个包裹的物品品牌、编号、物品描述、总重量

---

① 该协议为非英语版本。

② http：//www.bangladeshcustoms.gov.bd/download/Customs_Act_1969（Eng）.pdf.

③ Any stores and provisions imported on board a conveyance which is in transit through [Bangladesh] to a destination outside 1[Bangladesh]，may subject to rules，be allowed to be consumed on board that conveyance without payment of the duties which would otherwise be chargeable on them.

④ http：//www.customs.gov.lb/Files/Laws/law_en.pdf.

和尺寸等。按价值计算的应税货物和违禁货物，必须在一次申报中包括其总重量和价值。

（2）经车辆运输的国际货运

经授权的承运人车辆以国际过境身份进口的货物，原则上必须为每一运输工具和每一行程附上一份舱单，其中载有根据该条运输的全部货物的总清单状态。这个舱单上应当载明收发货人的姓名、件数、标签、品牌等，数量、覆盖物的描述和净重，以及货物的性质、产地、价值、重量、体积或数量，或者如果要求的质量单位有保证的话，舱单必须有承运人、授权代理人和车辆驾驶员的签名，必须由货物发运地海关或黎巴嫩第一入境海关盖章。车辆到达时，必须向黎巴嫩目的地办事处提交此舱单。

（3）一般过境商品规定（Title three: Duty Deferral Statuses and Other Similar Statuses Chapter Two – Merchandise In-Transit）（article 180-194）

货物在黎巴嫩的过境运输需由高级海关理事会许可的特定公司和机构进行运输，且车辆要符合特定的规格和条件。普通运输可以陆路、海运和航空的方式进行，并由过境承诺的签字人对此过境运输负责。该运输需提交过境申报书和保证书，并以保函的形式缴纳关税和其他税费或签署担保声明。海关会对集装箱的密封条件、运输工具和其他义务做出规定，货物到达后要向海关提交担保的报关单或其替代品，海关在核实货物的完整性后放行；国际转运应通过铁路机构或授权道路运输公司实施运输，以国际转运状态托运的货物，免予办理详细的申报和检验手续，只需进行简要的申报和检验即可。

2. 也门[1]

也门海关法规定，外国货物在也门境内的转运是被允许的，但有一个条件，即最后一次运输不是通过海运（除非有确保海关权利的保证）[2]。货物的签署人和担保人可以按照海关当局指定的所有道路上的普

---

[1]　http://www.customs.gov.ye/law.php?partL1=8&sec_L1=2。

[2]　Goods of foreign origin may be transported in accordance with the transitory system (transit), whether such goods have entered the frontiers to leave from other frontiers or are sent from one customs centre to another, provided that the last transportation is not by sea except by guarantees ensuring customs rights.

通通行系统和各种运输方式运输货物。① 按照特别通道制度的运输，应由铁路局和运输公司根据管理局的决议，在有执照的机动车辆和飞机上进行，并由这些机构和场所负责。② 经由特殊条件寄送的货物无须进行详细申报和检查，只需进行简短陈述和概况检查即可。③

3. 约旦④

外国货物可以在过境状态下运输，但是这种过境运输应以出示从邻国第一家海关正式签署的声明副本或出示从目的国入境的证明或海关部门接受的其他任何证明为终止。过境货物可在特定条件下储存在自由区或喀巴经济特区内 90 天，如果期满后仍未将货物取出，则海关会采取必要措施公开拍卖该货物，所得拍卖额在扣除应缴的费用、关税以及依法应缴的罚款（不得超过货物价值的 10%）后会存入信托账户。但是，如果在出售之日起三年内未索取剩余款项，则不予退还。若过境货物是禁止和限制的货物，会被禁止转运，放置在当地消费。⑤ 私人过境（private transit）运输应通过有执照的铁路机构、车辆和航空工具等方式进行，运输责任应由这些机构和公司承担。⑥

---

① The goods that are transported in the condition of ordinary passage shall be subject to the conditions that are determined by the Customs Authority as regards the compressing of parcels and containers and as regards the means of transport and the submission of guarantees and other undertakings.

② Transportation in accordance with the special passage system shall take place by means of railroads and by transport companies on licensed motor cars and aircraft by resolution of the Authority and that at the responsibility of such bodies and establishments.

③ The provisions of procedures related to detailed declaration and detail inspection shall not apply to goods sent according to the condition of special passage. In this regard a brief statement and overall inspection shall suffice, unless the Customs Department considers the carrying out of detailed inspection necessary.

④ https://www.customs.gov.jo/CustomsLawsEn/Law_Sec06.aspx.

⑤ Transit goods may be placed for local consumption by a decision from the Director and after consulting the competent authorities, taking into account the prohibitions and restrictions provisions imposed thereon.

⑥ Transport of private transit goods shall be carried out through licensed railway agencies and vehicles and aircraft carriers, or by any other means via a decision by the Director. The responsibility of transport shall be borne by these agencies and companies.

（六）海湾合作委员会

海湾合作委员会（GCC）[①] 于1981年成立，成员包括巴林、科威特、阿曼、卡塔尔、沙特阿拉伯和阿联酋，所有海湾合作委员会国家都通过了共同的海关法律，统一所有海湾合作委员会成员的海关程序。

GCC海关程序指南中就转运的运输工具、所需文件和程序做了详细介绍。货物在海湾国家的转运需提交提单、舱单或陆路运输单以及发票。所需遵循的程序如下：首先，货运代理或经授权的海关经纪人需进行电子申报，然后提供与货物关税或其他税费等值的担保或银行保函，并支付其他费用，随后将文件提交给有关的海关当局，货物会根据风险评估标准接受检验。报关单的封存和打印将按照海关的自动清关系统完成，最后就可以签发出境单并放行货物。

四、"一带一路"沿线国家（地区）的转运制度比较与述评

"一带一路"沿线国家（地区）转运制度比较见表3-1。

表3-1 "一带一路"沿线国家（地区）转运制度比较

国家（地区）	种类	管理机构	税费及其他费用	通关程序	担保
欧盟	两类：①共同过境；②欧盟过境	海关当局通过一个海关办事处网络管理	暂停征收海关和货物税、增值税和其他费用	共同过境：NCTS系统—提交电子转运申报单/ENS申报单—MRN编号—支付海关债务—TAD、LoI文件交至目的地海关—转运程序完结 欧盟过境：T1（外部运输）适用于非欧盟货物；T2（内部运输）适用于欧盟货物	需支付海关债务（担保）

① http://www.bahraincustoms.gov.bh/uploads/files/gcc_customs_laws.pdf; http://www.bahraincustoms.gov.bh/page.php?SID=WTBkR2JscFVNSGxOYVZwMFVGUlJiV015TURsTlZGazk%253D; http://www.gcc-sg.org/en-us/CognitiveSources/DigitalLibrary/Lists/DigitalLibrary/Customs/1435652105.pdf.

国家（地区）	种类	管理机构	税费及其他费用	通关程序	担保
欧亚经济联盟	一类	海关	同上	预告知—提交转关运输申报单、交通运输等文件—3小时内办理货物报关手续—将货物转关申报单提交至目的地海关—转运程序结束	外国货物（物品）需要提供担保
印度	两类：①货物未完税过境；②货物未完税转运	海关	免缴关税，其他费用未提及	提交过境/转运申报单—提交保函—运输至复进境海关—复进境海关在申报单上背书—将背书单证交至出境海关—过境/转运程序结束	需提交担保
菲律宾	两类：①过境或转运；②转装	海关	无须缴纳关税和其他税费	过境或转运：将其分为四种形式，分别提交不同的单证 转装：通过预先舱单系统提交外国货物舱单电子档副本—电子转运申报单—转装运输的货物必须在到岸后的30个工作日内装入出口运输工具	需提交担保，担保数额相当于转运货物的关税和其他费用总额，但不少于5万比索
新加坡	转运许可的类型包括TTF、TTI、IGM、REM和BRE	海关	无须缴纳关税和其他税费	获得转运许可—获得实体编号—递交转运申报单	
巴基斯坦	两类：①过境或转运；②转装	海关	货物处于保税状态	向 Assistant Collector 申请签发转运许可证—转运许可证复印件寄至目的港或海关—货物在签发转运许可证后七日内到达目的港或海关	向有关海关总署存放500万卢比的银行担保
不丹	三类：①从国外转运到不丹；②途经印度从不丹的一地转运至另一地；③不丹境内的转运	海关	免关税，但需缴纳货物交易价值的0.25%或1%的清关服务费	在出境地获得转运申请单—缴纳保证金及承诺书—转运申请单副本交至入境地海关实施检查	需一次性缴纳保证金

续　表

国家（地区）	种类	管理机构	税费及其他费用	通关程序	担保
斯里兰卡	一类：转船	海关	免缴关税，其他费用未提及	船舶抵港后24小时内向海关做书面报告—抵港后海关实施查验—查验无误签发转船清单	
孟加拉国	两类：①国际转运；②国内转运	海关	无须缴纳关税，但是会征收转运费，费率的计算会根据货物的重量、尺寸、数量、包装等来核算		
黎巴嫩	三类：①铁路运输的国际转运；②车辆运输的国际转运；③一般过境商品	海关	以保函的形式缴纳关税和其他税费或签署担保声明	提交铁路运单或舱单—提交过境申报书—以保函的形式缴纳关税和其他税费或签署担保声明—向出境海关提交担保的报关单—海关查验无误后放行	需提交担保
GCC	一类	海关	提供与货物关税或其他税费等值的担保或银行保函，并支付其他费用	提交提单、舱单或陆路运输单以及发票—进行电子申报—缴纳有关费用—海关查验—签发出境单	需提交担保

（一）共同点

"一带一路"沿线国家对过境/转运的规定有以下几点共同点：首先，管理机构方面，各国均由海关当局作为过境/转运程序的执行主体，由海关负责签发过境/转运申报单，实施查验；其次，各国对过境/转运货物均免缴关税；最后，货物进行过境/转运均需提交过境/转运申报单，同时需提交担保。

（二）不同点

（1）相较于其他国家或联盟，欧盟的过境程序比较复杂，将其分为共同过境和欧盟过境，这两类过境适用的通关程序有所不同。

（2）欧盟允许在满足特定条件下（如申请人经常使用共同/欧盟过境

程序，或者具有与所开展活动直接相关的实际能力或专业资格等），对共同过境和欧盟过境程序进行简化（如担保形式可采用综合担保，使用电子运输单据作为报关单，海运和空运货物采用共同过境或欧盟过境程序），以在海关监管与贸易便利化之间找到平衡点。

（3）欧亚经济联盟在其转关运输的规定中，对申报人及海关的时效要求较高，并在文件中对具体的时间期限做了规定，这在其他国家和联盟的文件中是没有的。如货物运抵关境，转关运输申报人1小时内提交转关运输申报单；关境工作人员2小时内给承运人出具运输工具到达的证明；办结完转关手续后需在3小时内办理货物的报关手续。

（4）印度的程序与其他国家或联盟最大的区别在于：其要求货物在进境海关提交有关单证后还需将货物运至复进境海关做进一步的检查，检查无误后才可运至出境海关，这可能会降低过境/转运效率；且其只表明免缴关税，其他税费未作出说明，也就意味着在印度的过境和转运，可能会被收取除关税外的其他费用。

（5）菲律宾四周环海，所以除了内陆过境/转运的规定，还就转船运输做了详细的规定；在担保方面，菲律宾对最低担保额提出了明确要求，不低于5万比索。

（6）新加坡境内的转运尤其需要注意转运货物是否为战略物资、管控物品、禁运物品或UNSC禁止进出口或转运的物品；同时，新加坡对于违反转运规定的行为给予的处罚金额较高，从5000新元到20万新元不等。

（7）巴基斯坦对转运承运人的资格做了明确规定，只有在承运人拥有至少25辆注册车辆或由其租用的车队时，才允许转运。

（8）斯里兰卡为岛国，其转运程序中更加注重对转船运输的监管，很少提及国内的过境或转运。相较于菲律宾，其对转船运输的规定更为详细，在斯里兰卡的转船需提供船舶的名称、国家及吨位、船是装载的还是压载的，若是装载的，还要注明货物的标记、数量、散装物的详情等信息，若不提供真实报告会被处以10万卢比的处罚。

五、与国际转运有关的国际公约和协定

与国际转运有关的国际公约和协定概况见表3-2。

表3-2　与国际转运有关的国际公约和协定概况

公约或协定名称	"一带一路"沿线国家缔约方	签署时间
《中华人民共和国政府和老挝政府汽车运输协定》	中国、老挝	1993年
《中华人民共和国政府和尼泊尔政府汽车运输协定》	中国、尼泊尔	1994年
《中华人民共和国政府和蒙古人民共和国政府关于蒙古通过中国领土出入海洋和过境运输的协定》	中国、蒙古	1991年
《中华人民共和国政府和蒙古国政府汽车运输协定》	中国、蒙古	1991年签署，2011年最新修订
《上海合作组织成员国政府间国际道路运输便利化协定》	中国、哈萨克斯坦、吉尔吉斯斯坦、塔吉克斯坦、乌兹别克斯坦、俄罗斯、印度、巴基斯坦	2014年签署，2017年生效
《大湄公河次区域便利货物和人员跨境运输协定》	柬埔寨、越南、老挝、缅甸、泰国、中国	2015年
《国际公路运输公约》	阿富汗、伊朗、科威特、中国、印度、约旦、黎巴嫩、利比里亚、蒙古、黑山、巴基斯坦、印度尼西亚、土耳其、巴勒斯坦、沙特阿拉伯、阿联酋、希腊、塞浦路斯、中亚5国、独联体7国（除格鲁吉亚未加入）、中东欧16国	1978年生效（中国2016年加入）
《统一货物边境管制国际公约》	哈萨克斯坦、吉尔吉斯斯坦、塔吉克斯坦、乌兹别克斯坦、土库曼斯坦、俄罗斯、白俄罗斯、伊朗、乌克兰、蒙古、老挝	1985年生效（中国未加入）

（一）与老挝、尼泊尔政府签订的汽车运输协定

中国于1993年、1994年分别与老挝政府、尼泊尔政府签订过境汽车运输协定，以进一步促进两国经济贸易关系的发展，力求在平等互利的基础上发展两国间的汽车运输合作。协定规定，两国间定期和不定期的汽车旅客运输（包括游客）、货物运输，通过两国相互开放的边境口岸和公路进行，由在中国或蒙古登记注册的车辆承担，缔约任何一方的运输车辆，经营两国间汽车货物运输业务时，除第六条规定的运输项目外，都必须具

备各自主管机关颁发往返一次的行车许可证，缔约双方主管机关，每年应交换一次双方共同制定的统一格式的货物运输许可证，这些许可证应有缔约双方主管机关指定的汽车运输主管部门的印章和负责人的签字。缔约一方对缔约另一方的承运者在两国间以汽车从事该协定规定范围内的客、货运输业务免交养路费，免征车辆占有使用税，以及运输收入和利润的一切税收，缔约一方对缔约另一方客、货车辆携带的供本车在国际汽车运输途中使用的汽车燃料、润滑油以及维修车辆用的备用零件和工具免征物资进口关税。

（二）《中华人民共和国政府和蒙古人民共和国政府关于蒙古通过中国领土出入海洋和过境运输的协定》

考虑到蒙古作为内陆国经中国领土过境和出入海洋的特殊需要，经友好协商，双方于1991年签订了该协定。该协定规定，蒙古公路和海上过境货物在中国的过境运输应由中国提供的运输工具运送，铁路运输的过境货物按《国际铁路货物联运协定》的规定办理。蒙古应负担中国运送货物的所有费用，在港口（天津新港）存放货物时需负担租用场地和设施的费用，负担中国为执行过境运输所提供的服务费用；中国可为蒙古的货物提供过境运输和海关便利，如果中国海关认为过境手续要求已达到，则蒙古的过境货物在途中一般不再受到中国海关部门的检查，且免交中国规定的进出口关税及其他税费或保证金，但过境货物未经中国海关批准不得留在中国境内。

（三）《中华人民共和国政府和蒙古国政府汽车运输协定》

中国于1991年与蒙古签订了汽车运输协定，并在2011年做了修订。协定规定，缔约任何一方的运输车辆，经营两国间汽车货物运输业务时，必须具备各自主管机关颁发往返一次的行车许可证。行车许可证分为A、A-C、B、C、D五种，特别行车许可证包括E、F两种，行车许可证采取交换方式取得，缔约双方主管机关按照对等原则协商确定下一年度的交换数量、具体交换时间和地点，当数量不足时可提出追加。特别行车许可证采取申请方式取得，由缔约方承运人通过本国授权机构向另一方授权机构提出书面申请；在货物运输方面，长期和临时货物运输实行合同制度；两国口岸检查和检验检疫机构对缔约方的运输车辆按规定予以优先查验；承运者如果得到缔约另一方主管机关的特别许可，可以承运从缔约另一方领土出发到第三国以及从第三国到缔约另一方领土的运输。

（四）《上海合作组织成员国政府间国际道路运输便利化协定》

上合组织成员国政府于 2014 年 9 月 12 日在杜尚别举行的上海合作组织成员国元首会议上签署了《上海合作组织成员国政府间国际道路运输便利化协定》。《协定》签署后，上合组织六国将逐步形成国际道路运输网络，对中国倡导的丝绸之路经济带建设具有重要的推动作用。《协定》于 2017 年正式生效。该《协定》规定，非上合组织成员国也可申请加入。2017 年 6 月 28 日，该协定对巴基斯坦生效，对印度的生效时间是 2017 年 6 月 9 日。2018 年 11 月 11 日，白俄罗斯以观察员身份加入。

《协定》由主体部分和三个附件组成，核心内容是赋予各当事方道路运输承运人和车辆在许可证制度下，按商定的线路从事跨境和过境运输的权利，倡导各方协调和简化国际道路运输文件、程序和要求，并成立国际道路运输便利化联合委员会，协调处理合作中出现的问题。《协定》提出的主要目标是 2020 年前开通包括最远端从中国连云港到俄罗斯圣彼得堡，覆盖中国、俄罗斯、哈萨克斯坦、吉尔吉斯斯坦、塔吉克斯坦和乌兹别克斯坦 6 个成员国的 6 条公路运输线路。该协定通过在交通运输领域简化和加快通关手续，破除不规则税费，降低贸易成本，提升成员国贸易便利化合作水平，促进成员国之间乃至与区域外国家之间经贸合作。

（五）《大湄公河次区域便利货物和人员跨境运输协定》

大湄公河次区域经济合作（GMS）是由亚洲开发银行倡导、由湄公河流域的 6 个国家柬埔寨、越南、老挝、缅甸、泰国和中国共同成立的经济合作机制，属于中国 - 东盟自贸区框架体系。推动运输和贸易便利化是 GMS 的主要目标之一，1996 年，在亚洲开发银行的支持下，《大湄公河次区域便利货物和人员跨境运输协定》（以下简称《便运协定》）应运而生，旨在实现 GMS 六国之间人员和货物的便捷流动，使该次区域公路网发挥最大效益。1999 年 11 月老、泰、越三国先行签署了该协定。柬埔寨、中国、缅甸 3 国分别于 2001 年、2002 年、2003 年加入。2004 年，6 国国内成立便利运输联合委员会。2008 年，中国完成正文和所有附件国内批准的流程。2015 年年底，6 国签署了所有《便运协定》的附件和议定书。2017 年 5 月，中国和泰国签署《关于实施〈大湄公河次区域便利货物及人员跨境运输协定〉"早期收获"的谅解备忘录》，标志着谈判 20 年的跨境运输便利化正在逐步进入试点实施阶段。

《便运协定》由正文、附件和议定书三大部分组成，涵盖了货物和人员跨境运输的各个方面。该协定只确定基本原则，主要为跨境运输便利化提供程序性规定，同时其与其他国际公约、法律文件及各国相关制度保持兼容，有效减少各国国内批准程序中的阻力。正文部分的主要章节包括跨境手续便利化、人员跨境运输、货物跨境运输、道路车辆入境要求、商业交通权的交换、基础设施等。"跨境手续便利化"章节提出，应采用单一窗口检查（即一国海关、边防、质检、驾驶证等行政机关联合组织检查）、一站式检查（两国联合组织行政检查，使车辆通过两国边境时只停车一次）；"货物跨境运输"章节提出，货物在缔约国的过境免除海关检查、免缴保证金、免除各种捐税及其他费用；道路车辆入境要求就道路车辆在其他缔约国的入境准入、车辆登记制度、车辆技术要求、驾驶许可证等方面做了详细规定。该协定只在签约国选定的和相互同意的线路和出入点上采用。

（六）《国际公路运输公约》

《国际公路运输公约》又称《TIR 公约》。第一个 TIR 运输协议是 1949 年由少数几个欧洲国家发起并签署，1960 年生效实施。此后，随着运行过程中实际经验的积累，集装箱和公路、铁路联合运输技术进步和海关及运输要求方面的变化，1975 年对 TIR 公约进行了修改，形成了如今广泛采用的 1975 年《国际公路运输公约》，于 1978 年生效。TIR 公约的主要目的是为国际道路过境运输或者国际货物多式联运中有一段利用公路的过境货物运输提供便利运输条件。根据公约规定，如果集装箱公路运输承运人持有 TIR 手册，那么在海关签封下，由出发地到目的地途中可以不提供押金、不支付关税、不接受检查，这大大提高了货物通关效率。截至 2020 年年初，《TIR 公约》缔约方已达到 76 个，80% 左右的缔约方已经开始落实该公约。2016 年 7 月，中国正式成为《TIR 公约》第 70 个缔约方。相关资料显示，已经有 64% 的"一带一路"沿线国家成为《TIR 公约》缔约方。2018 年 5 月，中国正式开始落地实施 TIR 系统。2019 年 6 月，中国海关总署正式开始在全国范围内落实《TIR 公约》，即 TIR 业务将在中国全境开放。

《TIR 公约》的一项主要内容是对所有海关监管的相互承认。例如，访问 TIR 系统，对货物、车辆和文件的检查，海关印章。该公约主要包括以下五项基本内容：第一，严格 TIR 运输车辆和集装箱的结构标准与审批程序，确保货物装进车辆或集装箱并由海关加封后，在不留明显痕迹的情况下将无法触及装载室内货物及将货物取走或更换；第二，TIR 的国际担保系统，使各国海关避免可能的税收损失；第三，TIR 运单，包括 TIR 运单的格式及使用流程；第四，海关之间的监管互认；第五，控制使用，各国担保协会颁发 TIR 证册和运输企业使用 TIR 证册时均需要获得包括海关在内的主管部门授权，实行行政许可管理。

在《TIR 公约》的基础上，国际道路运输联盟（IRU）于 1949 年建立了 TIR 系统，该系统是全球唯一的跨境货运海关通关系统。多年来，TIR 系统灵活顺应经济和地缘政治环境不断变化的趋势，成为推动多边贸易与运输便利化和安全化进程最有效的工具之一。实施 TIR 系统可有效缩短通关时间、降低企业成本，从而促进贸易发展，为"一带一路"建设的贸易畅通带来积极作用。根据测算，使用 TIR 证进行通关，可降低通关时间 30% ~ 80%。TIR 系统实施后，中国每年与"一带一路"沿线主要国家进出口贸易总额最多可增加约 135.83 亿美元，约占中国与"一带一路"沿线国家贸易总额的 1.4%。[①]

（七）《统一货物边境管制国际公约》

《统一货物边境管制国际公约》由欧洲经济委员会内陆运输委员会制定，于 1985 年生效，目前有 58 个缔约方。"一带一路"沿线的哈萨克斯坦、吉尔吉斯斯坦、塔吉克斯坦、乌兹别克斯坦、土库曼斯坦、俄罗斯、白俄罗斯、伊朗、乌克兰、蒙古、老挝等国都是该公约的缔约方。

---

① 据中华人民共和国国家发展和改革委员会数据：2016 年中国与"一带一路"沿线国家货物贸易总额为 9478 亿美元，https://www.yidaiyilu.gov.cn/xwzx/bwdt/11386.htm。

该公约的宗旨是通过协调和统一各国在边境上采取的管理措施和管理程序来实现减少国际货物运输过程中完成过境程序所需要的手续和停留时间，减少阻碍边境货物运输的非物理性障碍。该公约对协调各国边境货物运输的管理活动提出了指导原则和基本措施，为统一边境货物管理搭建了一个共同的平台。《公约》分为正文和附件两部分，正文对《公约》的宗旨、适用范围、统一管理程序和过境货物等问题做出规定。附件包括7个，前6个附件分别对统一海关管理和其他管理、动物检验检疫、植物检验检疫、货物是否符合技术标准的管理等问题在指导原则、管理的组织、信息交流与国际合作等方面进行了细致的规定。《公约》从国内和国际的协调以及"硬件"和"软件"协调等方面对统一边境货物的管理做了规定，提出：缔约方境内要重点实现海关与其他管理部门之间的统一和协调；国际协调强调各缔约方之间的交流与合作，尽量形成统一的规则。"硬件"方面要求各缔约方提供充足、便利的硬件设施（包括人员），同时各管理机构应尽量实现"一站式"办公，简化管理程序；"软件"方面强调各缔约方管理制度的对接，以及信息的透明和交流。

（八）《关于货物实行国际转运或过境运输的海关公约》

《关于货物实行国际转运或过境运输的海关公约》（Customs Convention on the International Transit of Goods，ITI Convention），简称《ITI公约》，1971年6月7日由海关合作理事会在布鲁塞尔通过，但尚未生效。该公约的目的，是应对在国际货运和国际直达货运日益增长的背景下，给予货物实行国际转运或过境运输的便利，使国际贸易获得更大的利益。

《ITI公约》共14章62条，对于国际转运和过境运输所能涉及的问题分别做出规定，如第1条对"运输车柜""特种装载货物""进口各税""装货地海关""起运地海关""沿途经过的海关""到达地海关""联保公会""联保总会""联保证""报运人"等词都做了明确的规定。《ITI公约》适用于包括航海、航空或陆路行程须经过公约缔约国关境的运输业务。公约规定了对转运的运输车柜或特种装载货物的海关封志和固定物要求；规定此项运输应由联保公会保证；规定了发生违法行为时的索赔；规定了在起运地、沿途及到达地海关分别应办的手续；规定缔约方可通过双边或多边协议，设立若干国际转运地区以简化手续，等等。

第三节　"一带一路"沿线国家的自由贸易园区制度

一、与自由贸易园区相关的概念解析

（一）自由贸易园区 / 自由贸易区（free trade zone）

自由贸易园区（FTZ）是指一国或地区在对外经济活动中对货物监管、外汇管理、企业设立等实施特殊政策的一个特定区域，比如自由港、自由仓等。自由贸易园区的依据是东道国经济政策，特点为交通便利和海关特殊监管，目的是促进投资、扩大进出口贸易和参与国际竞争。自由贸易园区面积相对较小，从数平方千米到数百平方千米不等，对在自贸园区注册或经营的各类企业经营活动有直接影响。

自由贸易园区是一个比较广义的概念，涵盖自由港、保税仓库、保税区、综合保税区等多种类型（见表3-3）。自由贸易园区是一个统称，美国称之为对外贸易园区，英国称之为自由园区，新加坡称之为自由贸易园区，还有其他经济特区、产业园区等名称。由于世界各国经济发展水平和国家制度存在差异，自由贸易园区的具体政策和行政管理也有很大存在差异。而与之不同的自由贸易区（FTA）则是 WTO 成员为促进贸易自由化的发展，援引 GATT（1947）最惠国待遇例外的第 24 条，签订双边或区域自由贸易协议（regional trade agreement，RTA）建立起来的特殊经济区域。

表 3-3　自由贸易园区的业务类型和功能

类型	主要出现地区	代表	主要作用
多功能综合型自由贸易区	欧亚等地区	中国香港、新加坡	离岸贸易与金融中心
转口集散型	欧洲大部分地区	科隆、鹿特丹、汉堡、巴塞罗那	集散、转运、货物转口、分拨、储蓄、加工、装运

续 表

类型	主要出现地区	代表	主要作用
贸工综合型	发展中国家和地区	菲律宾自由贸易区	出口加工、国际贸易、转口贸易、仓储运输服务、加工装配制造等
出口加工型	亚太地区	德国汉堡、中国台湾、尼日利亚拉各斯	以加工为主、仓储运输为辅，转口贸易
保税仓储型	欧亚非地区	鹿特丹港	保税、再包装、储运销一体化型
商业零售型	南美洲等地区	智利伊基克	商业展览、零售业务
自由边境型	亚洲、北美洲等地区	墨西哥自由边境区	免关税、取消优惠待遇、加工
金融自由型	中东等地区	迪拜、纽约港	货物自由流动、高度开发和免税、提供金融服务、银行和保险自由贸易区
旅游购物型	加勒比海地区	马格里塔、圣安德烈斯	海景优美、旅游业发达

资料来源：李莉娜. 国外自由贸易区发展的经验及其启示［J］. 价格月刊，2014（2）：47—54.

（二）自由区（free zone）

自由区是一国的部分领土，在这部分领土内运入的任何货物，就进口税及其他税费而言，被视为在关境之外，免于实施惯常的海关监管制度（根据《京都公约》《F.1.关于自由区的附约》），这也是通常认识中的自由贸易区，中国将与之相对应的区域称为"海关特殊监管区域"。

自由区是对外开放的门户，是本国与外部世界经济技术交流与合作的一个通道和桥梁。自由区的发展趋势是向多功能、综合性方向发展，兼具国际贸易、出口加工、保税物流等多项功能。此外，在优惠政策上，自由区也体现了综合性这一特征。除免税优惠外，还有一套适合国际经济的外资投资、金融外汇、股利汇出及出入境政策。

（三）自由港（free port）

自由港是指一个国家海关监管范围以外的港口城市，外国船只可以自由地进出，外国货物可以豁免关税，而且货物的储存、分装、加工或转运其他国家均不受海关一般监管。自由港的特点：一是免受海关一般监管的区域更广；二是获得"自由"的范围更广。因此，自由港可以被认为是自由开放程度最高、开放范围最广的海关特殊监管区。根据海关豁免的范围，自由港可以分为有限自由港和完全自由港。有限自由港是对少数特定进出口货物征收关税，完全自由港是指对外国货物一律免税。①

表 3-4 不同国家和地区海关自由区的比较

国家或地区	设置目的	设置法源	管理体制	产业引进重点	通关方式	商品流通
中国香港	国际物流中心	基本法	民营、单一窗口	进出口、转口	事后申报	自由进出、自主管理
新加坡	国际物流中心	特别法	民营、单一窗口	转口	区内不申报	自由进出、自主管理、重新包装、贴标签、组装
荷兰	满足仓储服务公司需求	欧盟及荷兰关税法、税法	海港：公营空港：民营	转口、加工需海关允许	通关申报	自由进出
中国	商品集散和物资分发中心	行政命令	地方政府	加工制造及国际贸易	通关申报	自主管理、保税、贴标签、组装
美国	促进对外贸易提升竞争力	对外贸易区法案	公、民营企业	特定产业只能设定在副区，如炼油、汽车制造	通关申报	自由进出、保税、重新包装、贴标签、组装
日本	日本南方物流据点	特别法	地方政府	加工、制造、转口及仓储	通关申报	自由进出、保税、重新包装、贴标签、组装
菲律宾	亚太物流中心	特别法	中央机关、单一窗口	进出口及转口	通关申报	自由进出、保税、重新包装、贴标签、组装、自主管理
韩国	国际物流中心的基地	特别法	中央或者地方政府、单一窗口	仓储、销售、单纯加工、产品维修、国际物流	通关申报	自由进出、自主管理、转口、仓储、贴标签、重新包装、增值加工、展览及再出口

（四）自由贸易港区（free port zone）

自由贸易港区是中国台湾地区提出的一个概念，其内涵可以理解为自

---

① 金维雄.自由贸易试验区的概念辨析 [J].产业经济，2019（7）：45.

由贸易区、自由港和港口相关的一个特定概念。中国台湾制定的《自由贸易港区设置管理条例》中对自由贸易港区在空间范围和功能方面做出了定义。自由贸易港区是特殊的自由贸易区或特殊的自由港，其是设在港口或港口附近的自由贸易区，但又不覆盖整个港口城市，因此它又是狭义或局部的自由港。①

（五）其他与自由贸易园区具有相似特征的概念

根据美国《对外贸易区法案》中对外贸易区的定义，对外贸易区是一个位于港口或毗邻港口的限入性区域，除法律禁止之外的任何商品均可自由进出该区域，不受海关管辖，无须办理正式通关手续以及无须缴纳关税，区内商品的仓储运输、展示销售与装配加工等活动自由，但对进入关境内的商品则要征缴关税。我们由此可以看出，美国对外贸易区具有一个鲜明的特色：因地制宜。②

《欧共体海关法典》对自由贸易区的概念做了类似的定义是：共同体关境的一部分，或者位于关境内但与关境内其他地区相隔离的地域。非共同体货物，在征收进口关税和商业政策、进口措施适用方面，在办理自由流动清关或其他海关程序前，或者不按海关法规规定的条件使用或消费前，被视为尚未进入共同体关境。③

《智利自由贸易区法》对自由贸易区的定义是：界线隔离明确的、紧靠某港口或机场的、受海关治外法权保护的区域或单独的地块。在这些地方，货物可以储存、加工、制造或者销售，无任何限制。④

---

① 金维雄.自由贸易试验区的概念辨析 [J].产业经济，2019（7）：45.

② 叶修群.中国自由贸易园区（FTZ）经济效应研究 [D].上海：华东师范大学，2018：1-168.

③ 李春梅，王丽娟.国际自由贸易区与我国保税区发展转型的探讨 [J].对外经贸实务，2008（10）：75-78.

④ 李春梅，王丽娟.国际自由贸易区与我国保税区发展转型的探讨 [J].对外经贸实务，2008（10）：75-78.

二、中国的海关特殊监管区域制度及其发展

（一）海关特殊监管区域及其整合发展

"海关特殊监管区域"是经国务院批准，设立在中华人民共和国关境内，赋予承接国际产业转移、连接国内国际两个市场的特殊功能和政策，由海关为主实施封闭监管的特定经济功能区域。海关特殊监管区域现有六种模式：保税区、出口加工区、保税物流园区、跨境工业园区、保税港区、综合保税区。

在中国，Free Trade Zone 被定义为保税区。这是中国在对外开放大背景下创造出来的对自由贸易区的特殊称谓。海关总署编写的《中华人民共和国海关法释义》一书中，对保税区做了基本的定义：保税区类似于国际上的自由贸易区或对外贸易区，是指在一国关境外或关境内的与自由港具有同等地位的地区，允许外国商品免税进入区内储存、取样、分包、分级、拆装、加工、重新包装、刷唛、贴标签等，然后免税出口。商品运出自由贸易区进入国内，必须缴纳关税。此外，保税区还具有商品展销、展示、国际贸易、金融、信息服务等辅助功能。① 所以，不断完善中国海关特殊监管区域的整合与发展至关重要。

积极推动海关特殊监管区域整合主要采取以下几个方面措施：第一，整合类型，逐步将现有出口加工区、保税物流园区、跨境工业区、保税港区及符合条件的保税区整合为综合保税区，将新设立的海关特殊监管区域统一命名为综合保税区。第二，整合政策，规范、完善海关特殊监管区域税收政策，促进区内企业参与国际市场竞争，同时为其参与国内市场竞争创造公平的政策环境。第三，整合管理，逐步统一海关特殊监管区域信息化管理系统，统一监管模式。第四，整合管理资源，加快完善管理部门间的合作机制，实现相关管理部门信息互换、监管互认、执法互助（以下称"三互"），加强事中事后监管。

---

① 李春梅，王丽娟.国际自由贸易区与我国保税区发展转型的探讨 [J]. 对外经贸实务，2008（10）：75-78.

加快高质量发展，完善政策，拓展功能，创新监管，培育综合保税区产业配套、营商环境等综合竞争新优势。推动综合保税区发展主要可以采取以下几方面措施。

第一，积极统筹两个市场，打造加工制造中心。大力释放企业产能，允许综合保税区内加工制造企业利用剩余产能承接境内区外委托加工。促进内销便利，将在综合保税区内生产制造的手机、汽车零部件等重点产品从自动进口许可证件管理货物目录中剔除，便利企业内销。强化企业市场主体地位，简化海关业务核准手续，支持综合保税区内企业自主备案、合理自定核销周期、自主核报、自主补缴税款。

第二，推动创新创业，打造研发设计中心。促进研发创新，除禁止进境的外，综合保税区内企业从境外进口且在区内用于研发的货物、物品，免于提交许可证件，进口的消耗性材料根据实际研发耗用核销。建设创新高地，综合运用综合保税区政策功能优势，支持国家产业创新中心、国家技术创新中心、国家工程研究中心、新型研发机构等研发创新机构在综合保税区发展。优化信用管理，对综合保税区内新设的研发设计、加工制造企业，经评定符合有关标准的，直接赋予最高信用等级。

第三，推进贸易便利化，打造物流分拨中心。简化进出区管理，允许对境内入区的不涉出口关税、不涉贸易管制证件、不要求退税且不纳入海关统计的货物、物品，实施便捷进出区管理模式。便利货物流转，运用智能监管手段，创新监管模式，简化业务流程，实行数据自动比对、卡口自动核放，实现保税货物点对点直接流转，降低运行成本，提升监管效能。

第四，延伸产业链条，打造检测维修中心。开展检测维修，允许综合保税区内企业开展高技术、高附加值、符合环保要求的保税检测和全球维修业务。支持第三方检验检测认证机构在综合保税区开展进出口检验认证服务。支持再制造业，允许综合保税区内企业开展高技术含量、高附加值的航空航天、工程机械、数控机床等再制造业务。

第五，培育新动能新优势，打造销售服务中心。发展租赁业态，对注册在综合保税区内的融资租赁企业出口飞机、船舶和海洋工程结构物等大型设备涉及跨关区的，在确保有效监管和执行现行相关税收政策的前提下，按物流实际需要，实行海关异地委托监管。支持境内电商发展，支持综合保税区内企业开展跨境电商进出口业务，逐步实现综合保税区全面适用跨境电商零售进口政策。支持服务外包，允许综合保税区内企业进口专业设备开展软件测试、文化创意等国际服务外包业务，促进跨境服务贸易。支持期货交割，支持具备条件的综合保税区开展铁矿石、天然橡胶等商品期货保税交割业务。

（二）自由贸易试验区海关监管制度创新

关于自由贸易试验区的概念，比较公认的说法是：由国务院批准设立的实行特殊贸易、投资与金融政策，并率先探索政府管理模式改革的指定区域，形成可复制、可推广的经验，发挥示范带动、服务全国的积极作用，促进各地区共同发展。[①]

2013 年，中国设立自由贸易试验区，赋予其制度创新的核心任务，要求地方"大胆试大胆闯自主改"，建设以投资管理体制、贸易便利化、金融开放创新、政府职能转变、法治化建设为主要内容的制度创新体系。基本形成了"1+3+7+1+6+3"的自贸试验区方阵，形成了协调东中西、统筹南北方、覆盖沿海、统筹兼顾内陆的全方位开放格局。

作为中国改革开放的"制度试验田"，自贸试验区积累了一系列可复制推广的改革创新成果，率先建立了以准入前国民待遇和"负面清单"为核心的外商投资管理制度，以贸易便利化为出发点的贸易监管制度，以资本账户开放和金融业对外开放为目标的金融创新制度，以转变政府职能为核心的事中事后监管制度。这些自贸试验区与中国同其他 25 个国家和地区签署的自贸协定一起，形成了中国新时代促进开放的自贸区网络，有力地推进了中国扩大开放和以开放倒逼改革，进而促进创新，实现高质量发展。[②] 所以，中国的自由贸易试验区注重在内外贸、投融资、财政税务、金融创新、出入境等方面的制度创新。自由贸易试验区的核心定位是"先

---

① 沈云樵. 法域竞争与法律功能的再审视：中国（上海）自由贸易试验区如何创设争议解决机制？[J]. 中国矿业大学学报（社会科学版），2014，16（2）：36-40+73.

② 王旭阳. 中国自贸试验区发展态势制约因素与未来展望 [J]. 贸易经济，2020（3）：126-139.

行先试"，致力于建立一套与国际接轨的制度体系，以加快经济结构转型升级。①

（三）自由贸易港的规划

关于自由贸易港的概念，目前广为接受的说法是："设置于国家与地区境内、海关管理关卡之外，允许境外货物、资金自由进出的港口区。"着眼于概念层面，自由贸易港更加接近于完整意义上的自由贸易区（即按《京都公约》通行定义的FTZ），而与西方国家所谓的"自由港"有所区别。

2017年10月18日，党的十九大报告正式提出自由贸易港概念："要推动形成全面开放新格局，赋予自贸试验区更大改革自主权，探索建设自由贸易港"，"自由贸易港"一词才真正显性化。2018年4月13日，习近平总书记在海南明确提出"支持海南逐步探索、稳步推进中国特色自由贸易港建设，分步骤、分阶段建立自由贸易港政策和制度体系"②，自由贸易港自此成为当今中国的热度词汇之一。

中国特色自由贸易港是党中央部署未来改革开放的新平台，是自由贸易试验区进一步在深化改革和对外开放两大领域的重大升级。通过不断扩大对外开放来实现倒逼国内体制机制改革，从开放范围、领域、层次等全方位脱胎换骨，实现真正意义上的"境内关外"。其既具备并超越自由贸易试验区制度创新的终极优惠政策，又与国际上的自由贸易区有所不同。因此，中国特色自由贸易港的内涵接近于《京都公约》定义的自由贸易区，表层含义虽取自"自由港"，实则与之有本质区别，在其制度创新和全方位开放探索进程中，必将体现出鲜明的"中国特色"，并与人民币国际化进程统筹前进，摸索更加灵活的政策制度体系。③

---

① 张幼文.自贸区试验与开放型经济体制建设[J].学术月刊，2014（1）：11-19.

② 参见《中共中央国务院关于支持海南全面深化改革开放的指导意见》（中发〔2018〕12号）。

③ 李世杰，曹雪菲.论自由贸易区、自由贸易试验区与自由贸易港——内涵辨析、发展沿革及内在关联[J].南海学刊，2019（3）：28-41.

三、"一带一路"沿线国家的自由贸易园区制度概述

(一)欧盟自由区制度

欧盟自由区海关制度复杂的演进过程主要包括以下几个阶段:

第一阶段: 欧洲经济共同体协调成员国自由区制度的早期指令,这些指令中规定了在自由区的法律地位,在区内一般仅可对区内货物进行表面处理。

第二阶段: 欧共体首次对自由区制度进行统一区域立法。1988年欧共体的自由区与保税制度从协调性指令上升为统一的区域法,即1988年欧洲经济共同体理事会的自由区和保税仓库条例及其实施条例。此条例中明确规定,自由区处于关境之内。

第三阶段: 欧共体自由区制度走向高度统一化与法典化。1992年,欧共体制定了《欧共体海关法典》,并于1994年生效。《欧共体海关法典的实施条例》也随后颁布。这两项条例构成了当代欧盟海关法的基石,极大地统一了各成员国的海关制度。《欧共体海关法典》对自由区的设立、运营和货物的海关法律地位,以及区内货物可以进行的操作做出全面规定,确立当代欧盟自由区制度的主要内容。

第四阶段: 欧盟自由区制度走向现代化与简化。2008年4月23日,欧盟制定了《现代化海关法典》,是对既存的《欧共体海关法典》的现代化与简化。该法典对自由区制度进行了较大的修改。在2008年前,欧盟有Ⅰ型和Ⅱ型两类自由区,这两类自由区的设立、运营规则存在明显的差别。但《现代化海关法典》取消了Ⅱ型自由区制度。2016年,《欧盟海关法典》替代《现代化海关法典》,该法典对《现代化海关法典》中的自由区制度仅进行轻微的文学性修改。

《欧共体海关法典》将自由区制度视为一种规定货物海关法律地位的制度,该法典的第四节"自由区和保税仓库"对海关监管的特定保税区域和场所的设立、运营和货物的海关法律地位进行了规定。自由区的操作性规则和单证表格主要规定于欧共体的实施条例之中。实施条例的第五部分第一章"自由区和保税仓库"共三节内容,规定了Ⅰ型、Ⅱ型自由区和保

税仓库运作的细化规则。Ⅰ型自由区以功能综合与封闭监管为特点，Ⅱ型自由区以保税仓储为特点。①

《欧盟海关法典》自2016年5月1日起正式实施。《欧盟海关法典》与《京都公约修正案议定书》附件三中的《专项附约四海关仓库和自由区》的自由区定义同出一辙。后者的"自由区"系指一国的部分领土，在这部分领土内运入任何货物，就进口税及其他税费而言，被认为在关境以外。②

根据《欧盟海关法典》第243条的规定，第一，成员国应选择欧盟关境以内区域作为自由区，并且确定其进出地点；第二，成员国应当向欧盟委员会提交自由区运营的相关信息；第三，自由区实施封闭管理，周边区域及进出地点均应受到海关的监管；第四，自由区的人员、货物、运输工具进出均应受到海关监管。

《欧盟海关法典》第244条规定：首先，自由区内建筑物的建设应当得到海关事先授权，受到海关监管。究其原因，自由区属于封闭区域，自由区与周围未开发地区通常用三米高的围栏隔开，此处由海关缉私队监控。建筑房屋以及租地、租房均须经过海关批准；厂房及航道等针对不动产的发展及其使用均须在海关的宏观控制之下。其次，任何自由区内的工业活动、商业活动、服务活动均应受到海关法规制，得到海关许可和事先授权。事实上，未经海关批准，人员不得在自由区内居住，违反海关法规的人员禁止进入自由区和在区内工作。再次，海关可根据货物的性质、海关监管的标准以及安全保障需求对上述相关活动予以限制或禁止。最后，海关禁止无法提供遵守海关制度必要保证的人在自由区内开展活动。

《欧盟海关法典》第245条规定，存在以下情形的，应当向海关办理手续：如果货物自欧盟境外直接进入自由区，或者是在货物上一海关监管程序结束或核销后转为自由区程序监管，或者享有减免税待遇而置于自由

---

① 朱秋沅.欧盟自由区海关制度分析及对中国自贸区建设的启示[J].国际贸易，2014（5）：36-40+45.

② 王淑敏.保税港区法律制度研究[M].北京：知识产权出版社，2011：23.

区程序，或者除海关法以外的法律规定须履行此项手续。①

对自由区内的欧盟货物，《欧盟海关法典》第 5 条第 23 款作了规定，即欧盟货物可分为三类：原产地完全来自欧盟国家的货物；原产地虽未源自欧盟，但被准许进入欧盟关境内自由流动并办理了报关手续的货物；以上述货物为原材料、经加工生产而得到的升级货物。

《欧盟海关法典》第 153 条增补了关于进入自由区的欧盟货物的认定标准，即所有欧盟关境内的货物都被推定为欧盟货物，除非其非欧盟货物的地位已经被证实。在特定情形下，如果上述情形的推定不能适用，则需要相关人申请才可取得欧盟货物地位。不仅如此，尽管属于来自欧盟关境的货物，但如果符合以下情形，依然无法取得欧盟货物豁免监管的海关地位：第一，临时存放，属于临时性堆栈。第二，外部转关运输，即起运地或抵达地处于欧盟关境之外，但途经欧盟某一成员国境内，属于过境货物，不受进口关税、规费一般贸易政策措施的限制。第三，仓储监管，与第一种情形的区别在于时间不受限制。第四，暂时进口监管，主要包括影视合作的物资和器材、国际教育合作的仪器和设备等。第五，进料加工，即指自行购买原材料、元器件或零部件，按照自身需求设计加工装配成成品，再行出口销往国外市场。简言之，基于上述货物的特殊性质和最终用途尚未明朗，《欧盟海关法典》并未将其作为自由区的欧盟货物来对待。②

对自由区内的非欧盟货物，《欧盟海关法典》第 5 条第 24 款规定：非欧盟货物是指欧盟货物以外的货物或失去欧盟货物海关监管地位的货物。第一，存留于自由区内，可以自由流动，按照自由流动程序监管。例如，经非欧盟原产地进口，供个人使用或消费的货物，应当按照自由流动结关。第二，属于进料加工，暂时许可监管或者最终用途尚不清晰的货物，不享受自由区监管的待遇。

---

① Union Customs Code Official Journal Of the European Union，10，10，2013，L269/1，ariticle 245.

② Union Customs Code Official Journal Of the European Union，10，10，2013，L269/1，ariticle 153.

基于自由区的地位，货物自由出入该区域毋庸置疑，故《欧盟海关法典》第 248 条规定，在与除海关法以外的其他法律不相抵触的情形下，自由区内的货物可以出口或再出口的方式运出自由区，或者运至另一欧盟成员国关境境内。当货物由自由区运至欧盟关境内其他地区时，等同于非欧盟货物或监管状态未确定的货物，其货物的运输、单据的递交、卸货、检疫和临时存放均应处于海关监管之下。

对于货物的海关状态，依照《欧盟海关法典》第 249 条，如果区内的货物并非出口，而是运至另一欧盟成员国的关境，或是转置于另一海关程序，不应当享有自由区货物的待遇，而应按照非欧盟货物补征关税，除非其欧盟货物状态已经得到证实。

一旦货物从自由区向欧盟境外出口，在适用共同农业或共同贸易保护政策并执行相关的出口许可或出口管控措施的前提下，货物应当被认定为欧盟货物，除非其已经被证实确不具有欧盟货物海关状态。[1]

（二）欧亚经济联盟自由海关区制度

欧亚经济联盟的自由海关区海关制度是适用于外国货物（物品）和联盟货物（物品）的海关制度。依照该海关制度，这些货物（物品）不缴纳关税、进口环节税、保障措施关税、反倾销税和反补贴税，在自由经济区或者自由经济区一部分区域存放和使用。

该自由海关区制度规定：自由经济区的法人或个体经营者在自由经济区开展经营活动或其他活动，在区域内存放或使用的货物（物品）要置于自由海关区海关制度下；区域内成员国没有立法规定的联盟货物也应置于自由海关区制度下，但进口的货物除外；将货物、旅客或行李运输到自由经济区域的运输工具或者在自由经济区域运输的运输工具及其备用品，不须置于自由海关区海关制度下。

不是港口自由经济区或者物流自由经济区的法人或个体经营者，但与自由经济区内的法人或个体经营者签订提供货物仓储、装卸服务合同，为

---

[1] 王淑敏，李银澄.《欧盟海关法典》的自由区规制及对中国自由贸易港的启示 [J]. 海关法评论，2020（1）：323-332.

了在自由经济区内存放货物，也应置于自由海关区海关制度下。

置于自由海关区海关制度下的外国货物保持外国货物地位，置于自由海关区海关制度下的联盟货物保持联盟货物地位。置于自由海关区海关制度下的联盟货物及其制造的货物，以及没有置于自由海关区海关制度下的联盟货物及其制造的货物都应获得联盟货物地位。置于自由海关区海关制度下的外国货物制造的货物，以及置于自由海关区海关制度下外国货物和联盟货物制造的货物，应获得外国货物地位。

如果海关在建立自由经济区之前不能将其识别为位于自由经济区域的货物及其制造货物，或者将其视为进入自由经济区的货物及其制造的货物，为了将其运输到联盟关境外，都将这些货物视为联盟货物，且对这些货物不适用复进口海关制度。如果为了其他的目的，则将这些货物视为进入联盟关境的外国货物。

为了将这些货物从自由经济区运输到联盟关境其余部分，对于置于自由海关区海关制度下受到内部市场保护措施作用的外国货物应予以识别。如果不能够予以识别，则应从联盟关境运出。由海关可以识别的置于自由海关区海关制度下的零件、部件、组合机件等，为了从自由区域内运出，则被视为自由海关区海关制度下的货物。委员会有权规定不应置于自由海关区海关制度下的货物和货物种类的名录。

（三）东盟及其成员国相关制度

新加坡港拥有一个强大的枢纽网络，联系着世界上 250 多家船运公司和 123 个国家与地区的 600 多个港口，为货主提供多种航线选择。为吸引全世界销往亚太地区的货物集中于新加坡转运以及强化货物集散地功能，新加坡制定了《自由贸易园区法案》，对自贸区的定位、功能、管理体制、运作模式、优惠政策等进行了全面规定，并明确了自由贸易园区的主要监管部门和职责。同时，新加坡还针对关税减免等制定了《新加坡关税法》和《新加坡货物和服务税（消费税）法》，保障自由贸易园区各项政策的持续性和稳定性，保障投资者的合法权益。

东盟十国自由贸易园区异同点见表 3-5。

表3–5　东盟十国自由贸易园区异同点

国家	类型	管理机构	法律法规	税收优惠政策	海关	房产土地	移民/外商	许可证	其他	中外合作
新加坡	自由贸易园区	政府	《自由贸易园区法案》	宽松税收、税制简单、税负较低	一线放开，二线管住，区内自由				高效的货物通关制度	
菲律宾	特殊经济区（379）	经济区官署（PEZA）	1995年特殊经济区法	免除关税、所得税、课税和地方营业税	托运设备的非限制使用		外国投资者和家庭的永久居留权、雇用外国公民			
印度尼西亚	经济特区（10）	政府	2009年经济特区新法	所得税、增值税和奢侈品销售税的优惠	进入国内市场的进口税按照原产地书（SKA）的规定	建筑物使用权	外籍人士拥有房地产的优惠且可获得居留证	直接发出原则许可证和营业证书	旅游业优惠；削减建设税和娱乐税	
马来西亚	五大经济特区、18个自由工业区	联邦政府	《伊斯干达开发、自由区法》	可申请5~10年免缴所得税，产业园区免缴印花税、进口税及消费税		地价优惠			基础设施相对成熟	中马双边经贸合作：中马钦州产业园区、马中关丹产业园
文莱	工业区（8）	政府	经济区法规	11年免税、融资平台、享受东盟经济共同体的贸易税收政策		成本低廉	雇用外国劳动力		政府补贴	
柬埔寨	经济特区（45）	特别经济区委员会	《关于特别经济区设立和管理的148号法令》	免税利润税，免征进口税和其他赋税，关税、增值税优惠		可根据《土地法》取得国家土地特许，可将土地租赁给投资企业	外国人非歧视性待遇		所有人都有权将税后投资收入和工资转账至境外银行	

续 表

国家	类型	管理机构	法律法规	税收优惠政策	海关	房产土地	移民/外商	许可证	其他	中外合作
缅甸	经济特区（3）	政府	《缅甸经济特区法》《缅甸经济特区细则》	以免除所得税为主					对投资人在该特区内可从事的行业做了相关规定	
泰国	工业园区（57）、边境经济特区（10）	工业园管理局（IEAT）	《工业园机构法案》	税收优惠、原材料免税		可获得土地所有权	引进外国技术人员、专家来泰国工作		一条龙服务，如运输服务、仓库、培训中心和医疗服务	中泰企业合作建立了泰中罗勇工业园和泰国湖南工业园
越南	工业区（335）特别经济行政区（3）经济开发区、出口加工区	政府授权；工业区、经济区管委会	《特别经济—行政区法》	进出口税、企业所得税、个人所得税、进口关税		免土地租金15年	优先利用外资援助，鼓励外商以BOT、BT和BTO等方式参与基础设施建设		可获得国家投资信贷和出口信贷支持，提供征地和异地安置补偿	中资企业共建设五个工业园区，龙江工业区是中国国家级境外经贸合作区
老挝	经济开发区（12）	政府	《2011年至2020年老挝开发经济特区和专业经济区战略规划》						重点发展农副产品加工、机械制造、能源、物流、家电生产、纺织服装以及旅游休闲等产业	中老建立境外经贸合作区，2016年，中老双方共同签署《中老磨憨－磨丁经济合作区建设总体规划》，设立了新希望老挝有限公司

1. 相同点

东盟十国经济特区虽然各自称呼不同，但都是为了吸引外资，促进自身经济的发展。管理机构大部分都由政府监管，且都颁布了各自的法律法规，都有对关税、企业所得税、进出口税等做出优惠政策。印度尼西亚、马来西亚、文莱、柬埔寨、泰国、越南等国家都对土地也做出了减免租金的优惠政策。

2. 不同点

（1）新加坡自贸区在吸引外资、优惠力度、自身改革等方面发展较好。新加坡拥有高效的通关制度，提供一站式服务和设立单一窗口。

（2）菲律宾目前共有 379 个各类经济区，是东盟国家中经济特区数量最多、类型最多的国家，主要包括工业园区、出口加工区、自由贸易区、旅游经济区、IT 园区等。

（3）印度尼西亚经济特区管理员可以直接发出原则许可证和营业证书；从开始申请直至发出许可证的时间最长为 3 个小时；提供许可证方面和非许可证方面的服务列表；可以通过经济特区管理员申请提供许可证方面和非许可证方面的服务。

（4）马来西亚、泰国、越南、老挝等国家都与中国进行合作，其中马来西亚、泰国与越南都与中国建立工业园区，中国农业龙头企业新希望集团入驻老挝园区，设立了新希望老挝有限公司。老挝还与中国签订了《中老磨憨－磨丁经济合作区建设总体规划》。

（5）老挝开发区将重点发展农副产品加工、林木加工、机械制造、能源、物流、家电生产、纺织服装以及旅游休闲等产业。目前，开发区首期已经完成"六通一平（水、路、电、气、通信、有线电视、土地平整）"等基础设施建设，主要涉及清洁能源、农畜产品加工、电力产品制造、饲料加工、烟草加工、建材科技、物流仓储等。

（四）南亚国家相关制度

南亚国家自由贸易园区异同点见表 3-6。

表 3-6　南亚国家自由贸易园区异同点

国家	类型	管理机构	法律法规	税收优惠政策	海关	房产土地	移民/外商	许可证	其他	中外（其他）合作
印度	特殊经济区（173）	政府	《特殊经济区（SEZ）法》	无须缴纳关税、服务税、利润免税	一站式服务	土地四分之三可用于其他目的		无须获得许可或特定批准	100% 的外商直接投资，外汇管制灵活	无

续 表

国家	类型	管理机构	法律法规	税收优惠政策	海关	房产土地	移民/外商	许可证	其他	中外（其他）合作
巴基斯坦	特殊经济区、出口加工区（21）	政府、出口加工区管理局	《2012年特殊经济区法》	免征所得税，对区内资本品的进口采取一次性免税		面积最小50英亩，无最大面积限制			外汇管制规定不适用于出口加工区	无
孟加拉国	出口加工区（8）	出口加工区管理局	《1980年出口加工区管理法》《1996年孟加拉国私人出口加工区管理法》	减免税期5~10年，可享普惠制待遇、免税进口建筑原材料等	单一窗口通关服务	租用土地厂房	享受最惠国待遇，开设非居民外币存款账户	签发工作许可	外资100%控股，投资额无限制，可享受离岸金融服务	中孟两国就在吉大港地区建立工业园区签署了谅解备忘录
斯里兰卡	特殊经济区（173）	政府	无	出口产品可享受5年的免税政策，允许利润自由汇出	一站式服务，帮助清关	在租地方面给予信息支持				其他国家和国际组织在斯里兰卡有援建的工业园区
阿富汗	工业园区（3）	政府	无							无
马尔代夫	经济特区（3）	政府、投资委员会	《经济特区法案》							
尼泊尔	经济特区（11）、工业园区（14）	政府、经济特区管理局	《2016年经济特区法》《经济特区条例》	所得税折扣、红利税、关税减免、增值税优惠	一站式窗口	土地或房屋租赁折扣	允许外国投资者通过商业银行进行外币交易	需要取得许可证	允许私营企业建设、运营及管理经济特区	工业园区大都由印度、美国、德国和荷兰援建，且基础设施完备

1. 相同点

南亚国家除印度、巴基斯坦、尼泊尔外，剩余国家都处在初步的发展阶段。经济特区都由政府监管，大部分国家都对法律、税收、土地等给予优惠政策。

2. 不同点

（1）巴基斯坦设立的出口加工区管理局（EPZA）是巴基斯坦政府的合资企业，旨在增加和改善该国的出口。它的主要目标是通过为投资者创造有利的环境来在该地区发起雄心勃勃的出口导向型项目，从而加速该国的工业化步伐并增加出口量，这必然会创造就业机会，引进新技术，并吸引外国直接投资（FDI）。巴基斯坦设有卡拉奇出口加工区等。

（2）孟加拉国与外国展开合作较多，也是南亚唯一一个与中国进行合作的国家。2014年，中孟两国就在吉大港地区建立工业园区签署了谅解备忘录，目前，相关项目正在积极落实中。此外，孟加拉国已与韩国合作，在吉大港建设了一个韩国经济区，并与日本和印度积极协商合作建设经济区有关问题。

（3）斯里兰卡与印度是南亚地区经济特区数量最多的国家，并且斯里兰卡与尼泊尔接受其他国家的援建。

（4）斯里兰卡与阿富汗尚未对经济特区出台相关的法律法规，阿富汗有关园区内出现企业抱怨水、电、路、气等基础设施问题。

（5）马尔代夫与斯里兰卡经济特区内的基础设施建设不完善，发展问题较多，并且没有对税收、土地等出台优惠政策，也没有与其他国家进行合作。

（五）中亚国家相关制度

中亚国家自由贸易园区异同点见表3-7。

表3-7 中亚国家自由贸易园区异同点

国家	类型	管理机构	法律法规	税收优惠政策	海关	房产土地	移民/外商	许可证	其他	中外（其他）合作
塔吉克斯坦	自由经济区（4）	政府	《塔吉克斯坦共和国自由经济区法》	免征关税、个人所得税、除社会税外的所有税收，只征收增值税	设立海关保税区，电子申报、"单一窗口"改革	土地租金为1美元/（平方米·年）	外国企业、自然人的经营利润和工资可以自由汇出，并且不缴纳税金	有进出口许可，有限制进出口商品	在区内从事供水、供电、排水等业务不征收增值税及其他税收	无
吉尔吉斯斯坦	自由经济区（4）	政府	《自由经济区法》	免缴进出口关税及其他税费；区内的货物免征增值税、消费税及其他税费			区内的产品在出口到吉尔吉斯斯坦境外时不受其出口配额和许可证的限制。有进出口许可			比什凯克自由经济区有来自中国、土耳其等多个国家和企业参与注册和生产，是欧亚经济联盟成员国之一
乌兹别克斯坦	自由经济区（25）	政府	《乌兹别克斯坦共和国自由经济区法》等	对直接投资30万~300万美元，3年免缴土地税、所得税、法人财产税、社会基础设施改造和发展税、统一税，大多数进口商品关税税率约为30%	从国外进口原料、物资和零部件免征关税（海关手续费除外）		乌兹别克斯坦与土库曼斯坦之间按两国确定的清单实行一定程度上的自由贸易	有进出口许可；禁止出口许可	区内可流通外汇，即允许以外汇结算和支付	吉扎克自由经济区和锡尔河自由经济区

续 表

国家	类型	管理机构	法律法规	税收优惠政策	海关	房产土地	移民/外商	许可证	其他	中外（其他）合作
土库曼斯坦	自由经济区（1）	政府	《自由经济区法》	免缴增值税、财产税、利润税，大多数进口商品关税税率为2%，出口商品关税税率为5%	免征海关手续费	土地租赁费优惠及符合条件免缴	对外国投资者的财产进行投保、外国公民和无国籍人士无须按土法律要求申请在土境内劳务许可，不受土法律规定的1:9用工比例限制，可根据移民局规定简化居留注册程序	免缴注册费和许可证办理费、交易所合同注册费、标准认证费等，有进口许可	自由经济区参与者有权在区内开设本币和外币账户，自由支取本币和外币，账户资金使用不受限制；区内允许本币和外币同时流通并可以本币自由兑换外币	《土库曼斯坦－欧盟贸易协定》；与格鲁吉亚签有双边自由贸易协定。

1. 相同点

中亚国家都统称为自由经济区，都由政府监管，都相应出台了各自的自由经济区法，都对税收给予优惠政策如关税、进出口税等。

2. 不同点

（1）吉尔吉斯斯坦和乌兹别克斯坦都与中国有合作关系。吉尔吉斯斯坦有来自中国、土耳其、印度、伊朗、沙特等23个国家和地区的80余家企业，乌兹别克斯坦由中国企业参与建设，其中鹏盛工业园还是中国国家级境外经济贸易合作区，享受两国政府提供的优惠政策。

（2）乌兹别克斯坦是中亚国家中拥有自由经济区数量最多的国家，并且在区内规定可流通外汇，即允许以外汇结算和支付。

（六）西亚国家相关制度

西亚国家自由贸易园区异同点见表3-8。

表3-8　西亚国家自由贸易园区异同点

国家	类型	管理机构	法律法规	税收优惠政策	海关	房产土地	移民/外商	许可证	其他	中外（其他）合作
阿联酋	自由贸易及经济特区	酋长国		免征企业所得税、个人所得税及进出口关税		完善的厂房及仓储设施	无股比限制，外资可100%控股		允许收入及利润100%汇回本国，股东责任仅限于实收股本	迪拜国际金融中心（DIFC），中国工商银行、中国银行等已先后入驻DIFC
阿曼	杜库姆经济特区	政府		进出口商品免税	一站式服务	土地租赁优惠	取得营业许可和环境许可等证件		电价、水价、有关公司注册、贸易便利	中国、印度等国家的企业在社区开展投资，建立中国—阿曼产业园工业园区
巴林	工业区（9）	政府		免除原材料进口税、免征公司所得税（至少10年）	"一站式"服务大厅	实行土地租金低收费政策			100%资本汇回	
卡塔尔	自由区（2）	自由区管理委员会	2005年34号法令	优惠20年内免征企业所得税；区内免征进口关税		优惠地价			100%外资股权投资，无资金汇出限制	无

续　表

国家	类型	管理机构	法律法规	税收优惠政策	海关	房产土地	移民/外商	许可证	其他	中外（其他）合作
黎巴嫩	自由区	政府	《海关法》	免除关税、公司营业税和外国职员收入所得税，免除出口产品的增值税和消费税	注册登记一条龙服务	允许长期租用土地、低租金	允许外商独资		免除工人工资预提税金和社保费	无
沙特阿拉伯	工业区	经济城委员会（ECA）	无	免进口关税		租购房屋土地可享较低价格和长期固定的租金，可申请获得土地使用权	允许设立外商独资企业，所有企业可享受国民待遇		政府采购将倾向于本国制造的产品；回撤资金无严格限制，工业优惠电价	无
土耳其	自由经济区	政府	自由经济区法	免缴任何税费，包括收入税、公司税和增值税、个人所得税	从国外向自由经济区购买产品时不征收任何关税		对外汇不进行管制	有进口许可证，限制进出口许可	区内使用的货币可以是土耳其中央银行受理的任何一种可自由兑换的货币	土耳其已先后与欧盟、以色列、格鲁吉亚等二十余个国家和地区达成了双边自由贸易协定，但尚未与中国达成双边自由贸易协定

续 表

国家	类型	管理机构	法律法规	税收优惠政策	海关	房产土地	移民/外商	许可证	其他	中外（其他）合作
也门	亚丁自由区	政府	《自由区法》	减免包括贸易税、生产税和收入税			外资企业有100%的所有权，可100%使用外籍员工		没有货币限制，资本和利润可自由转移	无
伊朗	贸易—工业自由区（8）、特别经济区（34）	政府	《自由贸易区投资条例》《海关法》《进出口法》	出口部分产品至区外免税，免征所得税、关税减免	建设过境通道，减免各种关税以及简化金融手续		外商投资比例达100%，资本股息不限制，外币转移不限制、豁免关税、免入境签证	免费签发施工许可证，有禁止进出口许可，将进口货物分为四等：授全权的、有条件授权的、未授权的、禁止的	个人或公司可以注册并拥有公司100%的所有权，资本和利润完全自由地流入和流出	建设有中伊汽车工业园区、伊朗与委内瑞拉签署了自由贸易协定
伊拉克	自由贸易区（4）	自由贸易区管理局	自由贸易区法	免除区内一切工商业、服务税费	享有贸易通关便利化措施				规定银行、保险和再保险业务、武器制造、环境污染为禁止的活动	无
以色列	开发区、工业区	以色列经济部		5%~16%的企业所得税优惠					政府提供水、通电、修路和安装照明设施、通信和其他服务等	无

续 表

国家	类型	管理机构	法律法规	税收优惠政策	海关	房产土地	移民/外商	许可证	其他	中外（其他）合作
约旦	经济特区	亚喀巴特区管委会	经济特区法	免征关税、所得税减免		免征土地税和房产税	允许100%的外资所有权，雇用外籍劳工的比例可放宽至70%		依托区位优势发展工业、仓储和运输服务、旅游休闲产业	无
叙利亚	米苏腊塔自由贸易区、自由区	政府		对项目及其收入免征所有税收和费用	对区内的过境货物免征除劳务费以外的所有关税和课税			项目或投资不需进出口登记和商业注册	除法律允许外，不得查封、扣押项目及投资人的财物，允许将资产或项目转用其他投资	无

1. 相同点

西亚国家设立的经济特区大都由政府监管，都对税收做出减免或优惠政策，主要包括关税、企业所得税、个人所得税等。大部分国家渴望吸引外资的意愿较强，对外商的优惠力度较大，像约旦、阿联酋、黎巴嫩、也门、伊朗等都允许外商100%的所有权/独资。

2. 不同点

（1）阿曼、巴林、黎巴嫩推行一站式服务，注重缩短时间，提高办事效率。

（2）阿联酋、阿曼、伊朗三个国家是西亚与中国开展合作的国家，中国银行加入迪拜国际金融中心（DIFC），中国与阿曼建立中国—阿曼产业园工业园区，中国与伊朗建立汽车工业园区。

（3）伊朗是西亚国家自贸区类型最多也是数量最多的国家，主要有贸易 – 工业自由区、特别经济区和工业园区，其中工业园区的数量已建立1000多家。

（4）以色列政府通过建立工业区实施政府的产业布局，支持经济相对落后地区发展工业，分散人口，促进就业。以色列的工业区主要由经济部负责，其主要职责是根据国家的地区发展政策提出工业区发展的建议、确定工业区建设地点，实施建设计划建立工业区并在工业区安置人口及进行工业区建成后的管理。以色列政府主要负责工业区的基础设施，其中包括供水、通电、修路和安装照明设施提供通信和其他服务等。

（5）沙特阿拉伯、伊拉克、以色列、约旦等国家的主要监管部门不是政府，沙特阿拉伯主要由经济城委员会监管，伊拉克主要由自由贸易区管理局监管，以色列由以色列经济部监管，约旦由亚喀巴特区管委会监管。

（6）约旦的特区管委会下辖亚喀巴发展公司，实行公私合营。其拥有亚喀巴港口、机场和战略规划用地的所有权，并负责当地基础设施、公共事业及其他资产的开发和管理。同时，利用区位优势发展重点产业，如工业、仓储和运输服务、旅游休闲产业等。

（7）叙利亚自贸区则对区内各种禁止活动规定得较为明确，规定除非得到法律允许或法院判决，否则不得查封扣押项目及投资人的财物，不得对其活动予以干涉；对其资产不得国有化，不得扣押，不得没收、冻结其财产，不得对其施加心理影响。如依法对其采取上述措施，应给予公正的补偿。

（8）土耳其的贸易开放程度较高，贸易伙伴遍布世界各地，土耳其对区内货币也无限制。

四、"一带一路"沿线国家（地区）的自由贸易园区制度比较与述评

"一带一路"沿线国家（地区）自由贸易园区制度比较见表3-9。

表3-9 "一带一路"沿线国家（地区）自由贸易园区制度比较

国家（地区）	类型	管理机构	法律法规	税收优惠政策	海关	房产土地	移民/外商	许可证	中外（其他）合作	其他
欧盟	自由区	欧委会	《欧盟海关法典》	实现关税同盟，制定"财政协调战略"，对进口产品和本地产品征收相同增值税和消费税，欧盟制定并提倡统一税率（15%），制订《增值税改革行动计划》	共同海关税则，实行自主关税，暂停征收和配额制度。实施非优惠原产地规则和优惠原产地规则	须经海关批准	欧盟同美国、加拿大、日本、俄罗斯等国都签署了关于欧盟双边竞争领域合作的协议	须经海关当局批准	中欧签署《贸易与经济合作协定》，与欧盟所有成员国都签署了双边避免双重征税协定、《中欧合作2020战略规划》	欧盟自由区内欧盟货物与非欧盟货物的规定
欧亚经济联盟	海关自由区	欧亚经济委员会	《欧亚经济联盟条约》《海关法典》	不缴纳关税、进口环节税、保障措施关税、反倾销税反补贴税	置于海关监管制度下		同东盟、非盟等地区一体化组织签订合作备忘录	统一许可	联盟与中国签署了《中国与欧亚经济联盟经贸合作协定》	自由海关区制度规定外国货物和联盟货物
东盟	东盟自贸区	东盟委员会	《海关发展战略计划》《东盟货物贸易协定》	削减或取消进口关税、取消关税配额、消除非关税贸易壁垒	要求集装箱通关时间不超过30分钟，按照国际标准实行电子化程序，减少清关手续，降低清关费用		RCEP谈判：东盟国家、中国、日本、韩国、澳大利亚、新西兰、印度参与谈判，外资流入东盟接近一半的外资流向新加坡。外资来源主要是美国、日本、欧盟、中国	明确进口许可程序	《中华人民共和国与东南亚国家联盟关于修订〈中国-东盟全面经济合作框架协议〉及项下部分协议的议定书》	《相互认证安排框架协议》关于电气及电子产业和化妆品产业统一标准和技术法规；电器产业有了58个统一标准

续 表

国家（地区）	类型	管理机构	法律法规	税收优惠政策	海关	房产土地	移民/外商	许可证	中外（其他）合作	其他
南亚	特殊经济区	各国政府	尚未统一	免征关税，减免所得税	一站式服务	土地折扣或优惠	政策宽松，允许交易	较少规定	有中国或其他国家共建、援建经济区	对外放宽，外资100%控股
中亚	自由经济区	各国政府	尚未统一	免缴进出口关税、所得税、增值税	免征关税	土地租金优惠	外资企业经营利润可自由汇出，没有限制	较少规定	有中国或他国企业到区内生产的情况	对外限制少，区内可流通外汇
西亚	工业区、自由区	各国政府	尚未统一	免缴或减免关税、进出口商品税、所得税	过关手续简化，一站式服务	土地租赁优惠和低收费	允许100%的外资所有权，100%外商独资	较少规定	有中国参与工业合作情况，但合作较少	100%资本汇回，区内无外汇、资金限制

（一）相同点

由表 3-9 我们可得："一带一路"沿线国家的自由贸易园区制度总体上都在不断地完善和发展，其中有很多的相同点。

1. 监督管理机构

"一带一路"沿线国家大都由联盟委员会或者政府监管。

2. 税收优惠政策

都对关税、个人所得税、企业所得税实施免征或减免，欧盟实施统一税率、实现关税同盟，欧亚经济联盟不缴纳关税、进出口环节税、反倾销税、反补贴税，东盟则取消进出口关税、关税配额。

3. 海关制度规定

欧盟自由区规定欧盟货物与非欧盟货物，欧亚经济联盟自由海关区规定外国货物与联盟货物，东盟自贸区签署了相互认证协议。

4. 对外合作排他性

南亚、中亚、西亚政府对与其他国家及国际组织的对外合作与交流较少。各国选择的对外贸易伙伴的地域特征明显，集中在中西亚地区，有一定排他性。各国参与频次最高的组织、贸易协定的成员国重合度非常高，主要集中在中亚、西亚地区。各国积极发展彼此间贸易，相互给予优惠政策，降低交易成本，变相地排斥其他地区国家的加入和竞争。最突出的例子为欧亚经济联盟，该联盟中有三个成员国是"一带一路"沿线国，联盟形成后，各国间对内开放关境，取消关税，实行简便的贸易管理程序，对外则设定较高的统一关税税率和较严格的管制政策，大大降低了其他国家出口商品的竞争力。中国也是受负面影响较为明显的国家之一，联盟的成立或多或少地减弱了中国与中亚国家间的地区协同优势。这种具有排斥性和封闭性的贸易伙伴选择方式不利于"一带一路"沿线各国的经济发展。

（二）不同点

1. 法律法规不健全

南亚、中亚、西亚国家监管机构大都为政府，法律也由各自政府颁布，但是法律法规体系不健全，有些国家如斯里兰卡、巴林等尚未颁布经济特区法规，海关管理法规的稳定性、规范性较差，易形成隐性贸易壁垒。例如，乌兹别克斯坦、伊朗、土库曼斯坦等国在配额和许可证件管理方面赋予政策制定部门较大自主权，允许权力部门根据国情修改配额许可规定，保护本国产品，抵挡进口商品冲击。综合上述表现，可以认为，南亚、中亚、西亚等部分国家海关管理法规的稳定性、规范性均较差，不利于对外贸易的持续健康发展。究其原因，首先，大部分国家是在苏联解体后获得主权的，此后的二十余年间忙于巩固国家主权、处理内乱，地理位置又相对封闭，经济发展尤其是对外贸易发展相对落后，海关管理规定大部分未能实现与国际接轨；其次，这部分国家大多不受权威国际组织和国际公约的约束，修改法律法规的主要出发点是本国利益，政策制定随意性较强。海关管理法规的不稳定与不规范将给进出口商带来负担，增加货物通关时间和通关成本，不利于对外贸易的繁荣，同时将使各国海关进行国际交流与合作时遭遇较多阻碍。

2. 对外限制少

中西亚国家因其贸易园区发展相对落后，都希望大力招商引资，利用自身区位发展优势，促进自由贸易园区重点产业的发展，所以对外政策相对宽松，允许外资 100% 所有权，对外汇、货币没有限制等。

3. 海关效率低

南亚、中亚、西亚政府对海关的相关法律地位与规定说明较少、较模糊。存在着海关管理及通关效率较低、跨境贸易较不便利、边境管理耗费较多时间与成本的问题。信息自动化技术在边境管理中的应用仍不成熟，单一窗口、电子报关等现代化便利通关程序还未发挥出巨大作用。

4. 基础设施欠缺

大部分国家基础设施老旧、公路铁路运输不畅，不能适应现代化运输行业需要；通信、网络技术开发应用不足，未能为海关等政府部门现代化管理系统的建立提供强有力的技术支撑。

5. 地理位置闭塞

大部分国家地理位置较为闭塞，对外贸易管理规定严格、政策多变。国际交流不足，缺少与世界其他地区国家的贸易往来，进一步恶化较封闭的状态，不利于接受新工艺、引进新技术。

6. 总体发展

东盟与欧盟结盟时间早、发展水平高，各种法律文件规章制度较为健全，成员国也较多。相比较而言，欧亚经济联盟结盟时间晚，发展水平较低，各种法律文件规章制度还仍处在不断改善阶段，成员国较少。与中亚、西亚国家相比较，南亚国家自由贸易园区发展更好，自由贸易园区的类型和数量最多，西亚其次，中亚最低。西亚国家相比中亚、南亚国家而言，对房产土地的优惠政策、对基础设施水电费政策、产业发展等制度规定更多、更全面一点。

第四节 "一带一路"沿线国家的跨境电商海关通关制度

一、跨境电商发展实践

跨境电商是跨境电子商务的简称，是指不同国家或地区间的交易双方

（个人或企业）通过互联网及其相关信息平台实现的各种商务活动。跨境电子商务借助电子商务平台，能够让不在同一国家地区的主体达成交易，完成跨境支付，并通过跨境物流，完成货物运达。

（一）跨境电商的特点

跨境电商同时具备互联网和国际贸易的部分属性，其主要特点如下：

1. 直接性

与传统国际贸易相比，跨境电商免去了前者模式下商品需要经过层层分销商经销最终才能抵达消费者手中的诸多环节。通过一个统一的平台，消费者与企业能够直接对接，消费者选好商品后由卖方进行发货，避开了传统模式下经销商的分薄利润，实现不同国别地区的企业与消费者直接交易。

2. 信息传递速度快，且能同步变化

跨境电商的特点之一是信息的即时性，指信息传递即刻能达，依靠互联网的便利，在跨境电商平台上，许多信息公开透明，卖方可以发布商品信息数据，买方能够即时查看商品详情、评价等。当已购消费者对商品进行评价时，其他潜在买方能够同步查看新增评价，获得参考信息。当价格发生变化时也能迅速更新。消费者下单后，商品的销量能够同步变化，且能够及时与商家进行交流沟通。

3. 实体商品或服务数据化

跨境电商是电子商务的扩展，继承了电子商务的这一特性。传统的国际贸易往往需要卖方先行邮寄样品供买方考察，而通过数据化将商品信息和服务信息详尽地展现出来，这就使实体的商品、卖方资质等都以数据化的信号信息体现在平台上。此外，跨境电商也具备服务数据化这一特点，目前跨境电商不仅交易实体产品，也提供无形服务，例如跨境教学、知识产品等。简单来说，可以通过平台购买别国或其他地区的产品，使消费者摆脱了只能依赖境内机构的局限，同时能更好地为消费者提供服务。

4. 风险性

虽然跨境电商有着许多便利性，但是其中仍然有许多风险。第一，跨境电商交易产品往往价值不那么高，一旦发生纠纷和欺诈，想要维权保障自身利益付出的代价可能要远远超出商品价值，得不偿失，因此存在交易风险；第二，跨境支付仍然会受到国际金融汇率波动等的影响，会造成消费者和卖方的金融风险；第三，跨境物流的复杂性要强于境内物流，而且路途遥远也会出现一些难以避免的不可抗力，使得交易双方受到物流风险；第四，不同国家和地区的信用体系的发展程度不一，交易双方的信用监管力度同样可能不同，例如卖方提供稍次的商品，买方避免麻烦不进行退换货，仅以评论来进行维权，但是当这种损失对于商家来说能够轻松承受时，商家便缺乏动力去给予买方相应反馈。

5. 复杂多样性

跨境电商中企业与企业之间、企业与消费者之间、消费者之间都存在交易信用，也有诸多种类和体量的平台，而且商品的种类众多涵盖各个行业，还有诸多个人作为交易方参与进来，需求种类丰富，这些都是其多样性的表现。而且在多种多样的情况下，不同国别和地区的文化律法制度等因素也决定了跨境电商的复杂性。这就需要从事跨境电商的企业深入了解目标市场的特性，并很好地体现其复杂性。

（二）跨境电商的分类

根据交易主体、平台经营商品品类、商品流动方式的不同，跨境电商可以作如下分类。

1. 按交易主体分类

交易主体大致有企业、个人、政府这三类，再结合买方和卖方属性，又可以将电子商务分为多种，主要以 B2B、B2C、B2G、C2C 来划分，但在跨境电商中政府参与的交易十分少见，于是跨境电商按此种方法划分为 B2B、B2C、C2C。

2. 根据主要经营的商品种类分类

根据跨境电商平台主要经营的商品种类的不同可分为垂直型电商平台、综合型电商平台。其中，垂直型电商平台是指专注于某些特定的领域或某种特定的需求，提供该领域或该需求专业化信息与服务的平台。综合型电商是一个与垂直型电商相对应的概念，它追求的是满足全方位、全品类的绝大多数市场中的需求，平台中的商品种类繁多，涉及多种行业，能够满足大部分人群的需求，如速卖通、亚马逊等。

3.根据商品流动性分类

跨境电商的交易方来自不同国家和地区，商品流动简单可分为进口和出口，因此按照商品的流动可分为跨境进口电商、跨境出口电商。一般来说，跨境进口电商就是消费者在平台上购买来自其他国家地区的商品，进行一笔完整的交易的同时也会完成一次进口交易流程；与此相反，跨境出口电商也就是本国的卖家或供应商在平台上发布产品信息，外国消费者下单付款，卖家发货后商品随即运输、通关抵达消费者手中，最后进行售后服务等，即进行一次出口交易的流程。一般而言，跨境电商平台出口和进口交易同时存在，有时出口大于进口。例如，在中俄速卖通平台里，中国卖家出口产品给俄罗斯境内消费者的比例要远远高于进口。

二、中国的跨境电商海关通关制度

中国跨境电商兴起于 2003 年前后，很大程度上受益于 Amazon 和 eBay 的海外扩张。目前，中国国内的电子商务交易活动、交易过程在互联网平台上进行。卖方在第三方平台描述商品，买家则通过图片文字了解商品，网上下单，通过第三方支付工具如支付宝等进行支付。中国跨境电商具有下单数量多、每单金额小、数量少的特点，通过国内物流体系运输送达物品，较传统贸易更为便捷，成本更低。

中国跨境电商逐年发展。自"一带一路"倡议实施以来，加上国家促进出口的政策，在"十二五"期间，中国电商企业贸易的总出口额远高于总进口额。近年来，进出口这一比值逐渐升高，进口总额占总贸易额的比例也不断增大，从 2012 年的 11.80% 增长至 2016 年的 17.92%，四年时间增加了 6 个多百分点。截至 2017 年 6 月，跨境电商完成了 3.6 亿元的交易规模。其中，进口总额为 0.86 亿元，占比为 23.9%；出口总额为 2.75 亿元，占比为 76.4%。

中国电子商务交易模式结构主要分为 B2B 和 B2C 两种。长期以来，B2B 一直占据主要位置，其成交额远远超过 B2C。近年来，随着电子商务逐渐进入大众的视野，通过网上交易的消费者越来越多，B2C 交易额也逐年增加，市场占比逐渐扩大，说明中国产品正在逐渐被广大国外消费者所接受，海外市场前景广阔。2016 年，B2C 交易额占比已升至 11.30%。

中国海关对跨境贸易电子商务商品的进出境管理，分为物品和货物两类，并根据其进出境运输方式，适用不同的申报方式。

（1）对于 B2B 模式下的进出口货物，适用一般货物的通关程序。

（2）对于 B2C 和 C2C 模式下的进出境货物、物品，以快件形式进出境的跨境贸易电子商务商品，根据海关确定的进出境目的，分别适用进出境快件和进出境快件个人物品申报方式；以邮件方式进出境的跨境贸易电子商务商品，根据进出境目的，分为商业性邮件和个人邮寄物品两大类，分别适用货物和物品两种通关程序。

（3）电子商务企业或个人通过经海关认可并且与海关联网的电子商务交易平台，分别适用货物或物品的申报方式。

三、"一带一路"沿线国家的跨境电商通关制度概述

目前，"一带一路"沿线国家普遍缺乏对跨境电商的通关做出专门性的制度性规定，多数国家仍处于制度探索起草的阶段，其中 WCO 的《跨境电商标准框架》提供了重要的指导，例如提前的信息交换、专业化的风险管理。现就相关国家跨境电商通关制度进行简要介绍。

（一）白俄罗斯

白俄罗斯跨境电商适用邮政和快递的通关制度。相关规定表示，自然人在一个月内可以收到不超过 22 欧元、重量不超过 10 千克的免税国际邮政物品。否则，国际邮件收件人须按货物完税价格的 30% 缴纳关税（但每千克不低于 4 欧元），并缴纳 5 欧元的关税。国际邮件经海关放行后（含预估关税，如有需要）寄往收件人居住地，收件人无须去海关。采用快递运输的，收件人应当自行或者由海关代表向海关提交报关单。白俄罗斯海关总署启动了一项试点项目，对价值低于 22 欧元的快递物品进行自动清关，前提是这些物品由报关行申报，该过程不涉及海关人员的参与。

根据 2010 年《关于国际邮寄货物海关业务特殊性协定》的规定，国际

邮递物品到达关税联盟关税地区及（或）离开该地区时，承运人提供的有关运输货物的资料，应当限于万国邮政联盟所确定的单证和运输过程中所附的国际邮递物品的资料。在将国际邮寄物品和（或）国际邮寄货物置于海关过境海关程序下时，需以书面或电子形式提交过境报关单，其中包括寄件人、国际邮政物收件人、出发国、国际邮政目地国、承运人、运输工具、邮政寄发号码、总重量、包裹之数、计划的转运商品或货物运输业务等。

（二）泰国

泰国现无专门的跨境电商海关制度，目前仍适用现有的快递和邮政海关制度。根据《东部经济走廊自由区电子商务货物进出口海关程序》（海关通知第 204/2562 号），电商经营者可享受储存在自由区货物的 2 年进口免税特权，及从自由区进口到该国的货物的 14 天延期缴纳进口税。另外，《陆运快递货物的海关通关程序》（Customs Procedure for Express Land Consignment）适用于经由陆路边境进口 / 出口的小批货物。

根据《陆运快递货物的海关通关程序》这一特殊海关程序，货物分为以下三类：

第 1 类——非应纳税文件：这一类包括根据海关关税令 B.E.2530 第二部分不征收关税和税款的文件，不包括任何被禁止或限制的项目。

第 2 类——非应纳税货物：这一类包括根据海关关税令 B.E.2530 第二部分不征收关税和税款的货物，不包括任何被禁止或限制的项目。具体为：① CIF 价值不超过 1500 泰铢，且根据海关关税令 B.E.2530 第四部分第 12 目免除适用税费的货物，不包括任何被禁止或限制的项目。②无商业价值的贸易样品，根据海关关税法令 B.E.2530 第四部分第 14 品目免除适用税费，不包括任何被禁止或限制的项目。

第 3 类——通过海关机场进口的应纳税货物，根据航空货运单，其中 FOB 价值不超过 40000 泰铢。禁止或限制使用的货物以及需要样品分析的货物不包括在内。

海关快递进口程序要求快递承运人在飞机抵达前至少 2 个小时向海关电子系统提交预先电子数据，以便进行风险管理和便利进口。

根据邮递货物的海关通关程序，邮寄到泰国的货物分为三类：

第 1 类——免税货物，即通过邮寄方式进口且海关价值（包括运费和保险费）不超过 1500 泰铢的货物或仅用于展览、不属于禁止或限制货物、无商业价值的样品。这类货物将交给泰国邮政有限公司分发给收件人。

第 2 类——应税货物，即通过国际邮政进口的货物。这类货物由发件人/发货人同时发送给收件人/收货人，无论包裹数量如何，FOB 价值均不超过 40000 泰铢。此类货物不得为禁止或限制货物，或在放行前需要进行样品分析的货物。对于此类货物，海关官员在将其交给泰国邮政有限公司之前计算完税价格以及关税和税费，泰国邮政有限公司负责将货物分发给收件人，并代表泰国海关部门征收关税和税费。在这种情况下，收件人将收到一份通知，说明如何以及在何处收取货物并支付此类关税和税款。

第 3 类——未归入第 1 类和第 2 类的其他货物。根据具体情况，此类货物将移交至泰国邮政有限公司或海关局/海关存放。收货人将收到通知，指示他/她在邮政海关服务处或指定的海关局/海关提取货物/缴纳关税和税款。第 3 类货物的海关手续可分为两类：①FOB 值超过 40000 泰铢的货物，无论数量如何，收货人都必须以电子方式准备进口报关单并提交给泰国海关电子系统。②FOB 价值低于 40000 泰铢的货物，收货人无须以电子方式准备和提交进口报关单，海关将在同一海关办事处计算完税价格以及关税和税费。

特别需要注意的内容包括：①低价值类（价值低于或等于 CIF 1500 泰铢）的货物将在货物到达后立即解除海关监管，一些被中央或地方部门选中的商品将在 30 分钟内被检查并放行。②经陆路边境、空运和东部经济走廊电子商务自由贸易区进口的快件，运营商须在货物到达前 2 个小时内向海关计算机系统提交到货前舱单，海关官员须在 1 个小时内将电子数据反馈给运营商，以通知其装运情况以及需要海关检查的项目（邮政运输不需要预先提供电子数据）。

泰国对于邮政和快递运输存在两种税收和关税收入征收方法：

（1）基于买方/消费者的收款：这种收款方式用于买方/消费者自行负责纳税的邮政运输。海关将计算税款，并将货物交给泰国邮政有限公司，泰国邮政有限公司负责将货物分发给收件人，并代表泰国海关部门征收关税和税费。

（2）中间收款：这种收款方式用于快递货物和电子商务平台供应商进口到自由区的电商货物。对于快递货物，快递经营者有义务在货物到达时向海关预先缴纳税款，随后向收货人收取税款。对于电商平台供应商进口到自由区的电子商务货物，一旦货物从自由区运出进入泰国，电商平台供应商有责任为居住在泰国的买家/消费者向海关纳税。

（三）印度

UNIDO 在对印度跨境电商发展的报告中，认为印度政府需要通过有针对性的海关、税收和市场准入措施，进一步简化和加快电子商务货物的清关。这些措施可包括：①为低值项目制定少量协调关税代码。②简化低价值货物处理的新规则，包括为低价值/低风险货物建立基线最低限度阈值。③允许在抵达前以电子方式提交海关文件的规定，以允许自动风险评估、到达前处理和立即放行/清关。④鼓励使用电子支付方式缴纳关税的规定。⑤政府应建立海关和关税应用程序和编程接口，可纳入任何电子商务网站。⑥简化退货流程、原产地证书和退税程序的措施。⑦授权就关税和税收的任何适用待遇做出预先裁决的规定。⑧通过围绕基于账户的定期付款提供多种选择，简化关税征收的法律，确保海关和其他监管机构获取的数据的安全和受限使用的法律。这些规定应侧重于商业世界中数据的捕获和传输方式。⑨为"值得信赖的电子商务托运人"建立全球一致的计划，包括海关便利化。⑩制定透明度规则，提供 MSME 在线销售所需的信息，包括认证/许可、注册和标准要求。⑪为电子商务服务提供商建立市场准入和国家承诺，包括零售、在线平台、运输、物流、仓储、交付、电子支付和其他相关服务。⑫鼓励政府机构和私营部门之间共享信息，以更好地管理贸易合规性。

综合来看，各国跨境电商通关制度的共同点主要体现在：第一，各国跨境电商通关制度主要适用于邮政和快递或者一般货物的通关制度。但邮政部门通常不具备以电子方式交换信息的必要机制，可能导致效率低下，阻碍了电子商务和数字海关的发展。第二，各国海关法修订的早晚有别，关于跨境电商的通关在基本法律层面都未提及，政策层次普遍不高。

第四章

"一带一路"沿线国家进出口检验检疫制度

第一节 "一带一路"沿线国家的动植物检疫制度

一、进出境动植物检疫概述

进出境检验检疫是指政府行政部门以法律、行政行规、国际惯例或进口国法规要求为准则，对出入境货物、交通工具、人员及其他事项等进行管理及认证，并提供官方检验证明、民间检验公证和鉴定完毕的全部活动。

中国的进出境检验检疫制度起源于 20 世纪初，新中国成立后，进出境动植物检验检疫机构逐步建立，具体的功能也得到了全面完善。1965 年，经国务院批准，在 27 个口岸设立了动植物检疫所，具体的检验检疫范围也从贸易型的农牧产品扩展到非贸易型的动植物及动植物产品，强化了中国进出境动植物检疫检验工作。

改革开放后，中国的进出境动植物检验检疫工作得到了飞速的发展。1978 年，农林部植物检疫试验所成立。1980 年，口岸动植物检疫工作逐步恢复。1981 年 9 月，中国成立了动植物检疫总所。1982 年 6 月，国务院颁布了《进出口动植物检疫条例》，当时该条例被统一称为"外检条例"。1991 年，第七届全国人民代表大会中，通过了《中华人民共和国进出境动植物检疫法》。1994 年，经国务院批准在原动植物检疫总所的基础上，成立了国家动植物检疫总局。1996 年 12 月，制定《中华人民共和国进出境动植物检疫法实施条例》。直至 1998 年，全国范围内的口岸动植物检疫机构已经超过 300 所，相关的动植物检疫工作人员近 5000 人次，并在 1998 年成立了国家出入境检验检疫总局。2001 年，成立国家质量监督检验检疫总局。2018 年，国家质量监督检验检疫总局并入海关总署。

随着国际贸易的持续发展和全球人员流动的加剧，世界各国为了适应食品安全新形势的需求、确保动植物相关的生产安全、保护人体健康和生态安全、促进对外贸易，越来越重视本国检疫技术的发展，对动植物的疫情和安全卫生要求越来越多，不断地完善动植物检疫体系及其法律法规。

二、中国的进出口检疫情况介绍

（一）基本情况

2018 年，原国家质检总局的出入境检验检疫管理职责和队伍划入海关总署。自此，海关总署动植物检疫司开始全面负责承担出入境动植物及其产品、转基因生物及其产品、生物物种资源的检验检疫、监督管理工作，同时，也负责拟订出入境检验检疫工作制度。

法律方面，动植物检验检疫涉及的法律主要有两部，分别为《中华人民共和国进出口商品检验法》《中华人民共和国进出境动植物检疫法》，两部法律对检验检疫机关的职权范围、进出境检验检疫的具体流程以及禁止进出境商品目录做了规定。其中，中国法律规定的禁止进出口物品包括：①动植物病原体（包括菌种、毒种等）、害虫及其他有害生物；②动植物疫情流行的国家和地区的有关动植物、动植物产品和其他检疫物；③动物尸体；④土壤。

（二）管理流程

中国动植物检疫管理工作主要可以分为两个方面：一是对进出境（过境）动植物及其产品、其他检疫物进行检验检疫，二是对进出境动植物产品生产加工存放过程进行检疫监督。

1. 进出境（过境）动植物及其产品、其他检疫物检验检疫

（1）进境检疫

进境检疫流程如图 4-1 所示。

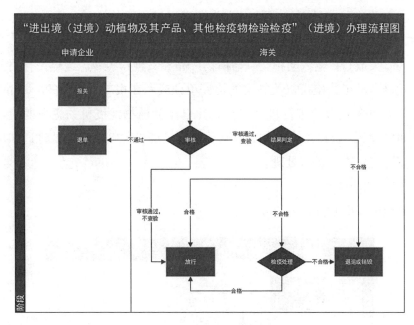

图 4-1　进境检疫流程图

进境检疫大致分为三步：

①企业申报：企业通过"互联网＋海关"一体化办事平台，提交所需材料，向隶属海关进行申报，具体材料见表 4-1。

表 4-1　进境检疫申报材料

材料名称	适用范围
进境动植物检疫许可证	新鲜水果、粮食等需要审批的植物及植物产品等
引进种子、苗木审批单或引进林木种子苗木和其他繁殖材料检疫审批单	种子、苗木和繁殖材料
输出国家或地区官方植物检疫证书	必备
农业转基因生物安全证书	转基因产品
产地证书	必备
贸易合同或信用证及发票	必备
代理报关委托书	代理报关

资料来源：海关总署。

②海关查验：针对检疫物，海关在进境口岸实施查验，对于口岸有限制的，运送至海关指定地点查验。

③海关放行：输入动植物、动植物产品和其他检疫物，经检疫合格的，海关凭口岸动植物检疫机关签发的检疫单证或者在报单上加盖的印章验放；对于调离海关监管区进行检疫的，关凭口岸动植物检疫机关签发的检疫调离通知单验放。检疫不合格的，口岸动植物检疫机关签发检疫处理通知单，并通知货主对物品进行处理。

（2）出境检疫

出境检疫流程如图4-2所示。

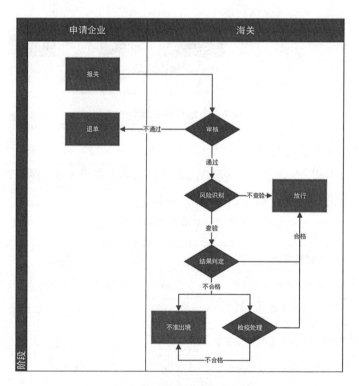

图4-2　出境检疫流程图

出境检疫在流程上与进境检疫基本一致，增加了风险识别的流程，对于低风险货物存在不查验放行的可能，同时对企业应当进行重新报检的情形做出了规定，具体包括：①更改输入国家或者地区，更改后的输入国家或者地区又有不同检疫要求的；②改换包装或者原未拼装后来拼装的；③超过检疫规定有效期的。

（3）过境检疫

过境检疫流程如图 4-3 所示。

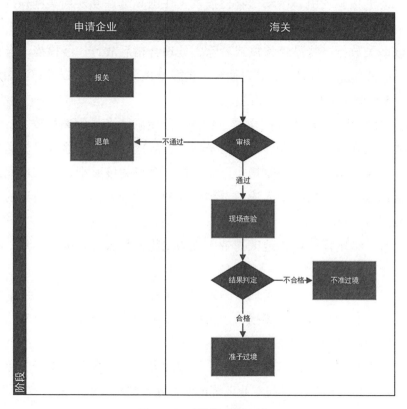

图 4-3　过境检疫流程图

①企业申报：对于运输动物过境的，需事先征得海关同意；运输动植物、动植物产品和其他检疫物过境的，由承运人或者押运人持货运单和输出国家或者地区政府动植物检疫机关出具的检疫证书，在进境时向海关报检，出境口岸不再检疫。

②海关检疫、放行：对过境植物、动植物产品和其他检疫物，海关将检查运输工具或者包装，经检疫合格的，准予过境。

（4）携带、邮寄物检疫

①申报：在禁止携带、邮寄进境的动植物、动植物产品和其他检疫物的名录之外的物品，进境时向海关申报并接受检疫。携带动物进境的，必须持有输出国家或者地区的检疫证书等证件。

②海关检验：由口岸动植物检疫机关在国际邮件互换局实施检疫，必要时可以取回口岸动植物检疫机关检疫；未经检疫不得运输。

③海关放行：物品经检疫或者除害处理合格后放行；经检疫不合格又无有效方法作除害处理的，做退回或者销毁处理，并签发检疫处理通知单。

（5）对于宠物入境检疫的特别要求

A．本要求：携带入境的宠物应在海关指定的隔离场隔离检疫30天（截留期限计入在内）。需隔离检疫的宠物应当从建设有隔离检疫设施的口岸入境。海关对隔离检疫的宠物实行监督检查。海关按照指定国家或地区和非指定国家或地区对携带入境的宠物实施分类管理，具有以下情形的宠物免于隔离检疫：

①来自指定国家或者地区携带入境的宠物，具有有效电子芯片，经现场检疫合格的。

②来自非指定国家或者地区的宠物，具有有效电子芯片，提供采信实验室出具的狂犬病抗体检测报告（抗体滴度或免疫抗体量须在 0.5IU/ml 以上）并经现场检疫合格的。

③携带宠物属于导盲犬、导听犬、搜救犬的，具有有效电子芯片，携带人提供相应使用者证明和专业训练证明并经现场检疫合格的。

B．来自指定国家或地区的宠物。

①指定国家或地区包括：新西兰、澳大利亚、斐济、法属波利尼西亚、美国夏威夷、美国关岛、牙买加、冰岛、英国、爱尔兰、列支敦士登、塞浦路斯、葡萄牙、瑞典、瑞士、日本、新加坡、中国香港、中国澳门。

②来自上述国家或地区携带入境的宠物，应提供有效的输出国家或地区官方出具的检疫证书和疫苗接种证书，并植入有效电子芯片，经现场检疫合格后，予以放行。

③无须隔离检疫的宠物可通过任何口岸入境。需要隔离检疫的宠物仅

在具备隔离检疫条件的口岸允许携带入境。需要隔离检疫的宠物从不具备隔离检疫条件的非指定口岸携带入境的，做限期退回或销毁处理。

④对于无法提供官方检疫证书或疫苗接种证书的宠物，做限期退回或销毁处理。

⑤宠物须在抵境之前14日内，接受输出国家或地区官方机构进行的动物卫生临床检查，确保没有感染《中华人民共和国进境动物检疫疫病名录》中所列包括狂犬病在内的相关动物传染病、寄生虫病。

⑥中国海关对携带入境、来自指定国家或地区宠物的现场检疫内容主要包括核验官方检疫证书、芯片和现场临床检查。

⑦现场临床检查发现具有动物传染病、寄生虫病症状的宠物，应进行隔离检疫。

C．来自非指定国家或地区的宠物。

①非指定国家或地区是指除前文所列国家或地区以外的所有国家或地区。

②来自非指定国家或地区的宠物，应提供官方检疫证书、疫苗接种证书、中国海关采信检测结果的实验室出具的狂犬病抗体检测报告（抗体滴度或免疫抗体量须在0.5IU/ml以上），并植入有芯片，经现场检疫合格后，予以放行。

③无须隔离检疫的宠物可通过任何口岸入境。需要隔离检疫的宠物仅在具备隔离检疫条件的口岸允许携带入境。需要隔离检疫的宠物从不具备隔离检疫条件的非指定口岸携带入境的，做退回或销毁处理。

④对于无法提供官方检疫证书或疫苗接种证书的宠物，做退回或销毁处理。对于出现无法提供中国海关采信检测结果实验室出具的狂犬病抗体检测报告或未植入芯片情况中的一种或两种（包括无法提供或提供材料不合格）的宠物，做隔离检疫30天处理。

⑤宠物植入的芯片须符合国际标准ISO 11784和11785。15位微芯片代码只包含数字，并确保可被读写器读取。如芯片不符合上述标准，应自备可以读取所植入芯片的读写器。

⑥宠物接受注射的疫苗应为灭活病毒疫苗或重组/改良疫苗，不应为

活病毒疫苗。

⑦狂犬病抗体滴度检测的采血日期应不早于第2次狂犬病疫苗接种（可同一天或晚于）。狂犬病抗体滴度检测的有效期为自采血日起一年内（注：宠物接受狂犬病疫苗接种后，在有效期内再次接种疫苗的，狂犬病抗体滴度检测的结果持续有效）。

⑧宠物必须在"狂犬病疫苗接种的有效期间"和"狂犬病抗体检测的有效期间"内抵境。

⑨宠物须在抵境之前14日内，接受输出国家或地区官方机构进行的动物卫生临床检查，确保没有感染《中华人民共和国进境动物检疫疫病名录》中所列包括狂犬病在内的相关动物传染病、寄生虫病。

⑩宠物随附的官方检疫证书必须包括以下内容：宠物资料（包括出生日期或年龄）；植入芯片的编号、日期和植入部位；狂犬病疫苗接种时间和有效期，疫苗的种类（非活性疫苗或者重组型疫苗）、疫苗的品名、制造公司名；狂犬病抗体滴度检测采血年月日、检测机构名、抗体滴度结果；动物卫生临床检查结果与日期。以上内容不能出现修改痕迹。如果证书存在任何缺陷，宠物将做退回或销毁处理。

⑪中国海关对携带入境、来自非指定国家或地区宠物的现场检疫内容主要包括：核验官方检疫证书、疫苗接种证书、狂犬病抗体滴度检测结果、芯片和现场临床检查。

⑫现场临床检查发现具有动物传染病、寄生虫病症状的宠物，应做隔离检疫处理。

2. 进出境动植物产品生产加工存放过程进行检疫监督

目前而言，中国主要对以下几种物品的检疫监督做出了规定，要求企业向海关进行申请备案，进行备案管理，包括：进口毛燕加工、进境中药材存放加工、进境肠衣加工、进境Ⅰ级风险饲料原料存放生产加工、进境动物遗传物质存放使用、进境非食用动物产品存放加工、进境粮食存放加工。具体流程如下：

（1）企业申请：企业通过"互联网＋海关"一体化办事平台，提交所需材料，向直属海关进行申报。

（2）海关受理：直属海关收到材料后进行审查，受理后进行现场评估，对于评估通过的企业，上报海关总署进行备案。

（3）信息公开：海关总署公布指定企业名单。

三、"一带一路"沿线国家的进出口检疫制度概述

以下从基本情况和管理流程两个角度，对相关国家或地区进出口检疫制度进行详述。

（一）新加坡

新加坡由国家公园委员会（National Parks Board，NParks）负责进出境动植物检疫事项。国家公园委员会是新加坡动物健康和福利以及植物健康的主导机构，动物和兽医服务是 NParks 内的重要组成部分，是动物相关问题的主要接触窗口，也是动物相关问题的主管机构。通过创造有利的环境，提高兽医和动物行业的标准，促进与行业的合作，以提高新加坡的动物健康和福利标准。

1. 植物

（1）相关证书与要求

植物入境新加坡，需要下列相关证书：出口国签发的植物检疫证书、NParks 签发的 CITES[①] 进口许可证（CITES 保护物种）、NParks 签发的进口许可证。除此之外，必须满足 NParks 规定的植物卫生要求，包括入境后检验、检疫和取样。

①植物检疫证书。进口植物材料需要植物检疫证书，因为它证明植物或植物产品符合进口国的现行植物检疫要求。本证书通常由植物和植物产品原产国的农业主管部门或国家植物保护组织（NPPO）颁发。

②植物健康要求。在进入新加坡之前，以下植物和植物产品有特殊的进口卫生检疫要求：香蕉、木薯、柑橘、可可、椰子、咖啡、棉花、油棕、

---

① CITES: the Convention on International Trade in Endangered Species of Wild Fauna and Flora,《濒危野生动植物种国际贸易公约》。

兰花、玉米、菠萝、大米、橡胶、甘蔗、茶叶、新鲜水果、蔬菜、鲜花和其他植物制品、苗木、盆栽植物、种子、蘑菇卵和组织培养苗、土壤、泥炭藓和植物源有机肥、重要农业昆虫和微生物、转基因植物、新鲜或干燥标本。

③ NParks 签发的进口许可证。所有进口的植物都需要 NParks 签发的进口许可证。进口许可证，也称为货物清关许可证，可通过新加坡海关系统申请，每份价格 11 新元。在许可证被批准之前，必须满足所有进口健康要求，许可证有效期为两周。在申报单中，需要提供相应的 HS 代码和产品代码。

（2）基本流程

①进境前准备：申请相应的许可证，同时利用海关平台进行进口 / 出口申报，需要进口的应当提前预约边检。

②到达后通关：对相关证件、证明核验后放行，需要检疫的则移交机场检疫机构。

（3）违规情况

如果出现以下情况，移民和关卡事务局（ICA）或新加坡海关官员将对携带植物进行扣留：

①没有提供植物检疫证书或 CITES 许可证（对于 CITES 列出的物种）

②从西马来西亚进口超过三种非 CITES 植物或超过 250 克符合植物检疫证书豁免条件的种子。旅客如果从西马来西亚携带少量植物和种植材料入境，则无须获得植物检疫证书。具体而言，植物，每人可以携带三株未列入《濒危物种国际贸易公约》的植物，不含盆栽植物；种子，每人可以携带 250 克入境。任何超过上述数量的植物及植物产品，或者从世界其他地方进口植物和植物产品，则需要申请植物检疫证书。

（4）种植材料入境要求

未列入 CITES 的切花而不使用盆栽培养基，除了需要 NParks 签发的进口许可证，还要由 NParks 进行入境后检查（由新加坡自行决定）。同时，如果从以下国家和地区引进切花，需要植物检疫证书，证明切花不存在管制害虫：安圭拉、安提瓜和巴布达、阿鲁巴、巴巴多斯、伯利兹、玻利维亚、博内尔、巴西、开曼群岛、哥伦比亚、哥斯达黎加、古巴、库拉索岛、多米尼加、厄瓜多尔、萨尔瓦多等。

表 4-2　列入 CITES 的切花而不使用盆栽培养基

种类	要求
CITES 列出的野生物种的切花 （附录 I 中列出的除外）	1. 出口国签发的 CITES 出口 / 再出口许可证 2.NParks 签发的进口许可证 3. 由出口国签发的植物检疫证书（适用于从南美洲热带国家进口的附加处理 / 实验室试验认可的产品）
CITES 列出的用于人工繁殖的切花	1. 出口国的 CITES 出口 / 再出口许可证，或人工繁殖证书，以证明植物已人工繁殖 2. 由出口国签发的植物检疫证书（适用于从南美洲热带国家进口的附加处理 / 实验室试验认可的产品） 3. 满足 NParks 的植物检疫要求，包括检验、检疫和取样 4.CITES 进口许可证（仅适用于 CITES 附录 I 物种）

（5）观赏性植物和枝叶入境要求

A. 引进未列入 CITES 的物种。除了需要 NParks 签发的进口许可证和由出口国签发的植物检疫证书，检疫证书还需要声明生长培养基不含寄生线虫，并注明盆栽培养基经过以下处理或经历以下处理之一：① 3% 呋喃丹颗粒；②每立方米 130 克的溴甲烷熏蒸 48 小时；③种植前，在 121℃下蒸汽灭菌 30 分钟。植物在入境后也要接受 NParks 的检查。

B. 寻求预先批准。从下列国家或地区引进观赏植物，需要预先批准：

安圭拉、安提瓜和巴布达、阿鲁巴、巴巴多斯、伯利兹、玻利维亚、博内尔、巴西、开曼群岛、哥伦比亚、哥斯达黎加、古巴、库拉索岛、多米尼加、厄瓜多尔、萨尔瓦多等。

从上述国家或地区引进观赏植物，还必须出示植物检疫证书，确认该植物没有受管制的有害生物（小青霉），并背书该植物已经过恰当的消毒辣处理。

（6）盆栽介质和肥料的入境要求

A.堆肥或有机肥料。使用来自植物、植物产品、动物和动物产品的堆肥或有机肥料，需要获得NParks的书面预先批准。对于进口植物源有机肥料必须通过NParks的风险分析。为了进行进口风险分析，需要向NParks提供以下信息：所用植物材料的信息、与这些植物材料有关的地方性病虫害清单、肥料制造过程。

B.土壤。从非南美热带国家引进土壤，必须满足以下要求：①土壤必须装在最大重量为2.5千克的透气袋中。②从出口国取得植物检疫证书，应注明：土壤不含植物寄生线虫，或经测试不含植物寄生线虫；土壤已采用以下措施之一进行处理：干热、蒸汽。

（7）参与生物安全保障安排（BSAA）

在允许进口以下植物和植物产品之前，需要获得生物安全许可和批准。

①重要农业昆虫和微生物的进口。进口对农业有重要意义的昆虫和微生物，必须参加NParks的生物安全保证安排（BSAA），同时需要预先获得NParks的批准。

②进口转基因生物。在进口转基因生物之前，进口商必须获得新加坡转基因咨询委员会（GMAC）的推荐信。

2.动物

携带动物入境的，分为两个层次：一是对于宠物类（大多为猫狗）的进出境管理，二是其他动物（主要包括例如马类、装饰鸟鱼类、实验室用动物、野生濒危动物等）。二者在所需证件上大致相同，基本需要是疫苗接种证书、兽医健康许可证、AVS进口许可证。

（1）携带宠物猫狗进境

A.入境前准备。

①确定出口国家或地区狂犬病风险类别。出口国家或地区根据其狂犬病风险状况进行分类，来自不同国家或地区类别的宠物猫狗受到不同兽医条件的限制，这些条件包括送动物去接种疫苗、验血和寄生虫治疗等。这一分类可能会发生变化，因此需要相关人员在临近进口日期时查看Nparks网站，了解每个国家或地区狂犬病风险状况的最新信息。

②确保进口的宠物狗或猫的品种在新加坡是允许的。新加坡不允许进口的宠物狗品种包括：斗牛犬、秋田犬、那不勒斯獒等。确保宠物狗或猫在居住地是被允许的。

③宠物狗或猫接种狂犬病疫苗，做血清测试。来自 B、C 或 D 类[①] 国家的狗和猫在抵达新加坡时必须已经接种了有效的狂犬病疫苗，并附有疫苗接种记录。这些狗和猫也必须在上述疫苗接种后至少 30 天采集血样并测试狂犬病抗体水平。抗体水平必须至少为 0.5 IU/ml。请确保在每次兽医检查或接种疫苗时，必须对狗或猫进行扫描，并在所有文件中记录微芯片编号。

④其他疫苗的接种。犬只必须接种有效的犬瘟热、犬肝炎和犬细小病毒感染疫苗，并提供疫苗接种记录。猫必须接种有效的猫流感疫苗（猫杯状病毒和猫病毒性鼻气管炎）和猫肠炎疫苗（即猫泛白细胞减少症/猫细小病毒），并提供疫苗接种记录。需要确保在所有疫苗接种记录中注明狗或猫的微芯片编号。

⑤预约现场检疫。进口狗或猫需要在预计抵达新加坡前至少三个月，通过检疫管理系统（QMS）预定现场检疫的时间。来自 C 类或 D 类国家的猫狗抵达新加坡后，必须在森巴旺动物检疫站（SAQS）进行检疫。同时，来自 C 类国家的猫狗必须隔离 10 天（C1 类）或 30 天（C2 类），而 D 类国家的猫狗必须隔离至少 30 天。来自 A 类或 B 类国家的猫狗不需要接受检疫，只要符合所有进口健康安全条件，并且动物到达后显示临床健康。

⑥在申请进口许可证前先取得宠物相关证件。对于进口宠物狗的，必须先取得狗牌照，然后再申请进口许可证。

⑦为宠物狗或猫预约检查。在宠物到达前五天或更早的时间，通过智能食品批准和安全跟踪系统（iFAST）为预约落地检查。

---

① 国家分类具体见：https://www.nparks.gov.sg/avs/pets/bringing-animals-into-singapore-and-exporting/bringing-in-and-transshipping-dogs-and-cats/preparing-to-bring-dogs-and-cats-into-singapore.

B. 入境时的检查程序。

①抵达新加坡后，你的宠物将在边境检查站接受兽医检查。空客归属樟宜机场动植物检疫站，路运入境归属大士检查站。

②如果宠物不需要检疫，你的宠物将在检查合格后放行。如果你的宠物需要隔离，AVS（动物兽医协会）将把宠物送到森巴旺动物检疫站。宠物在检疫期结束后将被解除检疫。

（2）小型哺乳动物进口

兔子、老鼠、仓鼠、沙鼠、豚鼠和栗鼠等小型哺乳动物可以作为宠物饲养而进出口或者转运。

A. 确保动物符合我们的兽医进口条件。宠物主人必须从出生起，或在进口到新加坡之前的六个月内，将他们的小型哺乳动物作为宠物持续饲养。自 2017 年 6 月 1 日起，直接从饲养者和农场进口的小型哺乳动物的个人进口商需要遵守以下要求：

①动物随附的兽医健康证明应当符合"商业托运"的条件，不得符合"私人宠物"的条件。

②动物应在森巴旺动物检疫站接受 2 周的到货后检疫。小型哺乳动物的进口商必须在检疫管理系统（QMS）在线进行检疫预约。

③小型哺乳动物的进口商必须在申请进口许可证时提交一份经签署并注明日期的声明书，声明这些动物将作为私人宠物进口，不得用于销售或商业目的。

B. 预约检疫：所有小型哺乳动物抵达新加坡后必须隔离两周。

C. 申请通关文件：AVS 签发的进口许可证，新加坡海关许可

D. 获得兽医健康证书：每批进口小型哺乳动物必须附有由出口国政府兽医当局或注册兽医签署的兽医健康证书。

E. 预约边检：所有抵达新加坡的小型哺乳动物必须在边境管制办公室（樟宜动植物检疫站或大士检查站）接受检查。

（3）野生动物、濒危动物进口

①获得 CITES 出口或再出口许可证。此步骤仅适用于进口 CITES 所列动物。从相关 CITES 管理机构或出口国相关机构获得 CITES 出口或再出口

许可证。申请 AVS 签发的 CITES 进口许可证需要此许可证。附录 III 物种的例外情况：如果从一个没有列入濒危动物名单的国家进口列入 CITES 附录 III 的动物，则只需要一份由 CITES 管理当局或出口国有关当局签发的原产地证书。

②获得 AVS 颁发的 CITES 进口许可证。此步骤仅适用于进口 CITES 所列动物。向 AVS 至少提前一周进行申请，同时需要提交 CITES 出口或再出口许可证。

③进行线上申报。作为个人物品，则无须执行此步骤。对于非随身携带（not imported viahand-carry）的个人物品，仍然需要 CITES 许可证，同时通过新加坡海关网站进行线上申报。

④申请 AVS 签发的进口许可证：自签之日起三十日内有效。

⑤获得兽医健康证书：每批野生动物必须附有一份兽医健康证明，确认符合兽医进口条件。证书必须由出口国政府兽医当局签署。

（4）昆虫和其他无脊椎动物 / 微生物

无脊椎动物包括所有活的环节动物（如蚯蚓）、节肢动物（如昆虫、螨虫）和软体动物（如蜗牛、蛞蝓）。新加坡当局监管的重要农业无脊椎动物分为两类：农业害虫与非农业害虫。农业害虫是指如果管理不当，会直接影响植物健康的无脊椎动物，例如蟋蟀、蚱蜢和蚕。非农业害虫是不直接影响或不直接影响植物健康的无脊椎动物，例如蜈蚣和蝎子。

微生物包括植物病原菌、真菌、线虫、病毒和任何其他与植物有关的微生物。

A. 获得书面批准。所有无脊椎动物的进口都需要 AVS 的书面批准。通过提交以下信息以便 AVS 进行风险分析，而后签发书面批准，主要包括：进口目的、进口数量、生物体的技术细节，即学名（达到种级）、供应来源、生活史、生存的最佳温度、食物范围的性质和类型。

B. 提供生物安全措施保证。如果新加坡官方认定预期进口为农业害虫，则要从进口方获取必要保证，保证进口将采取必要的生物安全措施。若是一个定期进口商（即每 12 个月申请一次以上），参与生物安全保证安排（BSAA）是提供该保证的一种方式。①获得 AVS 颁发的进口许可证。②

安排进口检验：书面批准将表明来货是否需要在入境港检验。③AVS对生物安全措施的稽查。

书面批准将表明进口商经营场所是否需要进行审计，以及审计的频率。一般来说，参加BSAA的正规进口商每年将接受三次对其实施的生物安全措施的审计，临时实施生物安全措施的临时进口商可在其场所接受定期审计。

（二）俄罗斯

俄罗斯联邦兽医与植物卫生监督局负责对动物与植物检疫、植物保护、流通农药和农用化学品安全领域的检查和监督，确保农业、人类和动物的安全。俄罗斯联邦兽医与植物卫生监督局隶属于俄罗斯联邦农业部，由中央机关、64个直属联邦兽医与植物卫生监督局、联邦兽医与植物卫生监督局所属科研所、联邦兽医与植物卫生监督局所属兽医实验室、联邦兽医与植物卫生监督局所属技术中心、边境检疫站、联邦国有企业、各联邦主体兽医局组成。

1. 动物产品检疫制度

根据俄罗斯联邦法律规定，只有加工、处理、储藏设施经俄联邦兽医和植物卫生监督局检查并准许的出口企业生产的肉类产品方可出口至俄罗斯，并且相关检查费用由出口企业承担。

2. 植物检疫制度

《俄罗斯联邦植物检疫法》规定了其应当检疫的范围，包括检疫产品与应检疫对象两类。应检疫产品包括植物、植物源性产品、包装材料、包装容器、土壤或可促使有害生物传播的其他载体；应检疫对象包括可能会在俄罗斯联邦境内造成传播的用于任何目的的土地、建筑物、楼房、建筑工地、建筑设施、贮藏器、库房、交通工具等。

根据《俄罗斯联邦植物检疫法》规定，进口商应在进口货物离开出口国前获得俄联邦兽医和植物卫生监督局签发的进口植物检疫许可证。货物到达时，俄检疫机关将对进口植物和承载工具进行检疫，检疫合格后，将签发检疫证书和俄罗斯植物检疫证明书。获得证书后，货物方可办理通关手续进口至俄罗斯。

（三）欧盟

在单一市场内，欧盟建立了协调一致的检验检疫法规和标准体系以及统一的海关制度，但检验检疫和海关查验的职能仍由各成员国负责实施。欧盟的动植物检疫管理工作由欧盟食品安全保护局完成。

在欧盟层面，欧盟理事会拥有基本法规制定和最终决策权，包括制定动植物检疫基本法和决议重大检疫问题；欧盟委员会是执行机构，具体组织实施各项检疫工作，包括基本法实施细则的制定、经费预算、签署各项检疫协定等；欧洲食品安全局（EFSA）负责对第三国的官方监管体系进行实地评估和出口企业的统一登记，向欧盟成员国提供技术和信息支持，EFSA还负责协调风险评估、提供科技建议、收集并发布科技数据。欧盟各成员国依据检疫法的要求，由专门的国家植物检疫机构统一执行各项检疫政策、管理本国的检验检疫事务。

1. 植物检疫

（1）法律法规

2016年10月，欧洲议会和理事会通过了《关于植物有害生物保护措施的法规》（《植物健康法》）。这些规则构成了欧盟植物健康制度，该制度自1977年开始实施，并于2013年5月由欧盟委员会进行了全面审查。新规定旨在使植物卫生制度现代化，加强保护欧盟领土及其植物。它们还旨在确保安全贸易，以及减轻气候变化对作物和森林健康的影响。以下不同的利益相关者将受益于这种新方法

①市民：更好地保护景观和森林，公共和私人绿地，减少农药的使用。

②种植者和农民：更简单和更透明的文件（植物护照），更好地保护他们的生产，为防治害虫提供更多的财政支持。

③其他经营者：普通经营者名册，统一追溯。

④公共当局：欧盟为实施监测和根除/遏制措施提供财政支持。

管制植物：自2019年12月14日起，所有植物（包括组成部分）都需要附有植物检疫证书才能进入欧盟，除非实施条例中免于遵守此一般要求（无须附有植物检疫证书）的部分。从2019年12月14日起，免除携带植物检疫证书义务的植物名单包括：菠萝、椰子、榴莲、香蕉和枣。

高风险植物：《植物健康法》加强了对从第三国进口的新害虫的预防。2018/2019 年欧盟委员会实施条例（EU）确定了高风险植物清单，自 2019 年 12 月 14 日起，在进行全面风险评估之前，将暂时禁止进入欧盟领土。

欧盟内贸易：植物在欧盟内的移动规定相对简单，主要包括在生长季节和收获后立即在生产地进行生产控制和检查；正式生产者注册；一旦工厂、产品和其他物品通过欧盟的所有检查，则发放植物护照。

欧盟与第三方贸易：进入欧盟的植物、植物产品和其他物体必须持有植物检疫证书，以保证它们得到适当检查；无检疫性有害生物，在规定的非检疫性有害生物要求范围内，几乎无其他有害生物；符合欧盟法规（EU）2019/2072 中规定的工厂健康要求。

植物检疫证书由出口国的国家植物保护当局颁发，一旦进入欧盟，植物护照可以取代进口植物、植物产品和其他物品的植物检疫证书。

（2）例外规定

①菠萝、香蕉、椰子、榴莲和大枣五种水果的进口无需植物检疫证书。

②用于试验或科学目的或品种选择工作的植物、植物产品或其他物体，需要根据法规（EU）2019/829 签发授权书。

③来自瑞士或列支敦士登的植物、水果、蔬菜、花卉或种子无需植物检疫证书。

④来自以下欧盟地区的植物、水果、蔬菜、花卉或种子进入欧盟需要植物检疫证书：休达、梅利利亚、加那利群岛、瓜德罗普岛、法属圭亚那、马提尼克岛、马约特岛、留尼汪岛、圣巴托洛缪岛、圣马丁岛。

（3）基本流程

①入境前准备：所有从非欧盟国家进入欧盟的植物产品必须持有出口国的国家植物保护当局颁发的植物检疫证书，进入欧盟流通后，植物护照可取代相应的检疫证书；对于用作实验或者科学目的的作物需要持有欧盟有关当局签发的授权书。

②到达后检查：对来自非欧盟国家的所有工厂和工厂产品进行强制性植物健康检查确保：货物拥有复核欧盟要求的植物检疫证书和文件，以确保货物没有有害生物。经负责入境点和目的地的工厂卫生当局同意，可在"目

的地"进行身份和植物健康检查（不包括书面检查），但运送到目的地进行健康检查的货物必须有"植物移动许可文件"。对于不符合健康要求的植物或产品，则实施全部或部分销毁或退回。

③减少查验频率：若要享受较少的查验频率，则需要在过去 3 年中，平均每年至少交付 200 批货物，以及同期至少检查 600 批货物。同时，任何因有害生物而被截获的货物占比达 1% 或以上的商品均为不合格。

2. 动物检疫

欧盟内贸易：欧盟国家之间的贸易条件是一致的。所有活的动物必须携带经官方出具的兽医验证健康证明，证明动物符合相关理事会指令中规定的基本动物健康要求，对动物的进一步随机检查也可在最终目的地进行。除了一般健康要求外，如果在欧盟国家内暴发严重的外来疾病，还可以对某些活动物的贸易提出具体要求，以防止疾病的传播。

从第三方国家进口：对于进口，欧盟委员会的具体决定中规定了额外的动物卫生要求。这些规定了所有进口动物必须附有的健康证明。一般来说，这些证书必须由出口非欧盟国家的主管当局的官方兽医签署，以保证已满足向欧盟进口的条件。

抵达欧盟后，动物和随附证明必须由欧盟官方兽医在指定的边境控制站（BCP）进行验证和检查。对动物的进一步检查也可在最终目的地进行。

流程如下：

①入境前准备：应当获取必要的入境许可证以及健康证明。

②到达后通关：所有货物、动物都应当在欧盟边境检查站接受查验（Border Inspection Post，BIP），核验准许放行的应当持有通用动物检疫准入文件在欧盟内进行流通。

（四）斯里兰卡

斯里兰卡的动植物检疫由农业部下属机构负责，植物检疫管理由国家植物检疫局负责，动物检疫则由动物生产与健康部负责（DAPH）。

1. 植物检疫流程

1）入境前准备：申请进口许可、植物卫生合格证书，特定情况需要处理证明（例如消杀证书、种子的 internationd seed testing association（ISTA）

证书或种子分析报告、非转基因报告等），培养与研究所需的微生物还需要政府出具的同意书。

2）入境后通关：斯里兰卡将检疫的植物分为八类：活植物、切片叶、切片花；种子；干草药；体外培养植物；微生物培养和研究样品；新鲜水果；动物饲料；其他。不同类别的植物通关程序略有不同。

①活植物、切片叶、切片花：这批货物的总数量进行查验，如果发现有害生物，将暂时扣留整批货物，并将货物/整批货物的样品交给国家植物检疫局进一步检验。

②种子：对 ISTA/ 种子分析报告进行核验，同时，在检测站检疫官员会对种子的物理质量和有害生物进行初步检测，如有需要，整批货物和样品将移交给国家植物检疫局或种子实验室控制测试（control test）。特别注意的是，涉及土豆种子和玉米种子，所有货物都将交给国家植物检疫局进一步检验。

③干草药：相关证书报告齐全、符合要求的，检查人员查验后放行。

④新鲜水果：检疫官员会在查验现场进行实物检验或者样品取样。

⑤其他：如果木制物品上漆或抛光，当场查验后放行，如果厚度超过3毫米，则必须提供处理证书才能放行。

2. 动物检疫流程

（1）证件

①进口动物/肉类、动物/肉类产品及副产品：进口前应当获取相应的动物/产品的出口国出具的健康证明，并填写进口申请表以获得进口许可证。特别的，对于反刍动物及其产品，应当从 DAPH 进行疯牛病病原清除证明。

②宠物猫狗：进口前应当获得国际动物检疫健康证明、血液测试报告、疫苗接种记录、寄生虫治疗记录。

（2）通关流程

①活动物。对于活动物在到达后将进行逐个检测。同时，动物在入境后将接受 30 天内的隔离以对相关病毒进行检测（大部分动物为 30 天，装饰鱼类为 14 天）。

②动物产品、副产品等。如有必要在现场对相关文件进行查验后，动

物检疫官员将进行样本的采集或者当场开箱查验、检测。

（五）泰国

泰国的进出境植物检疫由农业合作部负责。同时，农业合作部下设植物检疫司、农业监管司履行各项职能。动物检疫则由泰国畜牧业发展部负责。

1. 植物检疫流程

根据泰国的植物检疫法，植物和植物产品的进口根据其经济重要性和原产地对植物病虫害的流行程度的影响主要分为三类，即禁止、限制和非禁止产品。

（1）禁止进口的植物及植物产品

所列项目禁止进口。只有在农业合作部因实验或研究目的事先批准的情况下，才有例外，主要包括：①农业发展部指定的植物和植物产品，并且从农业发展部指定的地区装运；②植物病虫害及携带者；③土壤和有机肥。

在批准进口后，所有禁止进口的植物及植物产品必须遵守：①必须通过三个植物检疫站进口，即曼谷国际机场、曼谷海港和曼谷邮政总局植物检疫站；②必须持有出口国有关政府机构出具的植物检疫证书；③按照农业发展部规定的条件，申报该批货物未发生植物检疫病虫害。

（2）限制进口的植物及植物产品

对于表所列限制进口的植物及植物产品，需遵守如下规定：①必须持有出口国有关政府机构出具的植物检疫证书；②必须按照植物检疫人员规定的条件办理；③进口受限制物料，特别是可供繁殖的植物，必须接受彻底检查。

（3）非禁止进口的植物及植物产品

除被列为禁止和限制进出口的植物及植物产品外，其余属于非禁止植物及植物产品。此类产品进口不需要许可和植物检疫证书，但是须在入境口岸申报查验，所有材料都要接受检验。如果发现植物检疫病虫害，需要进行检疫处理或销毁。

2. 动物检疫流程

（1）宠物进出境

对于宠物进出境，只需要带好相应材料，在口岸进行办理。所需材料包括：①畜牧业发展部申请表。②由经认可兽医或相关机构签发的健康证明。③疫苗接种证明（狗：五种疫苗且出发前接受钩端螺旋体病检测呈阴性；猫：两种）。④主人护照复印件。

对于和宠物分别入境的，除了上述材料外，需要提前至少三天向畜牧业发展部申请进口许可证，并提供在泰国的居住地址。

（2）活动物进境

进口前：

①进口商要向畜牧发展部（DLD）申领进口许可证。

②进口商应与进口口岸国际动物检疫站（AQS）的兽医官员联系，并要求提供有关将活动物进口到泰国的协议和动物卫生要求的信息。

③在进口前至少15天向AQS兽医官员提交进口活动物的申请。

④在签发包括适当动物健康规定的进口许可证之前，DLD当局将根据需要检查原产国的动物疾病状况。

⑤进口商应将"进口许可证"送交原产国兽医当局，以便对进口动物进行准备、检验、检测和认证，确定符合DLD规定的动物卫生要求。

⑥进口商应至少提前3天向入境口岸的AQS兽医官员确认进口动物的确切到达日期。

（3）口岸到达

①AQS兽医官员在进口海关手续时签发初步进口许可证，在对进口动物进行全面检查之前，还应向AQS兽医官员提交由原产国兽医当局为进口动物出具的英文官方健康证明书。

②进口动物用于养殖的，应向AQS兽医官员出示种系证明或其他证明。

（4）到达后监管

①该等动物在抵港时经一般检验后被移往检疫设施；在检疫期间，应当按照规定采集所有进口动物的样品进行复验或者进行疾病检测。

②进口动物在旅行、检疫过程中患病、死亡的，应当立即通知有关各方。如果有任何疾病暴发，AQS兽医官员应采取紧急措施进行调查和/或控制。

③所有进口动物通过规定的测试后签发最终进口许可证，以便在泰国完成进口后将动物放行到最终目的地。

四、"一带一路"沿线国家的进出口检疫制度比较与述评

我们从管理机构、管理制度、流程三个角度，对其相关制度进行对比和评析，为今后国际合作提供基本的遵循。

（一）管理机构

从选取的几个"一带一路"沿线国家动植物检疫机构现状来看，各国均是由农业相关下属的专门的动植物检疫机构负责进出境的动植物的法律法规制定以及现场的检查检疫事项。新加坡由国家公园委员会负责；俄罗斯由兽医与植物卫生监督局负责；欧盟由食品安全保护局负责制定相应的法律法规；斯里兰卡植物检疫由农业部下属机构国家植物检疫局负责，动物检疫则由动物生产与健康部负责（DAPH）。从管理目标上来看，均是从食品安全、生物安全的角度确定相应的责任隶属，与中国差别较大。

2018 年，中国国家质量检验检疫总局的出入境检验检疫管理职责和队伍划入了海关总署，检验检疫作业融入全国海关通关一体化的框架和流程当中，由海关负责进出境动植物安全的管理以及后续的相关安全问题的追溯管理，迈出了口岸一体化管理的坚实一步。因此，对比"一带一路"沿线各国，中国在进出境动植物检验检疫管理上具有一定的先进性，通过统一归口管理的方式，降低了口岸各部门之间的衔接、沟通成本，以一体化的方式，统一实施、组织反馈，并且统一作业标准，提升了管理效率，简化、优化了通关管理流程。

（二）管理制度

中国在管理制度上主要分为进出境（过境）动植物及其产品、其他检疫物检验检疫和进出境动植物产品生产加工存放过程检疫监督两个方面，其中又以进出境流程为核心来对制度进行分述，主要从企业申报环节需要的各种进出口文件，到到达时查验流程的说明、最后检查合规的条件以及发行情况三个方面对中国的进出境动植物检疫制度进行了详细阐述。同时，在对生产加工存放过程进行检疫监督中，按照不同的生物类别进行了不同管理标准的详述。

从新加坡、俄罗斯、欧盟及斯里兰卡的管理制度来看，本书主要从植

物和动物两个部分分别进行阐述。在内容方面，通常是说明一般的进出境流程，包括不同情况下企业申报所需材料、到达后的检验检疫规定以及完成检查后的放行。此外，对于不同类型的、具有特殊管理规定的动植物会单独列举有关规定。因此，选取的"一带一路"沿线国家在制度呈现的主要分类方式上与中国略有差异，但在具体的列述方式上和中国相似，均是一般规定加上不同类型动植物的特殊附加规定的形式。

（三）通关流程

对动植物检验检疫职责的划分差异，导致各个国家的通关流程存在较大的差异。中国的进出口动植物检验检疫职责划分给了海关总署。海关总署则根据不同的进出口类型，从进境、出境、过境三个方面对进出口动植物检验检疫的流程进行了简要的说明。而"一带一路"沿线的大部分国家有专门的动植物检疫管理机构，因此主要从动物、植物两个方面来对流程进行呈现。在呈现时，通常是对一般性的植物、动物出入境流程进行概述，而后对于不同的、具有特殊管理规定的动植物进行重点、分类别描述。

第二节　"一带一路"沿线国家的食品进出口管理制度

一、国际食品安全法律责任体系介绍

（一）食品安全法律责任体系形成沿革

各国制定了食品安全法律责任制度。而对外贸易中国际食品安全法律责任制度的根源是 GATT 中第 20 条对一国国民和动植物健康的规定、国际食品法典委员会（CAC）对国际食品标准相关的规定。WTO 框架下的《实施卫生与植物卫生措施协定》（简称 SPS 协定）、《技术性贸易壁垒协定》（简称 TBT 协定）以及 WTO 争端解决机制对此进行规定，从而形成了较为全面详细的国际食品安全法律责任体系。

早在 20 世纪 40 年代，关贸总协定（GATT）就规定了在食品安全方面

出现问题时可采取的措施。其中有一条做出了这样的规定：该成员为了保护本国国民的健康权、生命权免受侵害，可以实施一定的贸易保护措施。这是最早承认国家为了保护本国国民和动植物的健康所做出的相关贸易壁垒措施，可以说这也是食品安全责任制度的最早的雏形。然而这条不太明确的规定有点模棱两可的意思，因而不能起到相应的规范作用，只能起一点指引作用。CAC 作为一个重要的食品安全组织委员会，其规定已成为全球食品贸易组织，包括食品生产者和加工者所参照的最基本标准，其基本内容包括食品产品的标准、卫生和技术规范、污染标准准则等，其核心原则是每个消费者都应有获得健康、完好食品的权利。不仅如此，CAC 还始终贯彻质量是最根本保障的重要思想，将危害分析和关键环节控制（HACCP）作为其重要的措施手段。

然而，CAC 的主要作用就是规定食品标准，维护消费者的生命健康权，却没有规定如果违反其规范所应受到的法律制裁和承担的责任制度。

1995 年 1 月 1 日，国际贸易中食品安全问题的争端解决迎来了良好的机遇，世界贸易组织（WTO）成立了。该组织的成立不仅对于国际贸易具有划时代的意义，对于国际食品贸易争端的解决更是制定了规范。该组织所规定的内容全面而具体，从基本理论到基本规范，从以协商和解释规范的方式解决争端到通过上诉程序解决争端，对该组织成员来说无不起着规范作用和保障作用。随后，在 WTO 体制下，各成员经过多次磋商后达成了共识，积极地促成了两部在国际贸易中起着举足轻重作用的协定，即 SPS 协定和 TBT 协定。国际贸易间食品安全方面的法律体系不断扩展和完善，更全面地为解决食品安全法律责任机制提供了科学的依据。

食品安全方面的国际法律体系不断完善的同时也促进了国际法律责任体系的基本建立。作为解决国际食品安全争端的主要机构，WTO 争端解决机制的职能非常重要，它不仅提供争端解决的程序，还积极地促成贸易自由化。

（二）TBT 协定确立的食品安全制度

WTO 并非忽视了食品安全问题而单纯完全追求贸易自由化。WTO 从关贸总协定开始就对食品安全问题给予了关注，GATT 第 20 条就规定了在保护人类的生命健康权前提条件下可以采取技术性贸易措施。但该条款是模糊不清的，在实践中这一条款不断暴露出各种弊端，贸易争端不断。之后，通过世界各国的不断努力，与食品安全问题有关的法律规定便不断问世：《马拉喀什建立世界贸易组织协定》序言、1994年的TBT协定和SPS协定、《服务贸易总协定》（GATS）及《与贸易有关的知识产权协定》（TRIPS）。WTO关于食品安全制度的主体部分就是由1994年的TBT协定和SPS协定构成的。

技术性贸易壁垒（technical barrier to trade，简称TBT）是指一国以维护国家利益，保障本国国民生命健康和动植物的生命健康免受侵害，积极主动地采取相关的技术法规、标准、合格评定程序、包装盒标签制度、检验检疫制度等技术性贸易措施。无论是在主观上还是在客观上，这些技术性贸易措施的施行都会对国际贸易带来一定的障碍。从表面上来看，设立技术性贸易壁垒通常是合理的，技术性贸易壁垒是站在国家安全、人类与动植物生命健康、生态环境等的角度来实施的，诸如包装盒标签制度、检验检疫制度等技术性贸易措施，貌似具有形式上的合法性与合理性。技术性贸易壁垒的存在对国际贸易的健康发展带来了前所未有的挑战。为了消除这种技术性贸易壁垒的限制，WTO成员经过多轮磋商达成与食品安全规则相关的一部重要的协定，即TBT协定。TBT协定于1973年在东京回合谈判上问世。TBT协定是WTO规则中的一个重要组成部分。TBT协定就是通过采用国际标准，努力建立一套能达成共识的技术法规、标准、合格评定程序，促使成员达成共识，消除不合理的技术壁垒措施对国际贸易的阻碍，以此来实现全球贸易的自由化和便利化。TBT协定的适用范围包括除动植物卫生检疫措施以外的其他技术法规、安全标准和合格评定程序的制定与实施，主要针对的是产品的包装、标记和标签等技术规范的规定以及这些制定是否符合TBT协定。

TBT协定由15条、129款和3个附件组成，除了序言以外，分为6个部分。序言部分主要介绍了TBT协定存在的宗旨和意义，即规范和指导各国应用科学合理的技术性措施，包括技术法规、标准、合格评定程序、包装盒标签制度、检验检疫制度等技术性贸易措施鼓励和支持采用严格的评定程序,减少国际贸易中不必要的障碍,从而创造一个和谐的国际贸易市场。第一部分即总则,重点解读了技术法规和标准(包括中央政府、地方政府、社会组织机构的技术法规)、评定程序等重要术语;还有规定该协定的适用范围,除卫生与植物卫生措施以外都适用。第二、三部分主要介绍符合技术法规、标准和合格评定程序的制定以及实施,对其适用范围都做了严格的限制,必须保证不能阻碍国际贸易的健康发展。第四部分主要介绍对其他成员提供的技术援助和差别对待,包括提供的信息咨询和实施的援助,并对发展中成员的差别性特殊待遇。第五部分可以概括为机构设置、会议磋商和争端的解决途径,TBT协定规定成立技术性贸易壁垒委员会,在必要时举行会议,但至少每年一次,并规定了职责。第六部分主要规定没有经过其他成员的承认,不得对有些条款做出保留;审议和完善相关协议;还包括了三个重要的附件,其所规定的内容都是为了在这些共同的术语下进行交流和解释性说明,并设立技术小组,严格规定技术小组的组成人员,进行技术交流。

(三)SPS协定确立的食品安全制度

20世纪80年代,随着经济的快速发展,国际贸易发展也达到新的阶段,但是贸易保护主义现象也有滋生,主要表现为非关税壁垒,如政府的补贴等。GATT在国际贸易中扮演着重要的角色,但是也有其不足之处。其中有些条款的规定不够明确,存在很大的模糊性,导致有关条款的滥用。20世纪90年代,国际贸易中保护主义现象十分普遍。为了自己的利益,有些国家对检疫检验恶意加以限制。为了实现公平的市场地位,促进国际食品贸易的健康发展,也为了防止将动植物检疫措施作为某些国家设置技术壁垒的手段,GATT在乌拉圭回合谈判中于1993年12月签署《乌拉圭回合农业协定》,该协议的签署,成了《实施卫生与植物卫生措施协定》SPS协定诞生的催化剂。为了消除成员方对实施进口关税后的一些疑虑,为了防止成员方变相利用进口关税措施来限制农业贸易的自由发展,《实施卫生与植物卫生措施协定》在此背景下产生了。

SPS协定的结构是由前言、正文、附件三部分组成。虽然我们不会制止各成员方为了达到更好地保护人类和动植物生命健康所施行的必要行为,但我们不能让这些行为成为对其他成员方的贸易壁垒，不利于国际食品贸易的发展。这是 SPS 协定最基本的原则，也是其精髓所在，用来限制各成员方在操作动植物及其产品进出口检验、检疫措施等手段所造成不平等的贸易。

二、中国与"一带一路"沿线国家食品贸易概述

（一）进出口食品安全概念及范畴

进出口食品安全作为一个跨学科领域的重要科学概念，也具有其独有的特点。具体可以分为以下几个方面：

第一，食品安全具有动态性。中国《食品安全法》规定："食品安全，指食品无害、无毒，符合应当有的营养要求，对人体健康不造成任何急性、亚急性或者慢性危害。"在中国食品安全问题发展的历程中，我们可以发现，上述界定中的无毒无害，营养要求，急性、亚急性或者慢性危害在不同年代的衡量标准不尽一致。不同标准对应着不同的食品安全水平。因此，食品安全首先是一个不断变化发展的质的安全。

第二，食品安全具有法定标准性。若将食品安全归结一种社会系统建设的话，该工程可以追溯到 20 世纪 80 年代，一些国家及其相关食品国际组织以社会系统工程建设为视角，逐步改变以卫生、质量、营养等要素为出发点的立法方式，取而代之以食品安全的综合立法方式。美国于 2011 年由其时任总统奥巴马签署了《FDA 食品安全现代法案》。欧盟经过不断地修改和完善相关法条，于 2006 年公布了《欧盟食品及饲料安全管理法规》。《食品卫生法》《食品质量法》《食品营养法》等法律逐渐被综合性的《食品安全法》替代，这无疑反映了当前时代发展的基本要求。

第三，食品安全具有社会学的特点。食品安全从某个方面来说具有社会学的某个特征，不同于与其类似的健康学、卫生学等营养学科。从另一方面来看，不同国家形态或同一国家不同历史发展阶段所表现出来的食品安全问题就有所不同。随着科学技术的不断发展，先进的技术已经与食品紧密地联系在一起了，这也必定会引起发达国家的关注。诸如发达国家比

较关注的转基因食品对人类健康的影响问题；与发达国家不同，第三世界的国家主要是注重食品量的重要性，主要是由发育不成熟的市场经济所决定的，如生产假冒伪劣、有毒有害食品等非法生产经营行为。而中国所面临的是双重性质的食品安全，既包括发达国家所面临的食品安全问题，也包括发展中国家出现的上述问题。

第四，食品安全具有政治性。对于一个国家来讲，"确保产品安全无害"是企业应当遵守的最基本的职业道德，也是政府机关最应守好的社会生活底线。从公民政治权利角度来看，食品安全关系到公民的生命健康权，这就需要政府运用强制措施来保障公民的生命权，这表明食品安全往往具有唯一性、强制性。食品安全比之前的食品卫生、食品质量更能体现出对食品高标准、高规格的要求，不论政府还是社会组织都更加注重食品安全背后所折射出来的政治性质。

食品安全规格标准高于食品卫生。《食品工业基本术语》将"食品卫生"定义为"为防止食品在生产、收获、加工、贮藏、销售等各个环节被有害物质污染，使食品有益于人体健康所采取的各项措施"。两者的区别主要表现在以下几个方面：一是范围不同。食品安全包括食品的种植、养殖、加工、包装、贮藏、运输、销售、消费等一系列环节的安全，是"从农田到餐桌"的安全；而食品卫生则不具有食品安全前两个环节的安全。二是关键点不同。两者虽然都追求过程和结果安全，但食品安全将两者放在同等重要的位置，食品卫生则更加侧重过程安全。由此可见，食品安全比食品卫生的规定更符合科学性原则，但也不能忽略食品卫生的重要性。

食品安全与食品质量也有区别。食品质量是指食品为满足消费者明确的或者隐含的需要的特性，这一点可以从WHO的《加强国家级食品安全性计划指南》中概括出来。食品安全更多关注最后的健康状况，而后者侧重点强调保证食品本身的性状和使用价值。食品质量也包括所有影响产品对于消费者价值的其他特征，这既包括腐坏、污染、变色、发臭等负面的价值，也包括色、香、味、质地等正面的价值。

食品安全与国际贸易在某个契机点会相互促进，实现共赢，但是二者在追求各自的价值取向上是各有侧重点的。实现利润最大化是国际贸易一个重要的追求点，即以最小成本来实现利益的最大化，达到最有效的利润化。在国际贸易中，若一直沉浸在利益的驱使下，从而造成消极影响，就会导致食品安全问题。食品安全问题的出现，会使该国为了维护国家利益和保护本国消费者的生命健康权而采取必要的贸易措施和制定相关的法律规制来避免食品安全问题的再次出现。这种措施的实施久而久之就会演变成贸易壁垒，导致食品贸易的市场环境恶化，造成贸易国的经济损失，利益受到冲击。例如，近年来，中国出口到美国、日本、欧盟的茶叶、菌类食品常常因为质量问题被扣押或退回。欧盟委员会于 2003 年做出决议，全面禁止进口来源于中国的含有肉类的食品，沙特阿拉伯等国家也做出了类似的决定。[①] 这严重影响了中国水产品的出口，浙江省在 2003 年一季度减少农产品出口 1 亿美元。据统计，中国水产品出口量在 2003 年上半年下降 70% 左右。2008—2009 年，受"三聚氰胺事件"的影响，全国的乳制品企业均受到不同程度的影响，销量下滑，甚至一些经营状况好的企业也出现了严重亏损。所以说，食品安全关系着一个企业的命运，也关系着一个国家的对外贸易。

（二）中国与"一带一路"沿线国家食品贸易现状

2019 年是"一带一路"倡议提出的第 6 年，中国与亚洲、非洲、大洋洲和拉丁美洲的 60 多个国家签订了共建"一带一路"合作文件。"一带一路"朋友圈扩大到 122 个国家，范围由传统的亚欧地区延伸至非洲、美洲等更广阔的区域。中国与沿线国家食品农产品贸易合作得到进一步加强，贸易往来日益密切，成果更为丰硕，特别是食品农产品贸易发展高于总体水平。

2018 年，中国与"一带一路"沿线国家食品农产品贸易额达到 760.0 亿美元，同比增长 12.0%，高出中国食品农产品总体贸易增速 4.3 个百分点，进出口增速分别高于总体增速 1.3 和 5.5 个百分点[②]；中国与"一带一路"沿线国家食品农产品贸易额占中国食品农产品贸易总额的 35.1%，占总体比重超过 1/3。其中，进口额 428.2 亿美元，增长 16.4%，进口额占比为

---

① 海关统计报告，2005 年 1—7 月中国对日食品出口大幅下降，食品安全问题呈现扩大化趋势，来源于：http://www.customs.gov.cn/publish/portal0/tab784/info108193.htm，2008 年。

②国家统计局：《中国统计年鉴 2018》，下同。

56.3%；出口额 331.8 亿美元，增长 6.8%，出口额占比为 43.7%。中国出口食品农产品的沿线贸易国家依次为泰国、越南、马来西亚、菲律宾、俄罗斯、印度尼西亚、新加坡七国，七国的出口额占总出口额比例超过 90%；中国进口食品农产品的沿线贸易国家依次为印度尼西亚、马来西亚、俄罗斯、泰国、越南、乌克兰、菲律宾、新加坡、巴基斯坦、印度十国，十国的进口额占总进口额比例超过 90%。

分地域看，亚洲沿线国家贸易额比重最高，欧洲地区增速最快。2018 年，中国与"一带一路"沿线亚洲国家食品农产品贸易额为 469.3 亿美元，占对"一带一路"总体食品农产品贸易额的 61.8%。与欧洲沿线国家食品农产品贸易额为 88.3 亿美元，同比增长 22.9%，增速最快。此外，与大洋洲沿线国食品农产品贸易额为 75.7 亿美元，增长 18.6%；与拉丁美洲沿线国家食品农产品贸易额为 65.0 亿美元，增长 16.9%；与非洲沿线国家食品农产品贸易额为 61.5 亿美元，增长 14.1%。从品种看，2018 年中国进出口食品农产品主要为谷物、棉花、食糖、食用油籽、食用植物油、蔬菜、水果、畜产品、水产品等品种，其中蔬菜、水果、水产品和畜产品对沿线国家的出口额占出口总额的一半以上，出口额分别占对沿线国家食品农产品出口总额的 23.4%、21.1% 和 13.7%。主要进口食品农产品包括畜产品、水产品、水果和植物油，其中植物油、热带水果、木薯等自沿线国家进口额占总体的比重超过 60%。进口额分别占自沿线国家食品农产品进口总额的 20.1%、16.4%、15.6% 和 12.4%。

（三）"一带一路"沿线国家食品贸易特点

1. 生态资源条件决定食品农产品优势品种

土地质量、气候条件等自然资源条件，对适宜种植作物有重要影响，"一带一路"沿线国家横跨亚洲、非洲、欧洲、大洋洲，自然条件千差万别，决定其主要作物品种，也决定其贸易优势品种。

东南亚地处亚洲纬度最低地区，位于亚洲的赤道部分，也位于太平洋与印度洋的交汇地带，以赤道多雨气候和热带季风气候为主。农产品具有明显的地域特色：缅甸、老挝、越南食品农产品贸易中稻米的出口优势明显；泰国是世界上最大的橡胶生产国；马来西亚食品农产品贸易中棕榈油出口优势明显；菲律宾食品农产品贸易中香蕉、椰子出口优势明显；印度尼西亚食品农产品贸易中椰子品种优势明显。中东欧气候以温带大陆性气候和地中海式气候为主，耕地资源丰富，主要出口海产品、动物源性食品、乳制品、蜂蜜、葡萄酒等。其中葡萄酒、饼干、玫瑰精油产品地域特色明显。波兰为中东欧地区最大的农业国，粮食出口优势明显。

西亚北非国家以热带沙漠气候和地中海气候为主，国土荒漠化严重，荒漠化率达 65.2%，年降水量低，不适宜农业发展，该地区农牧产品以进口为主。主要进口谷物和植物油等，椰枣、畜产品出口量大。埃及的长绒棉产量和出口量居世界第一。

中亚地区气候以温带沙漠和大陆性草原气候为主，该地区土地资源十分丰富，因此粮食、油料、棉花等农产品出口量大，谷物是哈萨克斯坦最重要的出口农产品；吉尔吉斯斯坦的食糖和蜂蜜出口优势明显；乌兹别克斯坦水果、蔬菜出口量大，年产约 370 万吨。中亚地区进口以水果蔬菜、畜产品、食品为主。

2. 经济社会发展不均衡导致食品农产品贸易成本较高

沿线国家的经济实力对沿线国家食品农产品贸易发展有着重要的影响。农产品具有明显的特殊性，对贸易国家间地理位置、交通运输设施、通关效率等条件要求比较高。俄罗斯东部地区受自然条件限制，运输方式有限，导致其物流产业的基础服务能力较差，且铁路运输网络缺乏有效的年检保养，造成运输环节的效率大大降低，而中国与俄罗斯的贸易主要通过黑龙江省和内蒙古自治区的边境口岸进行，运输方式多为铁路，运输效率不高，导致食品农产品贸易成本较高。

3. 宗教信仰决定食品农产品贸易具有显著特色

清真食品具有明显的穆斯林文化特色，伊斯兰国家制定了统一的清真产品标准和 HALAL 认证体系，要求清真食品企业的生产过程、流通过程与储藏过程都要满足体系要求。

"一带一路"沿线有 17 个国家、超过 20 亿人信奉伊斯兰教，穆斯林人口占世界穆斯林总人口比达到 65%，同时沿线国家清真食品贸易额占总份额比高达 98%。但是沿线国家清真食品主要依靠进口，进口比重超过 80%，因此中国清真产业面临巨大的机遇和挑战。

4. 进出口食品农产品政策受多重因素影响

沿线国家政治、经济、文化、社会、生态各方面差异较大，这些因素影响进出口食品农产品的需求，也深刻影响着监管政策。例如，新加坡经济发达，但国土面积较小，这决定了该国粮食和蔬菜 90% 以上需要进口，同时对进口食品质量要求较高，因此其进出口食品监管政策相对严格，市场准入门槛已达欧盟发达国家标准，《食品销售法令》规定了食品原产地要求、食品注册等制度，从而预防不安全的食品流入市场。再如海湾阿拉伯合作委员会，该地区人口达 3400 万人，石油和天然气资源丰富，人们购买力较强。但该地区大部分国土为沙漠，耕地面积占国土面积的 5% 以下，因此食品绝大部分需要进口。从文化传统看，该地区更倾向购买来自宗教信仰一致的伊斯兰国家产品；从政治因素看，更倾向进口原宗主国所在地欧盟和该地区战略主导国美国的产品。而中国与该地区之间距离远，运输、保鲜费用大，损耗高，价格上缺乏优势，各种因素导致中国食品农产品在该地区的市场占有率仅为 2% 左右，在该地区食品农产品来源国中排在第 20 名。

三、中国进口食品安全监管制度

（一）监管机构

进口食品监管分为进口环节及市场流通环节。

进口环节原来由出入境检验检疫部门负责。在 2018 年机构改革中，国家质量监督检验检疫总局的出入境检验检疫管理职责和队伍被划入海关总署。所以，进口食品进口环节的安全监管主要是由海关总署负责，并在"三定"方案中明确：内设正厅级进出口食品安全局，具体负责进口食品安全监管的相关工作。

市场流通环节原来由国家食品药品监督管理总局负责。2018 年机构改革将国家工商行政管理总局的职责、国家质量监督检验检疫总局的职责、国家食品药品监督管理总局的职责、国家发展和改革委员会的价格监督检查与反垄断执法职责、商务部的经营者集中反垄断执法以及国务院反垄断委员会办公室等职责整合，组建国家市场监督管理总局，并在"三定"方案中明确：负责食品安全监督管理及相关的综合协调工作。

同时，无论是进口环节还是在市场流通环节，都需要检验机构，这类机构可以是政府事业单位，也可以是具有资质的第三方检验机构，主要是开展具体的进口食品安全检验工作，判断进口食品的相关理化指标是否符合中国的标准要求。

（二）法律依据

进口食品的监管依据主要涉及国家的法律法规。现阶段，中国与进口食品安全相关的法律法规主要包括《食品安全法》《进出口食品安全管理办法》《进口商品检验法》《进出境动植物检疫法》，同时相关的法律还有具体的实施条例。

（三）监管制度

中国目前的进口食品安全监管制度，可以从入境前、入境时和入境后三个阶段来进行探讨。

"入境前"的各项监管制度主要是将进口食品安全监管尽可能地延伸到境外或者直接的生产企业当中，实现对于进口食品源头的监管。这其中具体的制度主要包括：要求对中国出口食品的国家或地区的食品安全管理体系要通过中国评估审查的输华食品国家（地区）食品安全管理体系审查制度、要求每批进口食品经过出口国政府检验并出具官方证明的输华食品随附官方证书制度、要求部分风险较高的进口食品的生产企业要经过中国官方考察和注册的输华食品生产企业注册管理制度、要求进口食品进出口商要向检验检疫机构备案的输华食品出口商备案管理制度和进口商备案管理制度、要求对进口动植物源性食品实施检疫审批的动植物源性食品检疫审批制度等。

"入境时"的各项监管制度则主要是通过科学的检验检测方法和途径，最大可能地将不符合中国标准的进口食品绝之门外。其中具体的制度主要包括要求对进口食品，实施口岸检验检疫的输华食品口岸检验检疫管理制度、要求持续收集食品中有害因子数据的输华食品安全风险监测制度、要求对发现的问题及时发布预警和采取措施的输华食品检验检疫风险预警及快速反应制度、要求进口肉类和冰鲜水产品等一些检疫风险较高的食品从中国指定口岸进口的输华食品进境检疫指定口岸管理制度。此外，还有输华食品检验检疫申报制度、进口商随附合格证明材料制度等。

"入境后"的各项监管制度则主要是对入境的进口食品进行复查和复审，对相关企业进口食品的资料进行查验核对，对出现进口食品安全的企业进行处罚，对出现问题的进口食品进行召回等。具体的制度主要包括输华食品国家（地区）及生产企业食品安全管理体系回顾性检查制度、输华食品进口和销售记录制度、输华食品进出口商和生产企业不良记录制度、输华食品进口商或代理商约谈制度和输华食品召问制度等。

（四）监管流程

进口食品监管流程见图 4-4。

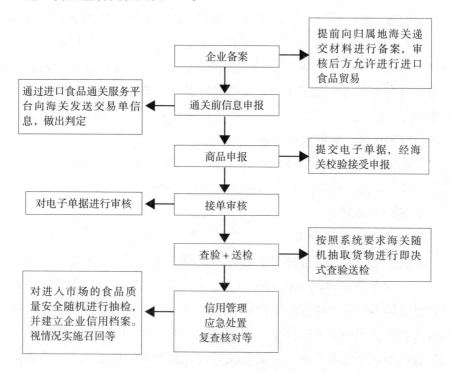

图 4-4 进口食品监管流程

四、"一带一路"沿线国家的食品安全监管制度概述

（一）韩国

1. 监管机构

韩国进口食品、农产品的检验检疫工作分别由农林水产食品部（Ministry for Food，Agriculture，Forestry，and Fisheries，MIFAFF）和保健福祉家庭部下属的食品药品管理厅（Food & Drug Administrative，KFDA）负责。MIFAFF负责进口畜产品安全政策的制定和监督管理，以及所有进口农产品、食品的检疫。

MIFAFF下属的动植物水产检疫检验局及分支机构根据《家畜卫生管理法》和《食品卫生法》的授权负责进口活动物及其畜产品（包括乳制品）的监管，监管范围包括肉类、乳及乳制品（黄油、奶酪）、汉堡肉馅、肉丸子、火腿和其他加工肉制品，以及负责未加工、简单加工水产品的进口环节质量安全监管，包括鲜活、冰鲜、冷冻、腌制、脱水干制、去除内脏的水产品。

KFDA负责进口农产品安全政策的制定和监督管理、进口水产品安全政策的制定以及深加工水产品质量安全监管。KFDA及地方政府根据《食品安全基本法》《食品卫生法》《保健食品法》等相关法律的授权负责进口农产品、加工食品、深加工水产品、保健功能食品、食品添加剂以及餐具、食品容器和包装材料的检验监管。

在韩国，具体检验检疫工作由产品进口所在地地方KFDA、MIFAFF执行。一旦产品进入市场，则由销售区域的地方政府负责监管。

2. 进口食品制度

（1）预确认注册制度

该制度是指根据《食品卫生法》第19条及《食品卫生法施行规则》第15条、《健康机能食品（保健食品）有关法律》第8条及《健康机能食品（保健食品）有关法律实施规则》第11条的规定，通过事前的现场检查，确认出口国生产加工企业制造和加工的食品、食品添加剂、器具或容器包装、保健食品等（不包括农林水产品等初级产品及其单纯加工品）符合韩国法律法规要求，并进行注册登记，在进口申报时只需接受书面资料审查的一

项制度，获得预确认注册的食品在进口时免于精密检查，只是随机抽检。

（2）优秀进口企业登记制度

该制度是指根据《食品卫生法》第 20 条、《食品卫生法施行规则》第
16~18 条，以及 KFDA 告示第 2009-152 号的规定，韩国进口商预先对出口
国食品、食品添加剂、器具、容器及包装（不包括保健食品、农林水产品
等初级产品及其单纯加工品）制造企业生产加工设施等方面相关卫生管理
情况进行检查，然后韩国 KFDA 对其检查报告内容进行确认，若符合标准
就发给"优良进口商登记证书"，并在韩国 KFDA 网站上刊登。优良进口
商可使用优良进口商标识，进口有关产品时可简化进口程序，适用便捷通
关程序，免除随机抽样调查。

（3）加贴客户商标（OEM）食品安全管理制度

该制度是指根据《食品卫生法》第 44 条第 5 款、《食品卫生法实施令》
第 30 条，以及《关于 OEM（原始设备制造商）食品制造加工企业卫生检
查有关标准》（KFDA 告示第 2009-159 号）的规定，通过 OEM 方式（委
托国外制造商来制造加工后，直接贴上自己的品牌商标）生产食品、食品
添加物（不包保健食品、农林水产品及酒类），将其再进口到国内的韩国
进口商应对国外当地制造商进行卫生检查和质量管理。

（二）越南

1. 监管机构

2007 年以前，越南施行对食品安全的多部门分段管理制度，其中下设
多级机构并逐级管理。这些机构主要包括食品监督管理部门、医药监督管
理部门、农业部门、卫生部门、质量检测部门、工商部门、相关法律部门等，
另外也包括一些市场中的商业化食品质量安全检测组织。例如，越南卫生
部（越南食品管理部）负责内销进口食品的检验检疫和出具证明，农业和
农村发展部（国家渔业质量保证和兽医理事会、动物卫生局、植物保护局）
负责食品安全检验、进出口水生植物和动物的检验检疫和出具证明。

多部门监管容易出现食品安全漏洞，为了加强管理，避免出现监管漏洞，
使本国的食品安全管理体系更加科学和符合国际潮流，2007 年越南对食品
安全监管部门进行了调整。

　　为进一步明确各职能部门在食品安全监管工作中承担的责任和义务，也为了各级机构能够有效地行使其权利以维护本国食品安全，避免出现监管漏洞，越南政府于 2010 年对本国的食品安全监管体系进行了一系列的改革并颁布了《食品安全法》。这部法律明确规定了各部门的职责。具体职责如下：

　　越南农业和农村发展部门主要负责对初级农产品的生产环节进行监管；质量检测部门主要负责对食品的生产加工领域进行监管，此外，该部门还设置了卫生监管的职责；卫生部门则针对国家餐饮业和食堂一类公共食品卫生场所实施监管；食品药品监管部门则承担了对整个国家食品安全的监督、协调以及食品安全事故处理的责任；国家渔业质量保证和兽医理事会负责食品安全检验、进出口水生植物和动物的检验检疫；动物卫生局负责进出口陆栖动物的检验检疫；植物保护局负责进出口植物的检验检疫；贸工部负责饮料和糖果的食品卫生检验检疫；科技部负责协调各部委管理越南的标准体系，指导各项国际标准在越南的实施工作。

2. 食品安全法律法规

　　越南监管食品安全的基本法律是《食品安全法》，越南国会于 2010 年6 月 17 日通过了 55/2010/QH12 新《食品安全法》，规定自 2011 年 7 月 1日正式实施。越南新《食品安全法》在 2003 旧版《食品安全法》的基础上进行了修改和完善，不仅对食品生产、贸易阶段发生食品安全等问题进行了规定，还涵盖了"从农田到餐桌"食品安全监督管理的全过程，对涉及食品安全的相关问题作出了全面规定，通过全方位构筑食品安全法律屏障，增强食品安全监管工作的规范性、科学性和有效性，防范食品安全事故的发生，切实保障食品安全，保障公众身体健康和生命安全。

　　新版《食品安全法》较旧版《食品安全法》有较大的进步，明确了法律管理和适用范围，确立了食品安全管理体制和全部门职责分工，明确了国家食品安全管理活动的相关内容，规定了监管部门和其他部门的职责，制定了食品安全管理准则和国家政策，明确了食品安全的管理机构的法律责任、食品贸易商和从业者的法律责任。要求依照国家主管机构和标准发布机构发布的技术规定和其他法规进行食品安全管理；新版《食品安全法》

限制在食品中使用病原生物、农药残留、兽药，并制定最大残留限量标准。

越南制定了街头食品的安全管理条例，提出了对街头食品存放和销售场所的严格要求。对餐饮服务活动实行监督管理，严格规定了餐饮设备、餐饮用具和餐饮人员的条件，餐饮用具及餐饮设备必须在使用前进行清洗和消毒。条例规定进行食品交易和服务人员必须遵循相关法律，制定了食品进出口的安全监管制度，引进了食品安全风险控制和评估制度。

对于《食品安全法》无法全部覆盖的领域，越南制定食品相关法规加以补充。譬如：越南发布的第 15/2009/TN-BNN 通报，就对食品安全标准及进口种植食品的农药残留含量、国内生产和流通作出具体规定。主要内容是公布越南禁止限制使用的农药、化学品及抗生素名单，禁止在生产、销售水产品中使用的化学品及抗生素名单，禁止用于兽药的药物、化学品及抗生素名单，限制在生产、销售水产品中使用的化学品及抗生素名单，限制用于兽药的药物、化学品及抗生素名单。

3. 总结

越南采取多部门分工监管食品安全的模式，多部门监管需要各监管部门密切配合，无缝对接，堵塞监管漏洞，这方面需要付出很大努力。越南食品安全法律法规少而精，一部《食品安全法》打天下，主要食品法律和若干食品法规覆盖面较广，覆盖了食品从种植养殖至餐桌的全过程。尤其值得肯定的是，从 2013 年开始，越南重视并制定了农产品的最大农兽药残留限量标准，并重视制定食品中重金属和添加剂的使用规范，在东盟国家中树立了从源头上控制食品安全的范例。

（三）马来西亚

1. 监管机构

马来西亚食品安全监管实行的是一部门负主要责任，另一部门协助的管理模式。主要负责食品安全的监管部门是马来西亚卫生部（Ministry of Health，MOH）下属的食品安全和质量部（Food Safety and Quality Division，FSQD）。

食品安全和质量部门主要负责确保马来西亚整个国家的食品安全，保障公众免受食品加工、销售、消费中产生的健康危害和防止欺诈行为。

食品安全和质量部门具体职能包括：确保所有的食品加工、销售和原材料的贮藏是安全和卫生的；确保市场销售的所有食品原材料无污染并且不含有不符合规定的添加剂；确保市场销售的所有食品原材料符合马来西亚相关法律规范的规定；确保市场销售的所有食品原材料的标签和广告清晰并不会误导消费者；确保所有的进口食品是安全的，并符合马来西亚《食品法（1983）》和《食品法规（1985）》的规定；确保所有出口的食品符合进口国制定的相关法规的要求；确保公众能充分获取食品安全方面的详细信息。也可以说，上述内容是马来西亚食品安全监管的目标。食品安全和质量部门也是马来西亚食品法典委员会的联络点，负责国家和国际层面的食品安全的议题。

马来西亚农业及农基工业部（Ministry of Agriculture and Agro-Based Industry Malaysia，MOA）主要负责制定农业相关政策，评估并协调农业政策的执行，收集并分析农业相关数据和信息，向私营企业提供农产食品相关的专业咨询服务。

2. 食品安全法律法规

马来西亚食品安全法律法规体系构建的一个显著特点是以《食品法》和《食品法规》为核心，配之以十几个相关配套法律法规，考虑细致，食品链全覆盖，形成了完善的食品安全法律法规体系。食品安全主法制定较早，主法地位和立法宗旨明确，是马来西亚食品安全的基本法。配套法律法规较多，内容范围覆盖面广，应有尽有，涵盖了食品从田间到餐桌乃至涉及进口食品安全的方方面面。这些配套法律法规，不仅有控制农产品质量安全的法律，而且有控制进口食品安全、养殖安全，转基因食品、辐照食品、食品添加剂和标签标识、食品交易、清真食品认证标识乃至屠宰管理、植物检疫、食品卫生等方面的法律。这些法律法规被命名为《进口食品规则》《食品卫生法规》《食品辐照规则》《转基因食品规则》《植物检疫法》《渔业法》《菠萝业法》《屠宰场私有化法》《水稻控制法案》《植物新品种保护法案》《交易标识法》《食品标签法》《清真食品认证与标识》《关于标准制定要求》等。

以《食品法》为例。马来西亚早在1983年就颁布实施了《食品法（1983）》，其立法宗旨是确保马来西亚的食品安全和保护消费者的利益。对于食品法无法完全覆盖的领域和范围，马来西亚通过制定相关法规进行补充和完善。1985年马来西亚颁布实施的《食品法规（1985）》则是对其进行补充和完善。马来西亚《食品法（1983）》和《食品法规（1985）》规定了食品监管的不同方面，包括食品标准、食品卫生、食品进出口、食品广告、食品包装、食品标签、具体特定食品的标签、相关实验室的鉴定等。

1983年以来，马来西亚制定的食品相关法律法规和条例有十几部。这些法律法规对食品安全主法起到有效的补充。2009年，马来西亚分别对《食品法规（1985）》进行了3次修订，其中最后一次修订后的生效实施日期是2010年6月15日。

马来西亚农业部也制定了相关食品安全的法律，主要有《阿卡塔法案》《植物检疫法》《渔业法》《菠萝业法》《屠宰场私有化法》《水稻控制法案》和《植物新品种保护法案》等。这些法律对完善其食品安全相关法律法规体系起到了重要作用。

3. 结语

马来西亚食品安全采取一部门负主要责任、其他部门配合监管的食品安全监管体系，食品监管分工明确，职责清晰，具有良好的管理效果，确保食品安全。

通过调查发现，马来西亚食品安全法律法规体系在东盟国家中是最全面、最细致的，符合国际规范。需要提醒的是，其中的食品营养标签细致入微，应该小心谨慎遵守食品营养标签规定，才能使出口食品进入马来西亚市场。其中当然也涵盖了清真食品的相关法律和认证标识，这照顾到了伊斯兰文化和2000多万名清真食品消费者的需求和利益，也为向马来西亚出口清真食品的国家提供了食品法律法规标准或市场准入标准的参考依据，便利了贸易。

马来西亚食品安全的政策贯穿于食物链条的始终，包括食品安全基础、食品安全立法、质量监督和强制服务、实验室建设、信息与通信技术、科技信息的采集和分析、产品追溯、危机管理、保障系统管理、食品安全教育、进出口安全、新食品及其工艺、广泛参与国际事务等，这就需要有关政府部门、企业、消费者、科研团体等进行全方位紧密合作，共同保障食品安全。

（四）印度尼西亚

1. 食品安全监管机构

印度尼西亚对食品安全实行多部门分段管理，管理部门由国家食品药品管理局（NADFC）以及下属的省级办事处、卫生部、农业部、商务部、农业检疫厅和印度尼西亚领导人会议等组成。印度尼西亚国家食品药品管理局作为食品安全的主管部门对食品安全负主要责任，卫生部、农业部、商务部、农业检疫厅和印度尼西亚领导人会议按照职责划分，各司其职，相互配合，协调管理食品安全。

具体来说，印度尼西亚国家食品药品管理局主要负责食品安全监督管理，包括对进口食品的监督管理，该局与印尼卫生部、农业部、商务部等部门相互协调管理食品安全。国家食品药品管理局的主要职责是评估和制定药物和食品管制领域的国家政策；在药物和食品控制领域执行某些政策；协调 NADFC 任务实施中的职能活动；监测、指导和指导政府机构在药物和食品管制领域的活动；在总体规划、行政管理、组织管理、人事、财务、档案、编码、设备和家庭等领域提供指导和公共管理。NADFC省级办事处（技术实施单位）的职能是起草药品和食品控制计划和方案；对治疗产品、麻醉品、精神药物、成瘾物质、传统药物、化妆品、辅助产品、食品和危险物质进行实验室检查、测试和评估；对产品的微生物质量进行实验室检查、测试和评估；实施本地检查、取样和检查生产设施和分配；调查药物和食品控制领域的犯罪案件；实施国家食品和药物管制局局长规定的产品、生产和分销设施认证；实施消费者信息服务；评估和起草药品和食品检测报告；实施行政事务；在各自领域履行国家发展和金融委员会主任规定的其他职责。

印尼卫生部和农业部负责制定食品中农兽药残留标准等，印尼农业部作为印尼重要的中央部委之一，下设农产品加工销售总局等 6 个局、农业检疫局等 4 个局，具有对生鲜食品（农产品、畜产品）的监督权力。印度尼西亚食品、农产品的检疫主管部门为农业检疫局。

2. 食品安全法律法规

印度尼西亚的食品安全法律法规以《食品法》为核心，辅之以数部相关法律法规、政府相关公报、法令、政府规章、政府联合公报，形成了印尼食品安全法律法规的基本框架。

《食品法》于 1996 年实施，该法是印度尼西亚食品安全的基本大法，并于 2012 年做出修改。该法制定了印度尼西亚食品安全主管部门应该管理的食品安全职责和范围、从业者应遵循的食品安全规则。

从 1992 年开始，印度尼西亚政府不断完善其食品安全法律，逐步公布了 1992 年 16 号法规《动物、水产和植物检疫法》、1994 年 7 号法规《WTO 协议批准法》、1999 年 8 号法规《消费者保护法》、2002 年 14 号政府规章《植物检疫法》、2004 年 28 号政府规章《食品安全、质量及食品营养法》。这些法规制定了动物、水产品和植物的监管和检疫规则，制定了食品安全质量控制规则及完善食品营养的规则，制定了消费者权益保护等的相关规则，法律法规体系逐步向监管整体食物链的模式靠拢。

印尼适时将国内食品法规通报给 WTO 成员，以便利贸易。2011 年 1 月 19 日，印度尼西亚国家食品药品管理局发布 G/TBT/N/IDN/48 号通报：规定药品、传统药物、补药及食品等的标签中必须添加动物源材料特殊物质、酒精含量及有效期三方面信息。2015 年，印尼出台了《印度尼西亚进出口植物源性食品安全管理规定》，对于植物源性的食品进出口作出了要求，包括检测实验室注册和监管体系认证、登记流程，以及进出口监管等方面的规定。

3. 食品安全监管措施

印尼食品安全主要由国家食品药品管理局进行监管和制定政策，NADFC 省级办事处（技术实施单位）负责起草药品和食品控制计划和方案，对食品中的危险物质、微生物进行实验室检查、测试和评估，国内食品定期进行抽检。但对于进口植物源性食品农产品实行批批检验。对于生鲜食品须经过印度尼西亚农业检疫局进行检疫（IAQA）。

印度尼西亚大的方面将食品划分为 3 类：加工食品由印度尼西亚国家食品药品管理局负责管理，生鲜农产品由农业部负责管理，水产品由印度尼西亚海洋水产部负责管理。印尼卫生部、食品药品管理局联合发起了"远离有害食品添加剂"活动，并计划在雅加达传统市场开设 20 个诊所。这些诊所将提供免费的医疗服务，协助监督有害添加剂的使用和提供食品安全教育。Cibubur 市场是首批开始贯彻该计划的试点市场。为保障食品安全，印尼食品药品管理局每月对市场进行两次常规检查。此外，市场还培训员工，专门负责识别有害添加剂，并定期向公众公布检查情况。一旦发现小贩使用有害食品添加剂，市场会责令其限期整改。如果屡教不改，就会取消其营业资格。此外，市场还和当地诊所合作，对顾客开展食品安全教育活动，并设立投诉箱，方便顾客举报违反食品安全规定的摊贩。

五、"一带一路"沿线国家的进出口食品安全监管制度比较及评述

农业是国民经济的重要组成部分，食品农产品涉及国家经济安全战略。沿线国家对食品农产品贸易非常重视，各国政府为保护本国农产品产业的健康发展和保持本国农产品的竞争力，制定了一些限制国外农产品贸易的措施，具体通过关税与非关税方式保护本国农产品。抬高食品安全的监管标准是非关税贸易壁垒的常用手段。

技术性贸易措施影响贸易发展。在"一带一路"沿线国家的食品农产品出口贸易过程中，针对性的技术性贸易壁垒越来越多。如马来西亚、新加坡等沿线国家，对进口食品农产品制定了严格的检验检疫标准。印度尼西亚对涉及蔬菜、水果、谷物、坚果、豆类等 103 种植物源性进口食品，明确检测项目和安全限量，且只认可获得印尼官方批准的实验室检测结果，影响了食品农产品贸易。欧盟的绿色农业产品认证制度也给中国食品农产品的出口以及双边合作产生了消极影响。

出口标准差异性影响贸易发展。"一带一路"建设涉及 65 个沿线国家，标准方面存在差异，同时各国食品农产品质量安全监管方式存在差异，导致了食品农产品绿色通道不通畅，给食品农产品贸易带来了阻碍。如欧盟制定了动物福利标准，对中国出口的猪肉、牛肉等肉类制品上实行贸易限制；海合会成员国对进入该区域的某些产品，要求符合其制定的标准，并必须加持 GCC 标记，且不准许进口含酒精的饮料。

　　"一带一路"涉及的国家数目多，各国经济发展不平衡，对食品农产品安全的重视程度不同，导致沿线国家的食品农产品质量控制体系、食品农产品安全法律体系、食品农产品质量安全管理体系参差不齐，甚至有的沿线国家缺少针对食品农产品监管的法律和技术标准。实验室检测结果和检测标准的国际互认增加了出口企业的检测成本；检验检疫证书尚未全面建立国际联网核查互认机制，逃避检验检疫的不法行为时有发生，进一步影响了食品农产品贸易的深化合作与发展。

　　为解决上述问题，本书提供了如下思路：

　　第一，加强双边、多边合作，促进食品农产品贸易健康发展。中国应借助"一带一路"倡议，加大对沿线国家的基础设施建设投资力度，为食品农产品贸易提供更加便捷的交通运输条件，提高食品农产品的物流速度，从而降低产品的物流成本。

　　第二，提升农产品附加值，促进食品农产品品牌化发展。中国应鼓励食品农产品出口企业对产品进行深加工，发展食品农产品深加工业，提升产品技术含量和附加值。同时，发展无公害农产品、绿色食品、有机农产品和地理标志农产品，强化出口企业的品牌意识，促进出口企业产品品牌化发展，加强农产品的质量控制，提升产品的竞争力。

　　第三，强化政府间磋商，将贸易壁垒的影响降到最低。沿线国家和地区应尽快签订双边和区域贸易协定，将食品农产品贸易便利化上升到制度层面。降低区域间食品农产品贸易关税，简化通关手续。同时，提高技术性贸易措施的透明性，强化沿线国家技术法规、标准规范等方面深化务实合作。

　　第四，优化食品农产品安全监管体系，提升产品竞争力。进一步加强与沿线国家的合作，优化中国食品农产品检验检测体系，完善食品农产品质量技术标准。对接国际通用标准，使中国食品农产品的质量与国际接轨，推动相关质量标准体系的国际化。加强与沿线国家的沟通交流机制建设，提升各国的食品农产品标准化水平，做到沿线国家食品农产品技术标准互认、实验室检测结果互认。

第三节 "一带一路"沿线国家的商品检验制度

一、商品检验的内涵

商品检验，又称货物检验，是指检验机构依照法律法规或进出口合同的规定，对进出口商品的品质、数量、包装、卫生、装运条件以及涉及人类健康安全、动植物生命和健康保护、环境保护、防止欺诈行为、国家安全维护等项检验内容进行检验、鉴定和监督管理的活动。

各国为确保输入本国关境内商品满足国家安全要求、防止欺诈行为、保护人类健康或安全、动植物生命或健康等要求，以及承担多边、双边协定有关出口商品质量检验责任等目的，设定了进口检验程序。在商品进出口检验过程中，标签检验是重要的一部分。

二、中国的进出境商品检验制度

（一）机构设置

基于保护人类健康和安全、保护动物或者植物的生命和健康、保护环境、防止欺诈行为、维护国家安全的原则，中华人民共和国海关对进出口商品进行检验，主管部门为海关总署商品检验司。海关总署商品检验司主管进口商品的法定检验、实行许可证制度进口商品的验证管理，对进口商品安全风险进行评估、预警以及快速反应等工作，并对根据双边及多边协议进行出口商品检验。

（二）法律依据

中国进出境商品检验的法律依据见表 4-3。

表 4-3　中国商品检验相关法律法规及部门规章

层级	名称
法律	《中华人民共和国进出口商品检验法》
法规	《中华人民共和国进出口商品检验法实施条例》
部门规章	《进出口商品抽查检验管理办法》
	《进出口商品复验办法》
	《进出口商品免验办法》
	《进口许可制度民用商品入境验证管理办法》

（三）管理措施

1. 程序性规定

基于不同程度的监管要求，中国商品进出口涉及的检验包括由海关进行的法定检验、抽查检验、进口许可制度民用商品的验证管理，由其他有关部门进行的特殊货物检验，以及复验、免予检验几大程序。

（1）法定检验

根据《中华人民共和国进出口商品检验法》《中华人民共和国进出口商品检验法实施条例》的规定，基于保护人类健康和安全、保护动物或者植物的生命和健康、保护环境、防止欺诈行为、维护国家安全的原则，由海关制定、调整必须实施检验的进出口商品目录，海关对列入目录的进出口商品以及法律、行政法规规定须经海关检验的其他进出口商品实施检验，即法定检验。

法定检验商品包括列入《出入境检验检疫机构实施检验检疫的进出境商品目录》的商品；《中华人民共和国食品卫生法（试行）》规定，应实施卫生检验检疫的进出口食品；危险货物的包装容器、危险货物运输设备和工具的安全技术条件的性能和使用鉴定；装运易腐烂变质食品、冷冻品的船舱、货舱、车厢和集装箱等运载工具；国家其他有关法律、法规规定须经出入境检验检疫机构检验的进出口商品、物品、动植物等。海关监管代码为"A""B"。

法定检验是指确定列入目录的进出口商品是否符合国家技术规范的强制性要求的合格评定活动，包括抽样、检验和检查；评估、验证和合格保证；注册、认可和批准以及各项的组合。

对于法定检验不合格的进出口商品，除另有规定外，涉及人身财产安全、健康、环境保护项目不合格的，由出入境检验检疫机构责令当事人销毁，或者出具退货处理通知单，办理退运手续；其他项目不合格的，可以在出入境检验检疫机构的监督下进行技术处理，经重新检验合格的，方可销售或者使用。出入境检验检疫机构对检验不合格的进口成套设备及其材料，签发不准安装使用通知书。经技术处理，并经出入境检验检疫机构重新检验合格的，方可安装使用。

（2）抽查检验

根据《中华人民共和国进出口商品检验法》《进出口商品抽查检验管理办法》的规定，对于须实施法定检验以外的进出口商品，根据国家规定实施抽查检验。抽查检验的重点是涉及安全、卫生、环境保护，国内外消费者投诉较多，退货数量较大，发生过较大质量事故以及国内外有新的特殊技术要求的进出口商品。进行抽查检验的进出口商品需要符合国家技术规范的强制性要求或者海关总署制定的其他相关技术要求。

2020年进行抽查检验的商品的范围分为进口商品和出口商品两部分。进口商品主要对童装、文具、领带、丝巾、围巾、坐便器、洗碗机、空气净化器、打印机、电热水器、微型计算机、电视机、监视器、垃圾食物处理机、电磁灶、机动车喇叭、机动车回复反射器、机动车制动软管、汽车内饰件、染料、颜料、着色料等进行抽查。出口方面对仿真饰品、儿童自行车、儿童滑板车、电动童车、毛绒玩具、电热水龙头等进行抽查。

抽查检验分为三种形式：一为口岸布控，海关总署根据全国各口岸进口业务的分布情况，结合商品的敏感程度，在口岸下达布控指令；二为市场流通领域抽查检验，海关提前做好抽查商品种类和数量计划，随机在各商场、实体店等市场流通领域抽查一部分进口商品进行检验；三为企业核查，根据商品种类，海关会根据辖区内出口企业的业务量大小选择相应的抽查商品，部分商品会以核查的方式实施抽查。

对于抽查检验不合格的进口商品，必须在海关监督下进行技术处理，经重新检测合格后，方可销售或使用；不能进行技术处理或者经技术处理仍不合格的，由海关责令当事人退货或销毁。对于抽查检验不合格的出口商品，必须在海关监督下进行技术处理，经重新检测合格后，方可出口；不能进行技术处理或者经技术处理仍不合格的，不准出口。

（3）特殊货物检验

根据《中华人民共和国进出口商品检验法》《中华人民共和国进出口商品检验法实施条例》的规定，进出口药品的质量检验、计量器具的量值检定、锅炉压力容器的安全监督检验、船舶（包括海上平台、主要船用设备及材料）和集装箱的规范检验、飞机（包括飞机发动机、机载设备）的适航检验以及核承压设备的安全检验等项目，由有关法律、行政法规规定的机构实施检验。

以飞机为例，根据《中华人民共和国民用航空法》《中华人民共和国民用航空器适航管理条例》等法律法规以及《民用航空产品和零部件合格审定规定》等适航规章、适航技术标准的规定，中国飞机的适航检验由中国民用航空局航空器适航审定司负责合格审定。

（4）复验

根据《中华人民共和国进出口商品检验法》《进出口商品复验办法》的规定，进出口商品的报检人对海关做出的检验结果有异议的，应当按照法律法规的规定申请复验，可以向做出检验结果的主管海关或者其上一级海关申请复验，也可以向海关总署申请复验。

报检人对同一检验结果只能向同一海关申请一次复验，如对复验结论不服，可以依法申请行政复议或者依法提起行政诉讼。

（5）免予检验

根据《中华人民共和国进出口商品检验法》《进出口商品免验办法》的规定，进出境的样品、礼品、暂时进出境的货物以及其他非贸易性物品，免予检验；需要法定检验的进出口商品，满足免验条件的可以申请免予检验。可申请免验的商品不包括食品、动植物及其产品；危险品及危险品包装；品质波动大或者散装运输的商品；需出具检验检疫证书或者依据检验检疫证书所列重量、数量、品质等计价结汇的商品。

申请免验的商品及生产企业应满足进出口商品质量的长期稳定，无属于生产企业责任而引起的质量异议、索赔和退货，海关检验合格率连续 3 年达到百分之百；申请免检的商品应有自己的品牌，产品档次、质量处于领先地位；生产企业的质量管理体系符合相关质量管理体系标准，并取得权威认证机构认证；生产企业具有一定的检测能力；生产企业符合进出口商品免验审查条件的要求。

经过海关审查，对于符合规定的企业，海关向免验申请人颁发进出口商品免验证书，免验证书有效期为 3 年。免验商品进出口时，免验企业可以凭外贸合同、该商品的品质证明和包装合格单等文件到海关办理放行手续。

（6）验证管理

根据《中华人民共和国进出口商品检验法》《进口许可制度民用商品入境验证管理办法》规定，海关对进口质量许可制度和强制性产品认证（CCC 认证）的民用商品（简称"进口许可制度民用商品"）实行验证管理，查验单证，核对证货是否相符。

属于法定检验检疫的进口许可制度民用商品，海关应当按照有关规定实施检验检疫，同时应当核查产品的相关标志是否真实有效；不属于法定检验检疫的进口许可制度民用商品，主管海关可以根据需要，进行抽查检测。

列入《入境验证的进口许可制度民用商品目录》的进口商品，海关监管代码为"L"，海关进行验证管理，如强制性产品认证（CCC 认证）目录内产品、特种设备、进口医疗器械等。

2. 具体规定

在程序性规定以外，根据不同商品的特征，海关采取"管理办法 + 若干公告"的方式进行规范管理，例如，《进口棉花检验监督管理办法》《进出口煤炭检验管理办法》《进出口化妆品检验检疫监督管理办法》《进口涂料检验监督管理办法》《进出口工业品风险管理办法》《进口旧机电产品检验监督管理办法》《出口烟花爆竹检验管理办法》《进口汽车检验管理办法》《进出口玩具检验监督管理办法》《固体废物进口管理办法》等。

表 4-4　旧机电产品分类监管措施

分类	监管措施	产品目录
禁止进口的旧机电产品	禁止进口,如为国家特殊需要的旧机电产品,可按照"设置管理措施的旧机电产品"进行监管	《禁止进口的旧机电产品目录》
设置管理措施的旧机电产品	境外装运前检验,取得承担进口旧机电产品装运前检验业务的检验机构出具的《进口旧机电产品装运前检验证书》,进口后实施口岸查验和目的地检验,并以目的地检验结果为准	《进口机电产品检验监管措施清单——管理措施表 2》
未列入清单的旧机电产品	可以进口,无须实施装船前检验,仅实施口岸查验和目的地检验,收用单位凭《旧机电产品进口声明》及相关必备材料向口岸机构申报	其他未列入《禁止进口的旧机电产品目录》和《进口机电产品检验监管措施清单——管理措施表 2》的旧机电产品
无须检验的旧机电产品	仅实施监督管理,不实施检验	以"出境维修复进口""暂时出口复进口""出口退货复进口""国内转移复进口"方式进口的旧机电产品
应逐批实施现场检验的旧机电产品	由口岸检验检疫机构逐批依据相关产品国家技术规范的强制性要求实施现场检验	《应逐批实施现场检验的旧机电产品目录》

资料来源:作者整理。

　　以进口旧机电产品为例,海关对旧机电产品的规范管理体系涉及《中华人民共和国进出口商品检验法实施条例》《进口旧机电产品检验监督管理办法》《进口旧机电产品装运前检验监督管理实施细则》《关于调整进口旧机电产品检验监督的公告》《关于旧机电产品进口管理有关问题的公告》《公布禁止进口的旧机电产品目录调整有关事项的公告》多个管理办法和公告。

　　根据旧机电产品的特征,将其分为五类,公布相应的产品目录和清单,种类不同检验监管业务也不同。

3. 标签管理

CCC 认证，是指中国强制性产品认证制度，英文名称为 China Compulsory Certification，英文缩写 CCC（简称 3C 认证）。作为国家安全认证（CCEE）、进口安全质量许可制度（CCIB）、中国电磁兼容认证（EMC）三合一的"CCC"权威认证，是中国质检总局和国家认监委与国际接轨的一个先进标志，有着不可替代的重要性。进口到本国的商品，凡列入 3C 认证产品目录内而没有进行经 3C 认证机构认证合格私自在国内销售的，皆属于犯法行为，要承担相应的行政处罚后果和法律风险。

需要进行强制性产品认证的产品种类包括：电线电缆、电路开关及保护或连接用电器装置、低压电器、小功率电动机、电动工具、电焊机、家用和类似用途设备、电子产品及安全附件、照明电器、车辆及安全附件、农机产品、消防产品、安全防范产品、建材产品、儿童用品、防爆电气、家用燃气器具共 17 大类。

每一个大类包含若干产品种类，不同的产品种类适用于不同的强制性产品认证实施规则。具体而言：

（1）电线电缆类、家用和类似用途设备类采用"型式试验 + 获证后监督"。

（2）电路开关及保护或连接用电器装置类采用"自我声明"或"型式试验 + 获证后监督"。

（3）低压电器、小功率电动机、电动工具、电焊机四类采用"自我声明"。

（4）电子产品及安全附件类采用"型式试验 + 获证后监督"或"型式试验 + 获证后跟踪检查"。

（5）照明电器类采用"型式试验 + 获证后监督"或"设计鉴定 + 部分项目型式试验 + 获证后监督"。

（6）车辆及安全附件类采用基本模式、单车认证和自我声明三种模式，基本模式指"型式试验 + 初始工厂检查（企业质量保证能力和产品一致性检查）+ 获证后监督"，单车认证指 100% 检验。

（7）农机产品类、安全防范产品类采用"型式试验 + 初始工厂检查（企业质量保证能力和产品一致性检查）+ 获证后的跟踪检查"。

（8）消防产品类采用"型式试验 + 工厂条件文件审查 + 获证后监督"或"型式试验 + 初始工厂检查（企业质量保证能力检查与产品一致性检查）+ 获证后监督"。

（9）建材产品类采用"型式试验 + 初始工厂检查（企业质量保证能力和产品一致性检查）+ 获证后的跟踪检查"或"型式试验 + 初始工厂检查（企业质量保证能力和产品一致性检查）+ 获证后监督"。

（10）儿童用品类采用"型式试验 + 初始工厂检查（企业质量保证能力检查与产品一致性检查）+ 获证后监督"或"型式检验 + 获证后监督"。

（11）防爆电气类、家用电器类采用"型式试验 + 初始工厂检查（企业质量保证能力检查与产品一致性检查）+ 获证后监督"。

上述提到的实施规则具体而言：

（1）"型式试验"是指认证机构进行资料审核后制定型式试验方案，依据生产企业分类管理情况，在认证实施细则中明确单元或单元组合抽样 / 送样的具体要求。型式试验需在国家认监委指定的实验室完成，由实验室对样品进行检测，确保检测结论真实、正确，对检测全过程做出完整记录并归档留存。

（2）"获证后监督"是指认证机构对获证生产企业及产品实施的监督。一般采用获证后的跟踪检查、生产现场抽取样品检测或者检查、市场抽样检测或者检查三种方式之一。

（3）"自我声明"是指生产者为证实产品满足本规则要求以及强制性认证适用标准，基于合格评定结果所出具的声明。

（4）"获证后跟踪检查"是指认证机构应在分类管理的基础上，对获证产品及其生产企业实施有效的跟踪检查，以验证生产企业的质量保证能力持续符合认证要求、确保获证产品持续符合标准要求并保持与型式试验样品的一致性。

（5）"设计鉴定"是指大型灯具认证委托人提供生产者完成的设计图纸及有关资料，由认证机构选择国家认监委制定的实验室对所提供的设计图纸及有关资料进行审核，并确定所需部分型式试验项目的方案。实验室完成审核及检测后，将结果提交认证机构。

（6）"初始工厂检查"是指认证机构委派具有资格的强制性产品认证检查员组成检查组，对生产企业质量保证能力和产品一致性控制进行符合性检查。

（7）"工厂条件文件审查"是指认证机构按照消防产品工厂检查的规则标准要求开展文件审查。

（8）生产现场抽取样品检测或者检查是指认证机构应根据企业分类原则和产品特点在实施细则中制定生产现场抽样检测或者检查的内容和要求，并依据其制定抽样检测具体方案，指定人员在企业生产的合格品中（包括生产线、仓库或口岸等）抽取样品。

（9）"产品检测"与"型式试验"大致相同，但在不影响认证结果有效性的前提下，可以由指定实验室派出检测人员按照标准要求利用生产企业检测资源实施检测或者目击检测，并由指定实验室出具检测报告。

三、"一带一路"沿线国家（地区）的商品检验制度概述

（一）欧盟

欧盟目前有较为完善的产品质量管理系统。从产品生产开始，产品质量管理系统包括制定产品标准、要求必要时通过第三方合格评定机构对产品进行评估、对第三方合格评定机构的资质认证、制定不同产品适用的合格评估程序、设立市场监督机制（包括对来自第三国的产品和控制）多个方面。

在欧委会内部，企业总司负责企业竞争力、产业发展、盟内货物自由流通、中小企业、服务业以及其他一些产业的立法和管理工作。消保总司主要负责组织实施欧盟通用产品安全指令（GPSD），并在GPSD框架下开展与消费者保护相关的消费产品立法和管理活动，包括动植物产品、化妆品、医疗器械、制药和卫生等行业。欧委会还可以代表成员国对外与第三国或者国际组织商签协定。

1. 程序性规定

基于欧盟较为完善的产品质量管理系统，欧盟主要依靠后续监管对产品安全卫生进行把控，对于从第三国输入欧盟境内的产品，欧盟主要采取入境验证、边境检查进行商品检验。

依据欧共体 339/93 号法规《对从第三国进口的产品进行产品安全规则检查条例》（COUNCIL REGULATION （EEC）No 339/93 of 8 February 1993on checks for conformity with the rules on product safety in the case of products imported from third countries）的规定，各国海关有权对于从第三国进口的涉及安全和健康的产品进行入境验证。入境检验不适用于欧盟法规要求边境检查的产品，以及有关植物卫生、兽医、畜牧控制和动物保护的产品。入境验证主要查验产品是否附有必要的强制性标志、标志和文件（如CE 标志、技术文件等），是否存在严重的健康或安全隐患。

在产品入境环节，当一些特征表明产品在正常使用的情况下，存在严重的健康或安全隐患时，海关有权中止货物输入欧盟境内，并通知负责监督市场的国家部门及时采取行动。在产品销售环节，如发现产品存在严重且直接的风险时，市场监督部门有权禁止产品投放市场，且要求海关在产品随附的商业发票和任何其他相关随附文件中进行背书。如发现产品不符合现行法规要求，市场监督部门可采取适当措施，必要时可要求海关在产品随附的商业发票和任何其他相关随附文件中进行背书。

2. 标签管理

欧盟对于许多产品的立法仅限于基本的健康、安全和环境要求，例如欧盟通用产品安全指令（GPSD）。对于一些产品的技术要求由欧洲统一标准规定，旨在确保整个单一市场的产品安全，例如 CE 认证。国家标准和规则也可以适用，遵守这些规则允许产品在欧盟内自由销售和交易。还有欧盟范围内特定的统一规则，主要适用于化学品、杀生物剂、植物保护产品、化妆品和药品。

（1）通用产品安全指令（GPSD）

根据欧盟通用产品安全指令（Directive 2001/95/EC of the European Parliament and of the Council of 3 December 2001 on general product safety，

GPSD）规定，任何欧盟法律中没有安全要求规定的产品均应遵循欧盟通用产品安全指令，该指令同样适用于有特定安全要求的产品的未具体说明风险的方面。通用产品安全指令要求生产者和进口商有责任保证投放欧盟市场产品的安全，并采取适当的预防性措施，出现问题时有义务立即行动并通报主管机构。GPSD 要求制造商仅将安全产品投放市场。

通过欧盟非食品危险产品快速预警系统（RAPEX），成员国立即在自己和欧盟委员会之间共享有关危险产品的信息。这可能会导致营销限制，产品撤回或召回。如果产品严重危害各个成员国消费者的健康和安全，则 GPSD 还为欧盟委员会提供了采取临时紧急措施的选择。

（2）欧洲统一标志（CE）

CE 是一种安全认证标志，被视为制造商打开并进入欧洲市场的护照。CE 代表欧洲统一（CONFORMITE EUROPEENNE）。加贴 CE 的商品表明该产品符合欧盟有关安全、健康、环保等法规要求，可以在欧盟 27 个成员国、欧洲贸易自由区 4 个国家（冰岛、挪威、瑞士、列支敦士登）以及英国[①]、土耳其合法上市销售，无须符合每个成员国要求。

CE 对于某些产品是强制性的。欧盟委员会列出了需要 CE 的 25 类产品，以及适用的指令、技术文件和其他说明，包括有源植入式医疗设备、燃烧气体燃料的器具、旨在载人的索道设施、建筑产品等 25 类产品。CE 不适用于食品、机动车、化学药品、化妆品、药品和杀菌剂。

根据欧盟规定，产品加贴 CE 有制造商自我符合性声明、第三方机构进行符合性评定两种途径。绝大多数产品是由制造商采取自我符合性声明方式加贴 CE。制造商确保自己的产品符合欧盟法规、产品安全有效，并建立相关技术文件，签署符合性声明，即可在产品加贴 CE，进入欧盟销售。部分风险相对较高的产品需要经过欧盟授权的第三方机构，即公告机构（notified body）进行符合性评定后方可加贴 CE。产品制造商向公告机构提出申请，公告机构为制造商提供符合性评定服务，制造商及产品符合法规

---

① 注：英国自 2021 年 1 月 1 日起由药品和保健产品监管局（MHRA）承担目前通过欧盟体系进入英国医疗器械市场的责任。

要求的向制造商发放 CE 证书，制造商依据 CE 证书签署符合性声明，产品加贴 CE 后，进入欧盟市场。

（3）化学品（REACH）

REACH 是欧盟规章《化学品注册、评估、许可和限制》（REGULATION concerning the Registration, Evaluation, Authorizationand Restriction of Chemicals）的简称，由欧盟制定，并于 2007 年 6 月 1 日起实施的化学品监管体系。这是一个涉及化学品生产、贸易、使用安全的法规提案，法规旨在保护人类健康和环境安全，保持和提高欧盟化学工业的竞争力，以及研发无毒无害化合物的创新能力。

REACH 指令要求凡进口和在欧洲境内生产的化学品必须通过注册、评估、授权和限制等一组综合程序，以更好更简单地识别化学品的成分来达到确保环境和人体安全的目的。该法规不仅适用于化学品，也适用于纺织、皮革等下游产品，是一部涉及面很广、会影响市场竞争格局的法规。该指令主要有注册、评估、授权、限制等几大项内容。值得注意的是，对现在广泛使用和新发明的化学品，只要其产量或一次进口量超过 1 吨，其生产商或进口商均需向 REACH 中央数据库提交此化学品的相关信息。任何商品都必须有一个列明化学成分的登记档案，并说明制造商如何使用这些化学成分以及毒性评估报告。所有信息将会输入到一个正在建设的数据库中，数据库由位于芬兰赫尔辛基的一个欧盟新机构欧洲化学品局来管理。

（二）日本

1. 程序性规定

目前，日本大多数进出口程序由进出口 / 港口信息系统（NSCCS）处理。在 NACCS 进行进口申报时，系统识别将货物分为简单检查、书面审查、实物检查三类。属于简单检查的货物缴纳进口关税后即可进口；要求书面审查的货物需要将进口单证交给海关进行书面审查，审查通过后方可进口；需要进行实物检查的货物则需要海关进行实物审查。

实物检查在审查进口（纳税）报关单、项目分类、关税税率、关税金额、申报内容正确与否的基础上，对货物进行实物检查，确认是否货单一致、是否有未申报的货物以及"不应进口的东西"，例如兴奋剂、麻醉品、手枪和仿制产品，确认货物是否符合《食品卫生法》和《植物保护法》等其他法律法规。对于进口需要行政管理机关进行许可的货物，在实物检查时海关还需确认货物是否取得许可以及是否满足许可条件。

检验货物时，对于不需要进行数量确认的进口货物，则在海关制定的地方检查一部分样品；对于需要确认特性和数量的进口货物，该货物应当按均等数量包装，对其指定部分进行检验；对于需要全面检查的货物，需要进行全部检查。

通常情况下在海关检验机构进行检验。根据货物特性和海关要求，检验可以在不同场所进行，对于难以带到海关检验机构的货物，如大型机械等，则进行现场检验。如货物装载在外贸船只或驳船上，亦可进行船只检查或驳船检查。

2. 标签管理

进口到日本的产品需要进行产品测试，如没有证明符合规定标准的合格证书，便不得在日本销售。这些标准分两类：强制性标准和资源性标准，符合对应认证制度的产品将获得认证标志。以下对主要认证进行简要说明。

（1）电器设备和物料的产品安全认证（PSE）

电器设备和物料的产品安全认证（Product Safety of Electrical Appliance and Material，PSE）是日本强制性安全认证，用以证明电子电气产品已通过日本电气产品安全法（DENAN Law）或国际 IEC 标准的安全标准测试。METI 备案法案规定 498 种产品进入日本市场必须通过安全认证。其中，165 种 A 类产品应取得菱形的 PSE 标志，333 种 B 类产品应取得圆形 PSE 标志。法规要求日本的采购商在购进商品后一个月内必须向日本 METI 注册申报，并必须将采购名称或 ID 标在产品上，以便在今后的产品销售过程中进行监督管理。目前针对出口日本并且申请了 PSE 认证的产品，都要求到 METI 备案。

（2）日本工业标准（JIS）

日本工业标准是基于《工业标准化法》建立的规范矿业、制造业有关产品、数据、服务的质量、性能和测试方法的国家标准。认证报告包括产品测试和工厂审核两个部分，重点是工厂的质量控制体系审核。日本 JIS

认证是指由厂家申请，日本工业标准认证机构根据日本工业标准化的要求，依据相应的日本工业标准，对工厂进行现场审核和产品测试，进而获得日本 JIS 认证的活动过程。

（三）俄罗斯

俄罗斯实行的商品认证制度是以现行的劳动保护法和维护消费者利益法为依据的，目的是确保商品对人体健康和环境保护不构成危害。根据商品可能对消费者及环境造成的危害，俄罗斯国家标准委员会制定出必须要通过强制认证和可以自愿进行认证的商品清单。

1. 程序性规定

《俄罗斯联邦海关法》规定，海关手续应在发货人（出口时）或收货人（进口时）或其分支机构所在地的俄海关机关的指定地点办理。办理时间为俄国家海关委员会规定的海关机关工作时间。根据有关方面的请求，海关手续可在其他地点和非海关工作时间办理，但需收取双倍手续费。俄国家海关委员会有权决定某些种类的商品和交通工具只能在指定的海关机关办理海关手续。某些商品只有办完动植物检疫、生态及其他检验后方可办理海关手续。

俄罗斯产品进行认证程序为：生产厂家选择一家相应的俄罗斯认证机构，办理所有必办的手续后领取合格证即可。进口商品办理认证，出口商应将样品寄到俄罗斯，办理特殊的商品进口海关手续。然后，寻找相应的认证机构，交付认证费用后，请其测试并签发 GOST 证书。俄罗斯国家标准委员会委托国际认证及检验机关按俄罗斯标准在发货之前在出口国当地进行认证并发放 GOST 证书。

2. 具体规定

自 1995 年俄罗斯联邦法律《产品及认证服务法》颁布之后，俄罗斯开始实行产品强制认证制度。近年来，俄罗斯逐步加强了进口商品的强制性认证管理，将产品强制认证扩展到了海关。俄罗斯《产品及认证服务法》第 14 条规定："对于按照俄罗斯联邦法令规定需要进行强制认证的产品，其进口合同中应写明要出具合格证和合格标记""产品合格证应与货物海关申报单一起向海关出示，并作为主要文件用以获得进入俄罗斯联邦境内的许可"。强制认证的商品种类颇多，包括食品、烟草、化妆品、香水、个人卫生用品、医疗器械、药品、服装和鞋类、家用产品和家用电器、家具、玩具、视听产品、电信产品、五金工具、运输工具、汽油和胭脂、化工品、机械产品，等等。根据俄罗斯法律，商品如果属于强制认证范围，不论是在俄罗斯生产，还是进口，都应依据现行的安全规定通过认证并领取俄罗斯国家标准合格证书（缩写 GOST 证书）。

根据认证内容，俄罗斯商品认证可分为以下几种：

（1）达标认证，即认证该类商品是否达到国家标准，这是商品认证的总要求。

（2）安全认证，即认证该类商品是否符合安全要求。

（3）质量认证，即认证该类商品是否达到质量标准。

（4）卫生认证，即认证该类商品是否符合卫生要求，凡与人体接触的商品均须通过卫生认证。

（5）消防认证，即认证该类商品是否符合防火要求，家电产品必须通过消防认证。

没有 GOST 证书，产品是不能上市销售的。对于许多进口产品来说，没有 GOST 证书，俄海关不受理报关。有些商品仅仅办理 GOST 证书还不够，例如医药产品还须办理俄罗斯联邦卫生部颁发的登记证书，无线电电子产品须办理俄罗斯联邦国家通讯监督局颁发的许可证等。许多商品品种的进口还须办理俄罗斯国家卫生检疫部门颁发的卫生证书，且卫生证必须在取得 GOST 证书前领取。

（四）其他国家和地区

1. 韩国

对于需要进行进口查验的货物，韩国海关对其进行查验。韩国主要依据《品质经营与工业品安全管理法》《电器用品安全管理法》《电器通信安全法》和《电波法》等，实施安全认证，即 Korean Certification（KC）认证。KC 认证是韩国电子电气用品安全认证制度，KC 认证标识代表该产品符合韩国的产品安全要求。根据韩国《电气用品和生活用品安全管理法》，KC 认证分为安全认证、安全确认、供应商符合性声明。电子电气类产品常见的需要做 KC 认证的电气产品有电器、音视频产品、通信产品、照明产品、电源、电池等电气类产品。其中，部分纺织品、化学、机械、土建和生活用品经检验机构检查合格后，必须向认证机构提交"自律安全确认申请书"，韩对其实施强制认证。

自愿安全确认的产品采用"型式试验＋安全确认声明"的模式进行认证。属于自愿性产品中的所有电子类产品只需在安全检测机构进行产品检测（安全性、电磁兼容性测试）且得到确认，进行自我宣告后就能销售，不需要接受工厂审查。所获得的确认证明有效期为 5 年。大多数电子电器产品须同时满足安全和 EMC 标准要求。获得认证的产品须加贴 KC 认证标志方能在韩国市场上销售。

2. 东盟

东盟现有印度尼西亚、马来西亚、菲律宾、泰国、新加坡、文莱、柬埔寨、老挝、缅甸、越南 10 个成员国。为了消除东盟内部在包括标准、质量检测、技术法规等形式在内的非关税壁垒，1992 年，东盟各国经济部部长在菲律宾马尼拉的第 24 次会议上组建了东盟标准与质量咨询委员会（ACCSQ）。ACCSQ 建立的工作组包括了标准互认、认可与合格评定、计量，涉及的重点行业领域包括：电子电气、医药、化妆品、食品、汽车、医疗器械、橡胶，这些领域是东盟优先一体化的领域。

（1）标准化机构

《东盟标准与一致性战略计划（2016—2025）》的使命是制定标准、技术法规、合格评定程序相关的综合性政策，支持相关的质量基础设施建设，以建立高度一体化和具有凝聚力的东盟经济体系。ACCSQ 的六大战略目标都是基于三个核心活动：协调国家与国际标准和惯例、制定合格评定程序互认协议和制订重点领域统一监管计划。

东盟各成员国在国内设立标准化管理部门负责国家质量基础的发展和协调，代表国家参加国际和区域的标准化组织活动，如新加坡企业发展局、马来西亚标准局、泰国工业标准协会、越南标准计量与质量局、菲律宾标准局等。

（2）东盟统一标准

根据《东盟标准统一准则》，东盟统一标准分为以下两种类型：①东盟互认协定（MRAs）、统一监管计划和其他倡议或文书中引用的用于消除技术性贸易壁垒的标准。②与互认协定或东盟统一监管计划不相关的产品标准。

用于消除技术性贸易壁垒的标准通常在成员国的法律法规中被要求强制执行。与互认协议或东盟统一监管计划不相关的产品标准属于非强制执行标准，当没有相关现行国际标准和规范时，才考虑使用东盟国家的标准及其他标准。目前东盟已经统一200多项包括电子电气设备、橡胶制品和汽车产品在内的多领域的标准与技术要求。

四、"一带一路"沿线国家商品检验的国际合作

（一）国际公约

1.《技术性贸易壁垒协定》

技术性贸易壁垒（Technical Barriers to Trade，TBT）是 WTO–TBT/SPS《技术性贸易壁垒协定》和《实施卫生与植物卫生措施协定》管辖的影响国际货物贸易的技术性措施统称，是指一国或区域组织以维护其基本安全、保障人类及动植物的生命及健康和安全、保护环境、防止欺诈行为、保证产品质量等为由而采取的一些强制性或自愿性的技术性措施，通常以国家（地区）的技术法规、协议、标准和认证体系（合格评定程序）等形式出现。为降低由产品标准设定带来的技术性贸易壁垒，WTO 在原关贸总协定东京协议基础上修改补充了一项多边贸易协定《技术性贸易壁垒协定》。通过《技术性贸易壁垒协定》，WTO 对成员的中央政府机构、地方政府机构、非政府机构制定、采用和实施技术法规、标准或合格评定程序分别做出规定和要求。该协定旨在规范成员设定技术性贸易法规、实施技术性贸易措施的行为，鼓励采用国际标准，对发展中国家采取可能合理的措施，减少国际贸易中由技术标准设定带来的不必要的贸易摩擦，推动贸易便利化。《技术性贸易壁垒协定》包括总则、技术法规和标准、合格评定程序、信

息和援助、机构、磋商和争端解决、最后条款七个部分，并附有《附件一：本协定中的术语及其定义》《附件二：技术专家小组》《附件三：关于制定、采用和实施标准的良好行为规范》。

该协定由技术性贸易壁垒委员会负责管理、监督、审议与执行。技术性贸易壁垒委员会的职责包括：为保证发展中国家成员能够遵守《技术性贸易壁垒协定》，技术性贸易壁垒协定委员会就协定项下全部或部分义务给予特定的、有时限的例外；定期审议本协定制定的在国家和国际各级给予发展中国家的特殊和差别待遇；设立工作组或其他适当机构，履行委员会依照本协定相关规定制定的职责；避免本协定项下的工作与政府其他技术机构中的工作产生不必要的重复；每年对《技术性贸易壁垒协定》实施和运用的情况进行审议；每3年期期末，委员会审议《技术性贸易壁垒协定》的运用和实施情况。

2. ISO9000 族

ISO9000 族标准是在总结质量管理实践经验的基础上，将一些先进国家已经逐步建立起来的质量管理标准进行了整理，形成了国际标准。ISO9000 的核心标准包括 ISO9000：2015 标准 ISO9001：2015 标准、ISO 9004：2009 标准、ISO19011：2011 标准，其可以帮助组织建立、实施并有效运行质量管理体系，是质量管理体系通用的要求或指南。ISO9000 族不受具体的行业或经济部门的限制，可广泛用于各种类型和规模的组织，在国内和国际贸易中促进相互理解和信任。建立 ISO9000 族的目的是努力帮助国际供需双方对商品质量达成共识。在经济贸易全球化的进程中，通常以 ISO9000 为主体，结合 ISO14000 环境管理体系、OHSAS18000 职业健康安全管理体系三位一体结合，作为一体化管理体系使用，这也是经济全球化发展的必然趋势。

（二）国际组织

1. 国际标准化组织

国际标准化组织（International Organization for Standardization，ISO）是世界上最大的非政府性标准化专门机构，它在国际标准化中占主导地位。国际标准化组织成立于 1947 年，总部设在瑞士的日内瓦。至 2021 年，国际标准化组织拥有 165 个国家标准机构成员，下设 793 个技术委员会和小组委员会，共制定了 23876 条国际标准。国际标准化组织的主要活动是制定国际标准，协调世界范围内的标准化工作，组织各成员方和技术委员会进行情报交流，以及与其他国际性组织进行合作，共同研究有关标准化问题。

国际标准分类法（International Classification of Standards，ICS）对包括一般术语和文档的标准化、自然科学和应用科学、计量学和测量以及物理现象、能量与传热工程、电气工程、服装、农业、化学、矿产、建筑材料和建筑在内共计 97 个类别进行标准化工作。

2. 国际法制计量组织

国际法制计量组织（International Organization of Legal Metrology，OIML）是一个政府间国际组织，协调全球法制计量规则一致性。国际法制计量组织成立于 1955 年，总部设在法国巴黎。最高权力机构是国际法制计量大会，每四年召开一次会议，成员方均有权派代表团出席。领导和决策机构是国际法制计量委员会（CIML），由各成员方政府任命的一名代表组成，每年召开一次会议。国际法制计量组织的主要活动是制定供法定计量机构和行业使用的规章范本、推行 OIML 证书互认制度，代表全球法制计量界参加国际组织和论坛，促进全球法制计量界的发展和能力交流。

3. 国际认可论坛

国际认可论坛（International Accreditation Forum，IAF）是从事合格评定活动的相关机构共同组成的国际合作组织，成立于 1993 年 1 月，活动范围涉及世界各国的评定认可机构。其主要活动目的在于实现对被认可证书的普遍接受，建立并保持对各互认成员方认可制度的信任，确保认可准则实施的一致性，最终实现一次认可，全球承认。遵循世界贸易组织《技术性贸易壁垒协定》的原则，通过各国认可机构在相关认可制度等方面的广泛交流，促进和实现认证活动和结果的国际互认，减少或消除因认证而导致的国际贸易技术壁垒，促进国际贸易的发展。

4. 国际电工委员会

国际电工委员会（IEC）是世界上成立最早的非政府性国际电工标准化

机构,是联合国经社理事会（ECOSOC）的甲级咨询组织。IEC有81个成员（正式成员60个，准成员21个），包括了绝大多数的工业发达国家及一部分发展中国家。IEC的宗旨是促进电工标准的国际统一，电气、电子工程领域中标准化及有关方面的国际合作，增进国际相互了解。IEC的工作领域包括电力、电子、电信和原子能方面的电工技术。

5. 联合国工业发展组织（UNIDO）

联合国工业发展组织（United Nations Industrial Development Organization，UNIDO），是联合国系统中的专门机构，成立于1966年，总部设在奥地利维也纳，在36个国家和区域设有办事处，在13个国家设有投资与技术促进办事处。工发组织的宗旨是同170多个成员方合作促进和加速发展中国家的工业化进程及实施可持续性发展战略，并且针对当今各国面临的工业问题，特别是在有竞争力的经济、良好的环境和有效的就业（3Es）三个方面面向政府、机构和企业提供一揽子服务方案。

第四节　"一带一路"沿线国家的卫生检验制度

一、卫生检疫的发展历程

国境卫生检疫是指国家国境卫生检疫机关为了防止传染病由国外传入或者由国内传出，通过国家设在国境口岸的卫生检疫机关，依照国境卫生检疫的法律、法规，在国境口岸、关口对出入境人员、交通工具、运输设备以及可能传播传染病的行李、货物、邮包等物品实施卫生检疫查检、疾病监测、卫生监督和卫生处理的卫生行政执法行为。

卫生检疫的英文Quarantine，源自14世纪横行欧洲的黑死病。1348年，威尼斯设立史上首个检疫站，对到港船舶实施港外隔离40天的检疫措施，称为Quaranta，英文转译为Quarantine，沿用至今。1879年，日本将Quarantine译作"检疫"，中国随后借用日文汉字。中国卫生检疫始于1873年，上海江海关税务司初拟检疫章程四条，对来自印度、暹罗（泰国）等霍乱疫区的船舶实施检疫，以保护上海租界侨民健康和航商利益；同时，厦门海关税务司拟订卫生简章三条在厦门港实施检疫。1910—1911年，南洋华人伍连德博士成功阻击了从沙俄经满洲里口岸输入的东北鼠疫，这是中国卫生检疫乃至公共卫生事业的高光时刻。此后数十年，伍连德一手打造了中国现代卫生检疫体系。新中国成立后，在卫生部防疫处设置了检疫科，接管了全国卫生检疫所。1988年，各卫生检疫所由卫生部卫生检疫所直接管理。1998年，在机构改革中"三检合一"，统一由国家出入境检验检疫局管理。从对中国检疫历史的梳理中，我们可以发现：早期主导中国卫生检疫的多为西方人；卫生检疫源于海关，虽后有分离，但终究回归；自诞生之日起，卫生检疫就担负了维护人民健康与保障贸易安全的重大责任。

二、国境卫生检疫标准

随着经济全球化的不断发展，技术性贸易壁垒正逐渐成为各国调控对外贸易、维护国家利益的主要手段。传统的技术性贸易壁垒，多局限于针对食品和动植物及其产品的检疫措施。然而随着近年来国际疫情的频发，高致病性禽流感、新冠肺炎等疫情的传播，国境卫生检疫逐渐受到国际和世界各国的重视。为保护人类和动植物健康，世界贸易组织成员签署了《实施卫生和植物卫生措施协定》（《SPS协定》），主要目的是保护成员领土内的动物、植物或人类的生命或健康免受虫害、病毒、食品、饮料或饲料中的添加剂、污染物、毒素或带病有机体或致病有机体的传入、定居或传播所产生的风险。根据《SPS协定》，成员方在保护生命或健康所必需的范围内，有权制定和采用SPS措施。在国际贸易中，成员方可以在不违反《SPS协定》基本原则和程序性要求的情况下，优先考虑保护境内动植物和人的生命健康。

2005年5月23日，第五十八届世界卫生大会通过了《国际卫生条例（2005）》，针对公共卫生风险，预防、抵御和控制疾病的国际传播，提供了公共卫生应对措施。要求各国确定负责本国出入境口岸的主管当局并负责：①监测离开或来自受染地区的行李、货物、集装箱、交通工具、物品、邮包和尸体（骸骨），确保旅行者在入境口岸使用清洁卫生设施；②监督对相关货物和人员所采取的灭鼠、消毒、除虫、除污和卫生措施；③监督清除和安全处理交通工具中任何受污染的水或食品、人或动物排泄物、废水和任何其他污染物；④监测和控制船舶排放的可污染港口、河流、运河、海峡、湖泊或其他国际水道的污水、垃圾、压舱水和其他有可能引起疾病的物质；⑤监督在入境口岸提供服务的从业人员，必要时包括实施检查和医学检查。

表 4-5　指定机场、港口和陆路口岸应具备日常和应急两种能力

能力类型	能力内容
日常能力	1. 提供适宜的医疗服务机构、足够的医务人员、设备和场所
	2. 调动设备和人员
	3. 配备受过培训的人员检查交通工具
	4. 确保使用入境口岸设施的旅行者拥有安全的环境
应急能力	1. 建立和完善突发公共卫生事件应急预案，在相应的入境口岸、公共卫生和其他机构和服务部门任命协调员和指定联系点
	2. 评估和诊治受染的旅行者或动物，与当地医疗和兽疫机构合作
	3. 对可疑人员进行评估、检疫
	4. 对行李、货物、集装箱、交通工具、物品或邮包进行除虫、灭鼠、消毒、除污，或进行其他处理
	5. 对到达和离港的旅行者采取出入境控制措施

对机场、港口和陆路口岸应具备的检疫能力、到达或离境的不同对象应接受的不同检疫措施，分别进行了详细规定，为各国制定各自的卫生检疫法明确了主要原则和内容。

表4-6　对旅客、船舶、飞机在离境、到达与离去之间和到达时的卫生措施

措施类型	措施内容
离境时的卫生措施	各卫生行政机关应尽力采取各种可行措施，将旅行者前去的各国预防接种证书要求、受检查的证件、卫生要求通知旅客、驻外使馆、船主、航空公司等
	1.港口、机场或没有边境站地区的卫生当局应采取一切切实可行的措施
	2.阻止染疫人或染疫嫌疑人出境
	3.阻止本条例所辖疫病的可能传染源和媒介动物、传入船舶、飞机、火车、公路车辆、其他交通工具或集装箱内
	4.疫区的卫生当局可向离境旅客查验有效的预防接种证书
	5.对任何人在其出境做国际旅行之前进行医学检查
应用于港口、机场到达或离去之间的卫生措施	飞机在飞行中不准从飞机上掷出或倒下任何能导致传染病的物品
	1.一个国家对仅通过其所辖之水域而不在其港口或海岸停靠的任何船舶不应实施卫生措施。
	2.若因故而停泊时，可实施该领域内现行的法律和条例
	3.当船舶通过一个国家领域内的航运运河或水道，到另一个国家领域内的一个港口时，除医学检查外，不应采取卫生措施，除非该船来自疫区或在船上有来自疫区的人员，并在此疫区感染疫病之潜伏期内
	4.对来自上述地区的，或船上有上述人员的船舶，可实行的唯一措施是必要时在船上派驻一名卫生检疫人员以防止该船与海岸之间一切未经核准的接触，并监督第二十九条的实施
	5.卫生当局应当允许上述船舶在监督下装载燃料、水以及补给品
	6.通过航运运河或水道的染疫船舶或染疫嫌疑船舶，可视同停泊在同一领域内的港口之船舶一样处理
到达时的卫生措施	飞机、船舶上存在病例，机长、船长应尽可能在到达前通知机场、港口当局
	1.港口、机场或边境站的卫生当局，对抵达的任何船舶、飞机、火车、公路车辆、其他交通工具或集装箱以及作国际旅行到达的任何人员进行医学检查
	2.对船舶、飞机、火车、公路车辆、其他交通工具或集装箱采取进一步的卫生措施应视航行中和在医学检查中的各种情况而定。然而对来自疫区的船舶、飞机、火车、公路车辆、其他交通工具及集装箱，则不加歧视地实施本条例所许可的措施

措施类型	措施内容
到达时的卫生措施	3. 遇有对公共卫生构成严重危害的特殊问题时,卫生行政机关可以要求国际旅行者在抵达时书面填报目的地地址
	4. 当船舶、飞机、火车、公路车辆或其他交通工具到达时其上的染疫人,由卫生当局移运和隔离。卫生当局可对在国际旅行中任何交通工具由疫区而到达的染疫嫌疑人实施就地诊验或留验,到潜伏期满为止
	5. 任何已在前一个港口或机场实施过的卫生措施,除医学检查外,不应再在后一个港口或机场重复实施。除非后续有流行病发生。任何船舶或飞机,如不愿接受港口、机场卫生当局依据本条例所要求采取的措施,应准予立即离境
	6. 只有货物、物品是来自疫区,并且卫生当局有理由相信此种货物和物品可能已被本条例所辖疫病病原体污染,或可能成为该疫病传播之媒介时,才可对这些货物及物品采取本条例规定的各项卫生措施
	7. 除活动物外,过境而不换装的物品,任何港口、机场或边境站都不得实施卫生措施或加以扣留
	8. 两国间的贸易商品消毒证书的签发,可按进出口国间双边协定办理
	9. 对邮件、报纸、书籍和其他印刷品不应采取任何卫生措施。除非卫生当局有理由确信是来自霍乱疫区的传染性物品、能成为人类疫病媒介的活昆虫和其他动物

在到达或离境时,针对不同对象主管当局应采取不同的检疫措施。

(1)对旅行者。①了解有关目的地的情况,以便与其取得联系;②了解有关该旅行者旅行路线以确认到达前是否在受染地区或其附近进行过旅行或可能接触传染病或污染物,以及根据本条例要求检查旅行者的健康文件;③进行能够实现公共卫生目标的侵扰性最小的非创伤性医学检查。

(2)对行李、货物、集装箱、交通工具、物品、邮包和尸体(骸骨)进行检查。

(3)对于受感染的交通工具:①对交通工具进行适宜的消毒、除污、除虫或灭鼠,或使上述措施在其监督下进行;②在每个病例中决定所采取的技术,以保证根据本条例的规定充分控制公共卫生风险。若世界卫生组织为此程序有建议的方法或材料,应予采用,除非主管当局认为其他方法也同样安全和可靠。

（4）交通工具运营者在入境前应按规定履行以下义务：①遵守世界卫生组织建议并经缔约国采纳的卫生措施；②告知旅行者世界卫生组织建议并经缔约方采纳在交通工具上实施的卫生措施；③经常保持所负责的交通工具无感染源或污染源，包括无媒介和宿主。如果发现有感染源或污染源的证据，需要采取相应的控制措施。

三、中国的国境卫生检疫制度

（一）机构设置

国务院卫生行政部门主管全国国境卫生检疫工作。为了防止传染病由国外传入或者由国内传出，实施国境卫生检疫，保护人体健康，在中国国际通航的港口、机场以及陆地边境和国界江河的口岸，设立国境卫生检疫机关。卫生检疫机关负责执行《国境卫生检疫法》及其实施细则和国家有关卫生法规；执行海关总署、国务院卫生行政部门指定的工作等。中国海关总署下设卫生检疫司，卫生检疫司内设综合处、检疫管理处、生物安全管理处、疾病监测处、卫生监督处。其中，卫生检疫司主要负责拟订出入境卫生检疫监管的工作制度及口岸突发公共卫生事件处置预案，承担出入境卫生检疫、传染病及境外疫情监测、卫生监督、卫生处理以及口岸突发公共卫生事件应对工作。国境卫生检疫机关设立国境口岸卫生监督员，执行国境卫生检疫机关交给的任务。国境口岸卫生监督员在执行任务时，有权对国境口岸和入境、出境的交通工具进行卫生监督和技术指导，对卫生状况不良和可能引起传染病传播的因素提出改进意见，协同有关部门采取必要的措施，进行卫生处理。

（二）法律依据

中国自改革开放以来，特别是进入20世纪90年代以后，已经结合WTO规则的实际要求，采取了一系列与国际通行做法相一致和逐步向国际标准靠拢并与之接轨的措施。在立法上，《标准化法》《国境卫生检疫法》《进出口商品检验法》《进出境动植物检疫法》等构成了中国技术性贸易措施体系的主要法律根据，分别规定了出入境检验检疫的目的和任务、责任范围、授权执法机关和管辖权限、检验检疫的执行程序、执法监督和法律责任等重要内容，从根本上确定了出入境检验检疫工作的法律地位。《中华人民共和国国境卫生检疫法》的主要目的同样是防止传染病由国外传入或者由国内传出，实施国境卫生检疫，保护人体健康。在中国国际通航的港口、机场以及陆地边境基国界江河的口岸，设立国境卫生检疫机关。2019年修订的《中华人民共和国国境卫生检疫法实施细则》在疫情通报、卫生处理、海陆空边境检疫、传染病管理等方面做出了具体的实施细则。为了有效预防、及时控制和消除突发公共卫生事件的危害，保障公众身体健康与生命安全，维护正常的社会秩序，制定《突发公共卫生事件应急条例》。该法对突发事件发生后，国务院、省、自治区、直辖市人民政府及其下属部门的应急响应机制和措施进行了明确规定。

在体制上，根据国务院机构改革方案，由原国家进出口商品检验局、原卫生部卫生检疫局和原农业部动植物检疫局共同组建国家出入境检验检疫总局，建立起了"三检合一"的新型管理体制。它标志着中国检验检疫行政执法管理制度在与市场经济相适应、与国际通行做法相符合方面前进了一大步。

（三）卫生检疫要求

《中华人民共和国国境卫生检疫法》规定，入境的交通工具和人员，必须在最先到达的国境口岸的指定地点接受检疫。未经国境卫生检疫机关许可，任何人不准上下交通工具，不准装卸行李、货物、邮包等物品。《出入境交通工具电讯卫生检疫管理办法》要求船舶运营者或其代理人应当在船舶预计抵达或驶离口岸24小时前向检验检疫机构申报。入境航空器在预计降落30分钟前，出境航空器在离境关闭舱门15分钟前向检验检疫机构申报。出入境列车运营者或其代理人应当在列车预计抵达或离开口岸30分钟前申报。因故停泊、降落在中国境内非口岸地点的时候，船舶、航空器的负责人应当立即向就近的国境卫生检疫机关或者当地卫生行政部门报告。《卫生检疫法》对入境、出境的人员实施传染病监测，要求入境、出境的人员填写健康申明卡，出示传染病预防接种证书、健康证明或者其他有关证件。对未染有检疫传染病或者已实施卫生处理的交通工具，签发入境检疫证或者出境检疫证；对染疫嫌疑人应当将其留验，留验期限根据该传染病的潜伏期确定；对染疫人必须立即将其隔离，隔离期限根据医学检查结果确定，同时立即通知当地卫生行政部门，同时用最快的方法报告国务院卫生行政部门，最迟不得超过 24 个小时。

（四）进出境卫生检疫程序

进出境卫生检疫程序见表 4-7。

表 4-7　进出境卫生检疫程序

检疫程序		具体内容
货物检验检疫程序	进境货物检验检疫程序	报检后先放行通关，再进行检验检疫。放行前要收费，进行必要的检疫、消毒、卫生处理，之后签发入境货物通关单放行；检验检疫后，签发入境货物检验检疫证明或检验检疫证书，准予销售使用
		入境货物异地施检：口岸报检通关；目的地检验检疫
	出境货物检验检疫程度	口岸即产地：施检合格直接发放出境货物通关单
		口岸非产地：产地施检，合格签发出境货物换证凭单/条并发送电子数据给口岸商检；口岸验证，签发出境货物通关单
集装箱、交通工具、人员检验检疫程序		与货物一并施检：一次报检、一次签证放行。未检前不得进行任何动作
		出境拼箱货，口岸施检；整箱货，凭起运地商检"换证凭条/单"换证（通关单）放行（也可口岸）
		运输工具和人员在离境口岸、进境口岸接受检疫；检疫前不得任何动作

出入境检验检疫工作流程如下：

（1）报检/申报（审核）—抽样/采样—检验检疫—卫生除害—签证出/入境货物通关单后放行。

（2）检验检疫的方式：全数检验，抽检，型式试验，过程检验，登记备案，符合性验证，符合性评估合格保证，免于检验。

四、"一带一路"沿线国家的卫生检疫制度概述

2015 年 3 月 28 日，国家发展改革委、外交部、商务部联合发布《推动共建丝绸之路经济带和 21 世纪海上丝绸之路的愿景与行动》，其中主要有 7 大项涉及卫生检疫的相关内容，涵盖 15 项业务：强化与周边国家传染病疫情信息沟通，提高合作处理突发公共卫生事件的能力；加强卫生检疫的口岸核心能力建设，促进交通工具检疫业务合作。

（一）东盟

东盟农业和林业部、东盟高级官员会议（AMAF 高级官员会议）是负责监测、审查、协调和监督的执行机构。AMAF 高级官员会议通过东盟秘书处向过境运输协调委员会提交执行情况的定期报告，东盟秘书处向 AMAF 高级官员会议提供必要的技术支持和援助。卫生检疫的主要法律是《东盟成员国国家卫生与植物检疫条例》，规定适用于缔约方境内的货物过境。本条例补充完善了 1998 年 12 月 16 日在越南河内签署的《东盟过境货物便利化框架协定》。在各缔约方之间，《东盟过境货物便利化框架协定》和该条例应作为唯一的法律依据。缔约双方特此同意在其各自领土内执行自己的法律、法规和货物运输程序时，应将其列于本议定书附件，并获得其他缔约方的同意。该条例最后列明了各国东盟成员国国家卫生植物检疫的相关条例，表明这些条例在各成员方之间相互认同，共同执行和遵守。

卫生和植物检疫措施包括所有相关的法律、法令、条例、要求和程序，尤其包括最终产品标准；工艺和生产方法；测试、检验、认证和批准程序；检疫处理，包括与运输动物或植物相关的要求，或运输过程中动物或植物生存所必需的材料；有关统计方法、抽样程序和风险评估方法的规定，以及与食品安全直接相关的包装和标签要求。缔约方在疾病和虫害暴发的情况下，可采取和实施适当的紧急措施，以保护其境内的人、动物或植物的生命和健康，实施这些措施的缔约方应将具体措施和相关产品通知有关缔约方和东盟秘书处。

1. 新加坡

新加坡农粮与兽医局（AVA）负责食品安全、动植物健康，也负责卫

生和植物检疫。该局确保其卫生和植物检疫措施符合国际标准，在没有这种国际、区域标准的情况下，进行风险评估并做出风险管理决定。在证据不足的情况下，可采取临时卫生和植物检疫措施。卫生和植物检疫的主要法规是《农业食品和兽疫管理局法》《动物和鸟类法案》《植物控制法》《健康肉类和鱼类法案》《食品销售法》《濒危物种（进出口）法》《野生动物和鸟类法案》《渔业法》《饲料法案》《传染病法》等中防止国际传播的相关规定。

所有进入新加坡的人、货物、运输工具都需要接受卫生检疫。来自受感染地区的所有船只、人及物品均须当作受感染对象来对待。若在运输工具上发现传染病，或者乘客、啮齿动物或病媒中存在这种传染病，则运输工具上的任何人和物品也应被视为受到感染。抵达新加坡的运输工具的代理人，须以规定的形式提供港口所规定的信息。抵达新加坡任何港口的受感染、疑似感染或其他人员、运输工具等必须接受下列措施：由医疗卫生部门的主任、食品管理局或港口卫生官员检查运输工具和人员，并对人员进行体检；对运输工具采取卫生措施，对感染者或接触者进行隔离和离船。隔离或监视或隔离后监视接触者。在港口卫生官员认为有必要的情况下，对离船的乘客或船员进行监督。港口卫生官员可要求任何因医学禁忌证而未接种疫苗的人接受监督或隔离。对于感染霍乱、鼠疫、黄热病等不同传染病，将会采取不同的隔离和防治措施，具体措施内容可见《传染病法》的相关规定。

在新冠肺炎疫情防控期间，新加坡也更新了对于入境游客健康状况的检测：如果他们有新冠肺炎症状，或在离开新加坡前 21 天被诊断或怀疑感染新冠肺炎，或在前往新加坡之前的 14 天里曾与新冠肺炎的任何人有过密切的联系，根据新加坡的《传染病法》，强制性对所有新冠肺炎测试呈阳性的旅行者进行隔离。隔离和治疗地点由新加坡政府决定，病人无权选择特定的医院或 CCF。故意拒绝治疗或在正式出院前离开，或以其他方式使他人面临感染风险的病人，将会受到起诉，经定罪，可被监禁和 / 或罚款。新加坡公民（SC）、永久居民（PRs）、长期通行证持有者（LTPHs）在到达新加坡后 14 天内检测出新冠肺炎测试呈阳性可以使用政府补贴。所有持短期探访证（STVPs）的人士，如在新加坡逗留期间新冠肺炎测试呈阳性，均须自行支付医疗费用，可通过强制性购买旅游保险，以支付医疗费用。

2. 泰国

《检疫法》《检疫（海事）条例》《检疫（航空）条例》《传染病法案》《检疫及防疫条例》是泰国卫生检疫相关的主要法规。由公共服务部门任命卫生官员、巡视员、检疫员和其他的雇员，在检疫当局的指示下负责卫生检疫。泰国部长可指定任意入境口岸为国际传染病控制检查站。公共卫生部部长担任国家传染病委员会的主席，下设"省传染病委员会""曼谷传染病委员会"。

当怀疑旅客或运输工具来自境外任何发生流行病的地方或港口城市时，国际传染性疾病控制检查站的官员应：①要求运输工具所有人或经营人向检查站的官员提供此类运输工具在国际传染性疾病控制检查站的具体到达日期、时间和地点；②运输工具已进入泰国的应向官员提交文件；③禁止任何人进入或离开未经官员检查的已进入境内的运输工具，并禁止任何人将任何其他运输工具带到此类运输工具旁边；④检查进入境内的运输工具、旅客或动物，确保卫生条件，并消除运输工具内的可疑有害物质；⑤禁止运输工具所有人将没有免疫接种的旅行者带入境内。

当确定旅客或运输工具来自疫区时，派驻国际传染病控制检查站的官员应指示运输工具所有人对运输工具进行消毒，并停放在指定地点，直至相关人员许可其离开。同时，其旅客必须接受身体检查，可对旅客进行隔离、检疫或控制观察，或在指定地点及时间接受防疫注射，观察期为6天。期间任何人禁止进入或离开运输工具或隔离场所，或将被怀疑属于传染物质的物品、器具带入或带出运输工具。运输工具所有人应负责为隔离、检疫、观察控制或接受免疫接种的目的而在运输工具中运送旅客的费用，包括照顾旅客或为旅客提供医疗及其他相关费用。

（二）中亚国家

中亚国家有关出入境检验检疫的政府行政管理体制仍沿用苏联的多头管理模式，目前有关出入境检验检疫的行政管理职能分别由各国工贸部、财政部、海关管理委员会、卫生部、农业部承担；对进出口商品的质量安全由中亚国家工贸部技术调控及计量委员会及其设在各州的机构进行监督管理。此外，中亚国家各入境海关通过委托商业性检测机构承担部分进出口商品检验职能，有关出入境检验检疫的行政管理很难统一，有关技术规则、卫生和植物卫生措施的制定工作相对滞后。

中亚国家自独立以来，通过沿用苏联的法律法规和重新制定两种方式，基本形成了目前有关出入境检验检疫有关的法律法规，主要有《标准化法》《认证法》《防止检疫性害虫、植物病原体及杂草检疫条例》《强制性产品合格确认法》。其进出口标准也经历了多次变化，中亚国家目前的计量、认可、标准和质量体系是薄弱且不完整的。如今主要是跨国标准、中亚各国标准（CT）、《技术性贸易壁垒协定》和《实施卫生与植物卫生措施协定》国际标准、技术标准、企业标准等混用的标准体系。1999 年，哈萨克斯坦颁布《标准化法》和《认证法》，其内容符合国际标准和管理。2001 年哈萨克斯坦通过 590 号决议制定了《2001—2005 年国家质量计划》，其目标是使哈萨克斯坦的体系在《技术性贸易壁垒协定》和《实施卫生与植物卫生措施协定》方面符合 WTO 的普遍要求。其实，其他中亚各国也都在积极促使本国标准与世贸组织有关的国际标准相一致。

中国与处于"一带一路"核心区的中亚国家出入境检验检疫领域的制度虽有不同，但在功能领域已有多方面的合作，并建立了双边和多边的制度合作。哈萨克斯坦是中国在中亚国家中最大的贸易伙伴，因此双方签订的双边协定最多、最具代表性。1993 年中哈双方签署的《中华人民共和国国家技术监督局与哈萨克斯坦共和国内阁标准计量总局合作备忘录》《中华人民共和国和哈萨克斯坦共和国政府关于中哈国界管理制度的协定》《中哈卫生和医学领域合作协定》都涉及开展卫生检疫合作方面的内容。

2004 年，中国农业部、国家质量监督检验检疫总局与哈萨克斯坦农业部共同签署《中华人民共和国政府和哈萨克斯坦共和国政府关于动物检疫及动物卫生的合作协定》。其中规定：缔约一方领土向另一方领土出口的动物、动物遗传材料、动物产品、动物饲料和其他可能携带病原的货物、物品必须符合输入方的动物检疫和卫生方面的法律、法规和行政规章，必须符合缔约双方签署的有关检疫和卫生要求议定书，并附有由出口一方官方兽医签发的动物检疫证书或兽医卫生证书正本。动物检疫证书或兽医卫生证书必须用英文和输出国官方语言写成。缔约一方有权依照本国的动物检疫法律、法规和规章，对从缔约另一方输入的动物、动物遗传材料、动物产品、动物饲料及其他检疫物实施检疫。发现问题时有权进行检疫处理。缔约一方在检疫过程中如发现检疫物携带病原和其他有害生物，或不符合本国动物检疫的法律、法规和规章或本协定有关规定的情况，应及时通知缔约另一方。

同时，该协定明确规定缔约双方：

（1）及时互相通报在其境内发生世界动物卫生组织（OIE）规定的A类动物传染病和未知病原或以前未记录过的大规模疫病名称、发病动物种类、数量、发病地点、诊断及采取控制疾病措施等详细情况。发生病毒病时，应通报病毒类型。

（2）交换动物疫病月报和互换本国发生OIE规定的B类动物传染病和寄生虫病的发生情况。

（3）相互通报为防止在邻国发生的OIE规定的A类动物传染病的传入而采取的监测控制措施。

（4）开展国家动物检疫或兽医行政管理部门之间的合作，交流动物检疫及动物卫生管理经验。

（5）采取举办研讨会等形式，开展动物检疫技术及兽医学术交流。

（6）交换动物检疫及兽医法律、法规信息及兽医学杂志、有关出版物。

中国与哈萨克斯坦2005年共同签署《中国－哈萨克斯坦霍尔果斯国际边境合作中心出入境检验检疫监督管理办法》。国家质量监督检验检疫总局主管中心中方区域入出口、中心中方区域和中心跨界通道中方一侧的检验检疫和监督管理工作，新疆出入境检验检疫局负责上述工作的开展。

检验检疫机构依法对进出中心的人员实施检疫查验和传染病监测；对人员携带物、有机物实施检疫（超出合理数量的携带物须向中心检验检疫机构申报检验）；活动物须持家庭所在地县级以上兽医卫生防疫部门出具的有效动物健康证书及狂犬病疫苗接种证书，经检验检疫机构现场检疫合格，予以放行；交通工具和司乘人员，实施检疫查验和传染病监测；货物应向中心检验检疫机构申报；对于基础性建设物资、企业施工机械、自用办公用品、生活物资、备案过的货物、展品等不予实施检验检疫。

2015 年，中国体健院与新疆质监局合作建设的中亚特种设备检测研究中心成立，为有效服务"一带一路"建设，开拓面向中亚、服务中国的出入境检验检疫工作新格局。

（三）韩国

韩国与公共卫生管理及检疫相关的法规很多，如《传染病预防和管理法》《公众卫生管理法》《检疫法》《健康检查基本法》等，其中与国境卫生检疫直接相关的是《传染病预防和管理法》《检疫法》及其配套的实施令和实施规则。为防止向韩国国内或国外传播传染病，《检疫法》对来航或出航韩国的船舶、飞机及其乘客及乘务员或货物的检疫程序和预防措施的相关事项做出了具体规定。

表 4-8　韩国检疫程序

检疫程序	具体内容
入港通知	船长或飞机长接近检疫港时，以适当方法向该港的检疫所所长通知有无传染病患者或死亡人及其他卫生状态
检疫时间	1.入港到检疫港而需要接受检疫的船舶，应挂黄旗，在检疫场所抛锚后，接受检疫调查 2.入港到检疫港而需要接受检疫的飞机，应在检疫港降落后接受检疫调查 3.出航到国外的船舶或飞机，应在检疫区内接受检疫调查 4.除天气及其他不得已情况外，对在日出到日落间来航于检疫场所的船舶和日落后来航检疫场，检疫所所长应立即实施检疫调查 5.飞机来航后应立即实施检疫调查，如果检疫官迟到，相关飞机机长以在检疫区隔离或等待的条件，可许可乘客和货物着陆 6.对出航的船舶或飞机，自相关船舶或飞机长接受出航预定时间通知后，检疫所所长应在出航预定时间之前结束检疫调查
检疫调查	1.船舶或飞机卫生状态的经过和现况 2.船舶或飞机的乘务员和乘客 3.船舶或飞机的乘务员或乘客的携带物品、行李、食品、饮料或爱用品 4.有无检疫传染病媒体老鼠或害虫及其繁殖状态

韩国保健福祉部（MOHW）的主要责任是协调、监督与卫生和福利相关的事务及政策。其下属单位疾病管理本部（KCDC）负责做好各类传染病

的防治工作，强化疾病研究。KCDC下设企划调整部、运营支援组、紧急状况中心、传染病管理中心、传染病分析中心、疾病预防中心、国立保健研究院、国立脏器组织血液管理院，并在全国范围内设立检疫所，负责国内及国境卫生检疫工作。韩国国境卫生检疫主要由疾病管理本部下设的国立检疫所（NQS）负责。

从程序上来看，船舶或飞机必须接受检疫调查获得检疫所所长发给的检疫证或检疫许可证，否则不能入航到国内或出航到国外。检疫调查船舶或飞机、其乘务员、乘客或货物无异常时，检疫所所长会向船长或机长提交检疫证。对以条件许可入港的船舶或飞机，检疫所所长要求其船长或机长提交记载条件的检疫许可证。提交检疫许可证的船舶或飞机履行相应物品的检查后，检疫所所长向船长或机长收回检疫许可证并发给检疫证。

对被检疫传染病感染或具有传染怀疑的船舶、飞机及其乘务员、乘客、行李及检疫，检疫所所长可采取全部或部分以下措施：

（1）至所需的检疫措施结束为止，监视船舶或飞机。

（2）隔离检疫传染病患者或认为被检疫传染病原体传染者。

（3）监视可能被检疫传染病原体传染者。

（4）消毒、废弃或禁止移动认为被检疫传染病原体感染的物品。

（5）消毒或禁止、限制使用认为被检疫传染病原体感染的场所。

（6）为检查认为被检疫传染病原体感染的尸体（包括死胎，以下相同），进行的解剖或根据相关法令的火葬。

（7）对船舶、飞机及装载物品和检疫区内的设施、建筑物、物品及其他场所进行消毒或消灭老鼠、害虫等，或者向船长、机长或设施、建筑物、物品等所有人或管理人员命令（消毒或消灭）。

（8）对认为有必要进行病原体检查者，采取必要措施。

（9）对认为有必要进行预防接种者，实施预防注射。

韩国共有13个国立检疫所及11个检疫支所，每个国立检疫所负责特定区域内的所有口岸。韩国疾病管理本部设有24小时运营的紧急情况中心，负责对国内外传染病的日常监测、分析，并提出应对措施。发现传染病时，医生、医疗机构负责人、陆海空军或国防部直辖部队的长官、传染病病原体确认部门负责人等报告主体需通过传染病网络报告系统或传真方式，按照报告模板向所辖保健所报告，相关保健所应当使用系统向市、道保健所报告，市、道保健所确认相关信息后，向疾病管理本部报告。

韩国传染病危机应对体系分为关注（蓝色）、注意（黄色）、警戒（橙色）和严重（红色）等4级，疾病管理本部根据传染病危险评估会议的决定发布传染病应对级别，不同关注级别会采取不同程度的应对措施。韩国有3个传染病监控体系，分别为全面监控体系、标本监控体系、完善监控体系。全面监控体系下，传染病发生时有通报义务的人应立即向所辖保健所报告，主要针对法定传染病的第一、二、三类共63种疾病；标本监控体系下，按照一定标准将相关医疗机构指定为标本监控机构，7天内向所辖保健所报告，主要针对第四类法定传染病；完善监控体系负责监控非法定传染病，但是流行可能会造成严重影响的疾病。

（四）非洲

非洲在卫生和植物检疫方面面临着许多挑战，比如无法执行统一的动植物疾病管控和食品安全标准；难以以统一的方式执行SPS政策和程序；缺乏SPS标准和法规的透明度等。非洲联盟在2007年开始制定区域SPS框架和战略，目标是加强SPS管理，加快区域一体化，促进贸易发展。次区域西非经济与货币联盟（WAEMU）是第一个着手建立SPS措施的协调过程的实体。截至2019年，8个国家中有4个国家区域经济共同体（RECs）设有区域卫生和植物检疫委员会，4个国家有现行的SPS区域政策框架，6个国家获得了世贸组织特别观察员地位，6个国家具有法典观察员地位。2008—2016年，欧盟资助非盟开展PAN-SPS项目，以促进非洲国家有效参与国际兽疫局、IPPC和食典委制定国际标准的活动。该项目于2016年结束，但在一定程度上提高了非盟成员国的SPS能力。2012年在AU-IBAR成立动物健康和食品安全标准和贸易秘书处，以更可持续的方式处理卫生和植物检疫及贸易问题，包括协调非洲参与国际兽疫局、世贸组织SPS委员会的工作和促进非盟成员国遵守动物健康和食品安全标准。2014年成立非盟SPS委员会，指导协调执行卫生和植物检疫事项，促进非盟农业食品安全、动植物健康。非洲同盟在2019年共同签署《非洲卫生和植物卫生（SPS）

政策》。非洲联盟的农村经济和农业部（DREA）有 3 个部门和 5 个专门技术办事处（例如 AU-IBAR 和 AU-IAPSC），它们在大陆一级协调、执行和监测该政策在区域和国家层面与区域经济共同体（RECs）、会员国和其他利益方的合作。2000 年中国农业部、出入境检验检疫局与南非农业部签订《关于动物检疫及动物卫生的合作协定》，缔约双方依照世界动物卫生组织（OIE）《国际动物卫生法典》和《食品法典》的最低准则制定进出口检疫和卫生要求。

南非农业部（SADOA）是南非《实施卫生与植物卫生措施协定》的国家咨询中心。此外，植物卫生局是《国际植物保护公约》的国家联络点。世界贸易组织 SPS 成员可以保护其领土内的动植物免受外来侵害。农业部的主要职能之一是在有关动植物病虫害的政策、立法和条例方面提供国家监管服务。若要向南非共和国出口活动物、动物产品、传染病或传染病物品，必须向动物卫生署署长申请兽医进口许可证。在从出口国装运动物或产品之前，必须获得此许可证。所有进入南非的宠物兽医健康证明必须得到出口国相关部门的认可。所有疾病测试，包括测试类型，必须符合兽医健康证书中概述的要求。南非要求所有从疟疾、黄热病风险国家旅行的旅客必须出示有效的证书，证明接种了相关疫苗。这些证明有效期为 10 年，且必须得到世界卫生组织的批准，并应在前往南非之前至少 10 天前在疫苗接种中心进行接种。未能出示有效防疫证明书的人员在南非入境港可能导致被拒绝入境或检疫，或直到你的证书生效。隔离时间不得超过 6 天。外国船员可自费在指定的检疫设施停留不超过 7 天，但在这一期间结束后，必须立即直接前往最近的入境港，并遵守南非移民要求和港口卫生议定书。

（五）其他国家

1. 乌克兰

农业和食品部的国家检疫和植物检疫处是负责检验检疫的主管当局，2016 年国家检疫和植物检疫处与国家卫生和流行病处、国家消费者权益保护检查局、农业检查局和化验局的部分职能合并，合并的新机构作为负责卫生和植物检疫措施的中央执行机构，负责食品安全和质量、卫生立法、检疫措施、动物识别和登记、植物保护和检疫等，主要法律有《检疫法》《食品安全法》《国家卫生和流行病监督规定》《国家卫生和流行病服务规定》。

乌克兰边境检查站的税收和关税当局对跨越乌克兰海关边境的货物进行国家卫生和流行病、兽疫和卫生、植物检疫所需的文件和信息进行核查。除海关监管外，跨越乌克兰海关边境的货物还受到国家卫生和流行病、兽疫卫生、植物检疫管制。此外，税收和关税局有权利用信息技术，以初步文件审查的形式，在国家边境检查站和乌克兰海关领土内的海关管制区进行管制。

公民个人检查应在收入和关税局至少两名同行官员在场的情况下进行，证人由无关的第三方担任，检查只能由医疗专业人员进行，任何未参与检查的公民不得进入进行相关场所。外国国民和乌克兰公民以及来自极危险疾病的国家（地区）的运输车辆进入乌克兰领土，必须符合国际协定和乌克兰卫生立法规定。应根据乌克兰内阁规定的程序，在边境检查站组织特别卫生检疫，以防止危险（包括检疫）和对人有危险的传染病进入乌克兰。水运、铁路和空运的国家卫生和流行病服务应由相应运输类型的国家卫生医生管理，该医生由乌克兰首席国家卫生医生任命并根据其指示解雇。

2. 俄罗斯

俄联邦卫生流行病防疫局是执行和实施防止流行病传播的唯一职能机构，涵盖了政府相关部门，包括俄交通部、国防部、俄罗斯联邦安全局、俄罗斯边防局自身的卫生防疫机构。1991年俄罗斯联邦成立卫生防疫监督委员会，负责国家公共卫生防疫监督任务。2004年俄罗斯联邦设立消费者权益保护及社会公益监督局，归属卫生部，内设卫生检疫监管司、传染病防疫司、消费者权益保护司等10个司，在口岸设立机构负责国境卫生检疫工作。其负责制定和批准国家卫生与流行病准则和卫生规范，开展联邦卫生与流行病监测，使联邦的卫生要求与国际标准相协调，负责边境卫生检疫管制。《防疫法》第16章明确规定，无论是俄国产还是进口产品，必须办理由俄罗斯卫生检疫部门发放的卫生认证，从而证明该产品对人体健康是安全、无害的，范围包括食品、食品原料、食品添加和防腐剂、与食品接触的材料和制品、化妆品和香水、服装和鞋类、儿童用品、包装设备、家具、合成建筑产材料及与人体接触的产品等，涵盖范围十分广泛。

3. 阿联酋

环境和水利部负责阿联酋联邦一级的卫生和植物检疫工作。阿联酋联邦关于卫生和植物检疫要求的法规以海湾合作委员会为标准。阿联酋也有很多国家立法来规范卫生和植物检疫措施。主要的国家法律是关于农业检疫的 1979 年第 5 号联邦法、关于食品安全的 2015 年第 10 号联邦法。所有与卫生和植物检疫问题有关的主要联邦法律、行政细则和部级法令均可在环境和水利部的网站上查阅。所有活的动物和动物产品以及所有植物和植物产品都要接受检疫措施，并且必须附有健康证明。《海湾合作委员会进口食品控制指南》提供了动物和植物健康认证的具体证明。2016 年，阿联酋与韩国、埃塞俄比亚、阿根廷、乌拉圭、波兰、巴林王国、摩洛哥和阿曼苏丹国缔结了关于卫生和植物检疫措施事项的双边安排。

五、"一带一路"沿线国家的卫生检疫制度比较与述评

（一）管理机构

检疫当局在各口岸下设相应检疫机构，负责对出入境的相关检疫对象实施卫生检疫措施。近年来，多数国家都呈现出机构合并，执行卫生检疫职能。其中，有些国家特设卫生检疫部专门负责，例如中国、韩国、俄罗斯等。另外一些国家则是由多职能机构负责。目前，所研究国家中只有中亚国家仍是多头管理，出入境检疫管理职能分散到多部门负责。所以，整体看来，目前管理机构主要是集中管理模式。

表 4-9　"一带一路"沿线国家和地区卫生检疫机构

国家	卫生检疫机构
中国	国务院卫生行政部门主管全国国境卫生检疫工作，在各国际通航的港口、机场以及陆地边境和国界江河的口岸，设立国境卫生检疫机关
中亚	沿用苏联的多头管理模式，出入境检疫管理职能由各国工贸部、财政部、海关管理委员会、卫生部、农业部承担
韩国	国境卫生检疫主要由疾病管理本部下设的国立检疫所（NQS)负责

续 表

国家	卫生检疫机构
泰国	公共服务部门负责人员任命、检疫当局负责卫生检疫工作指示、泰国部长指定入境口岸的检查站
乌克兰	国家检疫和植物检疫处与国家卫生和流行病处、国家消费者权益保护检查局、农业检查局和化验局的部分职能合并，合并的新机构作为负责卫生和植物检疫措施的中央执行机构
新加坡	农粮与兽医局（AVA）
俄罗斯	俄联邦卫生流行病防疫局
阿联酋	环境和水利部

（二）管理制度

《实施卫生与植物卫生措施协定》（SPS 协定）为各国的卫生检疫制度的制定提供了基础和借鉴。在贸易中，成员方可以在不违反 SPS 协定基本原则和程序性要求的情况下，优先考虑保护境内动、植物和人的生命健康，制定符合本国国情的相应检疫措施。各国在检疫制度修订中，也不断向 SPS 协定靠近，与国际标准一致。

各国检疫对象基本一致，主要为进出境的人员、行李、货物、集装箱、交通工具、物品、邮包和尸体等。各国对不同对象的检疫措施都有相应规定，具体可参考各国检疫法。检疫措施，主要是监测离开或来自受染地区的检疫对象，并对其进行灭鼠、消毒、除虫、除污和卫生措施。一旦发现感染者或染疫的货物或交通工具要在 24 小时内上报，并对相应的感染对象进行强制性隔离控制并实施检测，但是各国的隔离措施与隔离期长短有所差异，一般 7 天较为常见。

（三）检疫流程

基本多数国家都以报检 / 申报—抽样 / 采样—检验检疫—卫生除害—签证放行为完整的检疫流程。主要不同在报检的时间、方式、检验检疫的负责机构、管理制度等方面。检疫申报形式一般采取纸质书面申请、口头申请、电子申请等。检疫分为人的检疫、动物检疫、植物检疫及其他物品检疫。现在多数国家都实行电子申请，不同种类的检疫，提前申报的时间有所不同。

　　新加坡采取实验室检验检测，针对进口受控货物检验检疫，采用少数批次检查制度。也正是因为采取检验检测手段，新加坡通关时长并未名列前茅。此外，新加坡采信第三方，监管部门的职能从商品质量检验转向商品质量验证，从商品监管向检测机构监管方向转变，现场检验检疫机构与检测技术机构各负其责、相互配合、相互制约，有效提升了贸易便利化水平，加快了检验检疫放行速度。而一些中亚国家入境海关委托商业性检测机构承担部分进出口商品检验职能，有关出入境检验检疫的行政管理很难统一，有关技术规则、卫生和植物卫生措施的制定工作相对滞后。所以，"一带一路"沿线国家受经济发展的影响，在检验检疫技术和制度上有较为明显的差异。

　　"一带一路"沿线覆盖70余个国家和地区，自然环境复杂，传染病疫情多，涉恐风险大，给国家安全带来威胁。各国应以"内防外联"为主要策略，即在进一步加强自身建设、掌握国家卫生安全主导权的基础上，积极推进与沿线国家的卫生检疫合作，构筑联防网络，让卫生检疫成为各国卫生领域合作的重要内容。